总主编
李安

乡村法律明白人

种子、农机、农药等种植畜养政策法律100问

法律出版社法律应用中心 / 编

法律出版社 LAW PRESS · CHINA
北京

图书在版编目(CIP)数据

种子、农机、农药等种植畜养政策法律100问 / 法律出版社法律应用中心编. -- 北京：法律出版社，2022
("乡村法律明白人"系列 / 李安总主编)
ISBN 978-7-5197-6868-3

Ⅰ. ①种… Ⅱ. ①法… Ⅲ. ①农业生产资料-法规-中国-问题解答 Ⅳ. ①D922.45

中国版本图书馆CIP数据核字(2022)第113153号

种子、农机、农药等种植畜养政策法律100问 ZHONGZI、NONGJI、NONGYAO DENG ZHONGZHI XUYANG ZHENGCE FALÜ 100 WEN	法律出版社 法律应用中心/编	策划编辑 冯雨春 朱海波 责任编辑 朱海波 谢瑞忠 装帧设计 汪奇峰

出版发行 法律出版社
编辑统筹 法律应用出版分社
责任校对 李 军
责任印制 刘晓伟
经 销 新华书店

开本 A5
印张 13.75 **字数** 276千
版本 2022年10月第1版
印次 2022年10月第1次印刷
印刷 天津嘉恒印务有限公司

地址：北京市丰台区莲花池西里7号(100073)
网址：www.lawpress.com.cn
投稿邮箱：info@lawpress.com.cn
举报盗版邮箱：jbwq@lawpress.com.cn
销售电话：010-83938349
客服电话：010-83938350
咨询电话：010-63939796

书号：ISBN 978-7-5197-6868-3
定价：48.00元
凡购买本社图书，如有印装错误，我社负责退换。电话：010-83938349

总序

习近平总书记指出："实施乡村振兴战略是关系全面建设社会主义现代化国家的全局性、历史性任务。"乡村振兴成为我国全面建设社会主义现代化强国进程中的重大任务，也是实现中华民族伟大复兴的一项重大战略。党的十九大报告同时指出要构建"自治、法治、德治相结合的乡村治理体系"。

我国面向乡村基层长期开展普法工作，至今已经步入第八个五年规划，经过不懈努力，乡村广大群体的法治意识在社会经济腾飞的同时也有了巨大的提升，但随着社会的不断发展，就大多数乡村公民而言，所具备的法治素养尚无法满足新时代的发展需求。乡村的主体是农民，乡村振兴的主要主体也是农民，实施乡村振兴战略关键是要调动广大乡村农民的主观能动性和创造性，引导乡村农民知法、守法、依法办事，这需要乡村农民群体具备必要的法律知识。

我国于2021年颁布《乡村振兴促进法》，为乡村振兴战略提供了实施的法律依据，推动出台满足乡村振兴战略发展需求的新政策和新法规，在此基础上我国乡村振兴法律体系得以初步构建并逐步完善。首先,乡村振兴的相关法律具有分散性。乡村振兴法律体系中的大部分具体法律知识散落于各部单行法律之中,并没有集中在一部统一的法律当中。其次,乡村振兴法律体系具有系统性。随着全面依法治国的逐步推进,我国法律体系日趋完善,乡村振兴法律体系日渐成型,呈现系统性特征,原因在于一个完善的乡村振兴法律体系是国家治理体系和治理能力现代化的重要标志,是一项系统工程,不仅包含现代化的法治理念,更是体现新时代特征的治理模式。另外,构建系统的乡村振兴法律体系能够满足不同阶段、不同形态的发展需求,为乡村振兴的未来发展提供充分的制度空间。最后,乡村振兴法律内容具有全面性。乡村振兴战略涵盖产业发展、人才支撑、文化繁荣、生态保护、组织建设以及城乡融合等多方面,因此单一法律显然无法面面俱到,只能在既有法律体系的基础上突出乡村发展的特色和原则。

乡村振兴法律规范的分散性影响了广大乡村基层群体便捷地获取日常所需的法律知识,尤其是乡村发展切身相关的法律知识。乡村农民往往只能在生产生活中通过普法活动、媒体宣传等有限渠道进行碎片化了解或学习,因而出版一套包含乡村振兴法律知识体系的通识性读本有充足的必要性。本系列丛书注重内容的实用性与法律的准确性,在内容上涵盖产业、土地、生态、生产资料、基层组织等方面,能够更好地帮助乡村基层群众在推进乡村振兴战略的过程中获取必要的体系性、通识性政策与法律知识,从而提升乡村农民的法治认知水平。希望本丛书有助于推进乡村治理的法治化、现代化,指导和帮助乡村农民提升法治素养,学会优先依靠法律开展生产、从事经营、保护自身合法权益;有助于促进法治在乡村振兴发展中发挥作用,从而适应当前的新形势和新发展;有助于推动乡村治理的依法建设,使法治为乡村振兴战略保驾护航,真正落实科学立法、严格执法、公正司法和全民守法的新时代法治基本要求,实现高质量发展,促进共同富裕。

李　安
杭州师范大学沈钧儒法学院教授、博士生导师
青少年法治教育中心主任
浙江省法治教育研究中心主任
中国行为法学会法律风险防范研究会副会长

目 录

第一章 种 子

01｜购买的种子包装上面应该含有哪些信息？…… 3

02｜农民有权自己选种不受他人干涉吗？…… 5

03｜买到有质量问题的种子，可以向谁要求赔偿？…… 6

04｜什么样的种子为假种子、劣种子？…… 9

05｜农民个人自繁自用的常规种子有剩余的，可以卖给其他人使用吗？…… 10

06｜什么是种子生产经营许可证？凡是从事种子生产的，都要取得许可证吗？…… 12

07｜种子生产经营许可证登记事项发生变化时，要在多久内去变更登记？该许可证有效期为多久，想续展的需要提前多久申请？…… 14

08｜无许可证或者伪造、租用他人的许可证经营种子的，会受到怎样的处罚？…… 16

09 | 以普通品种的种子冒充名贵品种卖给他人，会构成犯罪吗？ …… 18

第二章　农业机械

10 | 农户、合作社等遭遇被迫使用农业机械产品的，可以怎么办？ …… 23
11 | 对于有农户不想参与机械种植的，村委会有权干预吗？ …… 25
12 | 使用农机时，应如何注意做到安全操作？ …… 27
13 | 什么是有偿农业机械作业？国家对其持怎样的态度？ …… 29
14 | 什么是农业机械服务组织？其主要提供哪些服务？ …… 31
15 | 国家基层农机技术推广机构对农户等进行培训，收费吗？ …… 33
16 | 从事农业机械维修，应当具备怎样的条件？ …… 35
17 | 从事农业机械维修不得有哪些行为？ …… 37
18 | 农机主管部门“特别指定农机维修处”，合法吗？ …… 39
19 | 购买和使用先进农机的，可以享受哪些优惠待遇？ …… 41
20 | 拖拉机可以载人吗？ …… 42
21 | 经过改装后的拖拉机还可以投入使用吗？ …… 44
22 | 超速、超载使用拖拉机，要承担怎样的法律后果？ …… 46
23 | 喝了一点点酒，可以驾驶拖拉机吗？ …… 48
24 | 什么是拖拉机“亮尾工程”？拖拉机不能“亮尾”的，能使用吗？ …… 50

25 | 拖拉机、联合收割机被盗抢的,怎么办? …… 52
26 | 拖拉机也要参与年检吗? 拖拉机报废换新的,会有补贴吗? …… 53

第三章　农　　药

27 | 剧毒、高毒农药不能应用于哪些方面? …… 59
28 | 在避免发生农药事故方面,应该如何做? …… 60
29 | 配置农药时,可以随意配比吗? …… 63
30 | 偷偷使用禁用的农药,违法吗? …… 65
31 | 对于具有安全间隔期的农药,使用时应该注意什么? …… 66
32 | 在饮用水水源保护的河道内清洗打药用的无人机,应负什么法律责任? …… 68
33 | 使用无人机打农药的,需要具备无人机驾驶证吗? …… 69
34 | 捕鱼虾或捉鸟兽时,可以使用农药进行初步麻痹吗? …… 71
35 | 哪些单位应当建立农药使用记录? …… 72
36 | 随便扔农药包装物应该承担什么法律责任? …… 74
37 | 哪些为假农药? …… 76
38 | 哪些为劣质农药? …… 77
39 | 农户收到召回农药的消息后,可以不理会吗? …… 78
40 | 农药出厂销售,如何确保销售流向明确? …… 80

41 | 农药包装应符合怎样的要求？ …… 82
42 | 农药经营许可证有效期为多久？到期想要续展的，需要提前多久申请？ …… 83
43 | 农药经营者设立分支机构也要取得经营许可证吗？ …… 85
44 | 农药经营者采购农药应该如何把关？ …… 87
45 | 农药经营者应该如何“卖药”？ …… 88
46 | 可以将农药分装后进行销售吗？ …… 90
47 | 经营农药的同时可以卖饲料、化肥吗？ …… 92
48 | 以伪劣农药假冒合格农药进行销售的，构成什么犯罪？ …… 93

第四章 农业种植

49 | 破坏基本农田保护区的保护标志的，应承担什么法律责任？ …… 99
50 | 在基本农田保护区内取土的，应承担什么法律责任？ …… 100
51 | 在基本农田上种果树，违法了吗？ …… 102
52 | 耕地应优先种植什么作物呢？ …… 104
53 | 稻田蟹可以在基本农田里养殖吗？ …… 105
54 | 在耕地上盖大棚搞种植，违规吗？ …… 107
55 | “土地流转”的形式有哪些？流转后，承包方与发包方的关系改变了吗？ …… 108

56 | 委托他人进行“土地流转”的,可以口头委托吗? …………… 110
57 | 土地流转中,外村人和本村人同时竞标的,在同等条件下,应该由谁中标? …………………………………………… 112
58 | 土地经营权流转合同如何签订? ………………………… 113
59 | 在哪些情况下,承包方可以单方解除流转合同? ………… 115
60 | 因“土地流转”发生纠纷的,怎么办? …………………… 117
61 | 正规的农用薄膜应具有哪些标识或标注? ……………… 119
62 | 农民合作社在使用薄膜方面有怎样的义务? …………… 120
63 | 对于废弃的薄膜,可以进行掩埋或烧掉吗? …………… 122

第五章 饲料及添加剂

64 | 正规的饲料、饲料添加剂包装上的标签应该有哪些内容? …… 127
65 | 售卖饲料、饲料添加剂的,应该具备哪些条件? ………… 129
66 | 对饲料进行分装拆卖,合法吗? ………………………… 131
67 | 对于召回的饲料,经营者和养殖户有怎样的义务? ……… 132
68 | 饲料宣传可以称预防或治疗疾病吗? …………………… 134
69 | 什么是“新饲料”? 对于什么样的“新饲料”,养殖户不得使用? …………………………………………………… 136
70 | 养殖户使用“四无”饲料,会受到怎样的处罚? ………… 138
71 | 使用无产品批准文号的饲料添加剂或添加剂预混合饲料,会

受到怎样的处罚？ …… 140
72 | 养殖户不按规定使用添加剂，大量使用添加剂的，会受到什么处罚？ …… 142
73 | 养殖户使用自制饲料需要遵守什么规定？ …… 144
74 | 什么是“限制使用的物质”？使用了会有什么法律后果？ …… 146
75 | 什么是“动物源性成分”？可以在反刍动物饲料中添加吗？ …… 148
76 | 在饲料中添加激素类药品，会承担怎样的法律责任？ …… 150
77 | 人用药品可以给动物治病吗？ …… 151
78 | 为获取利润生产伪劣兽药的，属于犯罪吗？ …… 153

第六章　卫生防疫与污染防治

79 | 办养殖场应当达到怎样的防疫条件？ …… 159
80 | 动物疫病分为哪些种类？ …… 160
81 | 动物疫病强制免疫义务是怎么回事？ …… 162
82 | 瞒报、谎报、迟报动物疫情，要承担什么法律责任？ …… 164
83 | 将疫区内被依法隔离的动物擅自转移的，有什么法律责任？ …… 166
84 | 将病死的家畜卖给他人的，要承担什么法律责任？ …… 168
85 | 因动物染疫病后被强制扑杀而产生损失的养殖户，会得到政府

什么样的补偿呢? …………………………………………… 169
86 | 自己家过年杀猪吃肉,需要去生猪定点屠宰厂宰杀吗? …… 171
87 | 给生猪注“水”,要承担什么法律责任? ………………………… 173
88 | 可以向未从事定点屠宰活动的屠户提供场所吗? ………… 175
89 | 猪肉养生馆可以采购农民自家宰杀的生猪吗? …………… 177
90 | 不得在哪些地方办畜禽养殖场或养殖小区? ……………… 179
91 | 畜禽养殖废弃物未经处理就直接排放的,要承担怎样的法律后果? ……………………………………………………………… 181
92 | 可以把患传染病的畜禽随意掩埋掉吗? …………………… 183
93 | 修建畜禽粪污收储设施并生产有机肥的,可以得到优惠政策支持吗? ………………………………………………………… 185

第七章 农业保险

94 | 哪些单位或个人可以投保农业保险? ……………………… 189
95 | 农业保险在合同有效期内,保险公司要涨保费,是否合法? ……………………………………………………………………… 190
96 | 保险机构和被保险人达成赔偿协议后,保险金最迟应在多久内给付? ……………………………………………………… 192
97 | 理赔后,保险公司可以免费收走受损的保险林木(保险标的)吗? ……………………………………………………………………… 193

98 | 挪用农业保险金的，要承担怎样的法律后果？ …………………… 195
99 | 农业保险业务是可以随便经营的吗？ ………………………… 197
100 | 骗取农业保险的保险费补贴的，要承担怎样的法律后果？
…………………………………………………………………… 199

附　录

中华人民共和国种子法（2021 年修正） ………………………… 205
农作物种子生产经营许可管理办法（2022 年第二次修订） …… 228
中华人民共和国农业机械化促进法（2018 年修正） ………… 242
农业机械安全监督管理条例（2019 年修订） ……………… 249
中华人民共和国农业技术推广法（2012 年修正） ………… 262
农业农村部办公厅、公安部办公厅关于进一步加强拖拉机安全
管理工作的通知 ……………………………………………… 270
中华人民共和国道路交通安全法（2021 年修正） ………… 274
拖拉机和联合收割机登记规定（节录） …………………… 300
农药管理条例（2022 年修订） ……………………………… 301
基本农田保护条例（2011 年修订） ………………………… 319
中华人民共和国土地管理法（2019 年修正）（节录） ……… 326
国务院办公厅关于防止耕地“非粮化”稳定粮食生产的意见 …… 326
中华人民共和国农村土地承包法（2018 年修正） ………… 331
农村土地经营权流转管理办法 ……………………………… 344

农用薄膜管理办法 …………………………………………………………… 351
饲料和饲料添加剂管理条例(2017 年修订) ………………………… 355
兽药管理条例(2020 年修订)(节录) ………………………………… 371
中华人民共和国动物防疫法(2021 年修订) ………………………… 372
生猪屠宰管理条例(2021 年修订) …………………………………… 399
畜禽规模养殖污染防治条例 ………………………………………… 409
农业保险条例(2016 年修订) ………………………………………… 418

CHAPTER 1

第一章

种　子

01 购买的种子包装上面应该含有哪些信息?

疑惑

春耕在即,秦大爷和乡亲们来到集市上购买玉米种子。秦大爷发现有人推销散装的玉米种子,种子看着颗粒饱满、色泽鲜亮,而且价格还不到正规种子的一半。秦大爷正准备购买散装的玉米种子,却被同行的田大爷制止。田大爷认为,散装的玉米种子来历不明,如果买到了劣质或者假冒的种子,收成就得不到保障,建议还是从正规渠道购买包装完好的种子,种起来比较安心。田大爷还提醒秦大爷要注意种子的包装标识是否规范,以免买到不合格的种子。请问,种子包装上面应该含有哪些信息?

解析

农作物种子质量的好坏,直接关系到农民一年的收成。种子是科技含量较高的农业生产资料,仅凭肉眼难以分辨其优劣,因此,一定要通过正规的渠道购买种子,并且重点关注种子包装上注明的信息。根据《种子法》第 40 条的规定,普通的种子、授权品种种子、进口种子以及转基因植物品种种子的标注信息稍有不同。

对于普通的种子而言,种子标签应当注明种子类别、品种名称、品种审定号或者登记编号、品种适宜种植区域及季节、生产商名称、生产商地址及联系方式、质量指标(种子纯度、净度、发芽率、水分)、检疫证明编号、种子生产经营许可证编号和信息代码,以及国务院农业农村、林业草原主管部门规定的其他事项;而对于授权品种种子和进口种子,除了标注普通种子应该注明的事项外,还应当分别标注品种权号,附有进口审批文号和中文标签;对于转基因植物品种种子,除了标注普通种子应该注明的事项外,还必须显著标注“转基因”“基因工程”或者“基因编辑”等类似字样,以提醒购买者产品属于转基因植物品种种子,并且应当提示使用时的安全控制措施,以免使用者不当地保存或者使用造成人身或者财产损害。

种子生产、经营者销售的种子没有使用说明或者标签内容不符合上述规定的,可能面临责令改正、罚款等行政处罚。案例中的秦大爷应该听从田大爷的劝告,从正规渠道购买标签齐全的玉米种子。

法条

《中华人民共和国种子法》第40条

02 农民有权自己选种不受他人干涉吗?

疑惑

穆某今年打算种棉花,由于没有种植棉花的经验,他便向经验丰富的邻居肖某取经。邻居肖某介绍道:新陆中76号为非转基因棉花品种,该品种出苗好、长势快、整齐度好,而且株型紧凑。新彩棉23号也是不错的选择,天然彩棉耐旱性强,而且天然彩棉在纺织过程中不需要化学漂染,但是当地市场需求小,运输成本较高。经过对比,穆某决定购买新陆中系列的棉花种子。到了集市上,某种子企业门店负责人一直给穆某推销他从来没有听说过的棉花品种,穆某表示自己只需要新陆中系列的种子,但卖家坚持称,新陆中76号种子必须和某个不知名的棉花品种搭配购买。请问,农民有权自己选种不受他人干涉吗?

解析

农民有权自己选种不受他人干涉。《种子法》第43条规定,种子使用者有权按照自己的意愿购买种子,任何单位和个人不得非法干预。换言之,种子使用者可以根据播种计划自主决定购买种子的种类(购买棉花种子或者大豆种子)、品种(购买新陆中76号种子或者新彩棉23号种子)、数量(购买1斤或者10斤),也可以自由选择购买转基因种子或者非转基因种子,任何单位和个人都不得非法干预。此外,根据《种子法》第88条的规定,任何单位和个人强迫种子使用者违背自己的意愿购买、使用种子,给使用者造成损失的,应当承担赔偿责任。

在上面的案例中,穆某可以自主选择棉花品种,种子店老板将棉花品种搭售的行为侵害了穆某的自主选择权,如果他一直强迫穆某购买其他品种的棉花种子,穆某因此受到损失,穆某可以主张赔偿。

法条

《中华人民共和国种子法》第43条、第88条

03 买到有质量问题的种子,可以向谁要求赔偿?

疑惑

章大爷家以种植洋葱为生。2022年6月,本来应该是章大爷家丰收的时节，但章大爷一家却愁云惨淡。原来，章大爷家种植的70亩洋葱杆粗、全是芯，一放就糠了。章大爷怀疑自己买到了有质量问题的种子，于是章大爷带着没有用完的种子向当地农业农村局投诉该洋葱种子可能是假冒伪劣种子。经过县农业农村局的鉴定，章大爷购买的洋葱种子为劣种子，种子纯度不够，章大爷损失约为40万元。得知鉴定结论后，章大爷要求出售种子的经销商郑某赔偿损失，郑某表示自己没有能力赔付，让章大爷找种子的生产商赔付。请问，买到有质量问题的种子，可以向谁请求赔偿？

解析

买到有质量问题的种子，一般是指买到假种子或者劣种子，对此，使用者享有损失求偿权。根据《种子法》第45条的规定，种子使用者因种子质量问题或者种子的标签和使用说明标注的内容不真实，遭受损失的，种子使用者可以向出售种子的经营者要求赔偿，也可以要求种子生产者或者其他经营者赔偿。换言之，只要是买到了有质量问题的种子，并且种子使用者遭受了损失，种子使用者可以请求出售种子的经营者、种子生产者或者其他经营者任何一方提出赔偿要求，其中任何一方不得推诿。

这样的规定有利于保障种子使用者的合法权益，降低维权成本，提高维权效率。种子使用者买到有质量问题的种子有可能是种子生产者的责任，也可能是出售种子的经营者或者其他经营者的责任。当属于种子生产者的责任时，例如，种子的生产者生产的是假种子，或者生产的种子质量低于国家标准等。此时,若种子使用者向出售种子的经营者或者其他经营者主张赔偿责任,出售种子的经营者或者其他经营者承担责任后,有权向种子的生产者追偿。当责任归属于出售种子的经营者或者其他经营者时,例如,因经营者或者其他经营者保存不当,导致原本质量合格的种子变成了劣种子。此时,若种子使用者向种子生产者主张赔偿责任,种子生产者承担了赔偿责任后,可以向出售种子的经营者或者其他经营者追偿。种子使用者主张的赔偿额包括购种价款,可得利益损失(因为种子质量问题导致的歉收、绝收损失)和其他损失(如鉴定费)。案例中的章大爷,可以依据鉴定结果和定损金额,向种子经销商郑某主张赔偿,郑某无权拒绝。

假冒、伪劣种子防不胜防,因此,农民朋友们要提高防范意识,在当地有关部门、技术专家的指导下通过正规渠道购买种子,并且保留发票,包装物、标签等证据,以免被不法分子欺骗,造成损失。一旦因种子质量问题造成损失,可以向种子生产者、经营者或者其他经营者要求赔偿。

法条

《中华人民共和国种子法》第45条

04 什么样的种子为假种子、劣种子？

疑惑

某村村民小赵购买了某品种西兰花种子。种植过程中，小赵发现地里种的西兰花和自己之前种的该品种不一样，地里的菜花小、发黄、老得快且产量低。小赵怀疑自己买的不是真正的某品种西兰花种子。随后，经市农业农村局鉴定，小赵地里种的西兰花植株并非该品种，是冒充的西兰花种子。请问，什么样的种子为假种子、劣种子？

解析

根据《种子法》第48条的规定，假种子包括两类情形：一是以非种子冒充或者以此种品种种子冒充其他品种种子；二是种子种类、品种与标签标注的内容不符或者没有标签的。劣种子包括三种情形：一是种子的质量低于国家规定标准，例如，种子的纯度、净度、发芽率、含水量低于国家规定标准；二是质量低于标签标注指标；三是带有国家规定的检疫性有害生物。

农户发现自己买到了假种子或者劣种子，还没有播种的，可以要求种子经销商换货或者退货退款，种子经销商拒绝的，农户可以向当地的农业农村、林业草原主管部门和市场监督管理局投诉。农户播种后，因种子假冒或者伪劣造成农作物减产的，农户可以向种子经销商主张赔偿损失，也可向种子生产商主张赔偿损失。

在上面的案例中，小赵买到了以此种品种种子冒充其他品种的假种子。这种情况下，小赵既可以请求卖家承担赔偿责任，也可以请求种子生产商承担赔偿责任。

法条

《中华人民共和国种子法》第48条

05 农民个人自繁自用的常规种子有剩余的，可以卖给其他人使用吗？

疑惑

熊大伯今年种了5亩红深胡萝卜。红深胡萝卜个头匀称、表皮光滑、容易清洗、卖相好看，而且口感脆甜，深受大家的欢迎。熊大伯剩余的红深胡萝卜种子大约还能种3亩地，他打算自己留着，来年继续种。邻居陈大叔去年种了新黑田五寸胡萝卜，这种胡萝卜生长期短、成熟快，但是喜肥，要保证产量，必须施加足够的肥料。近期肥料价格上涨，陈大叔便准备种植其他品种的胡萝卜。陈大叔了解到熊大伯家有多余的红深胡萝卜种子，便打算向熊大伯买一些直接种到地里，熊大伯欣然同意。请问，农民个人自繁自用的常规种子有剩余的，可以卖给他人使用吗？

解析

农民个人自繁自用的常规种子有剩余的，可以卖给他人使用。根据《种子法》第 37 条的规定，农民个人自繁自用的常规种子有剩余的，可以在当地集贸市场上出售、串换，不需要办理种子生产经营许可证。此处的“农民”是指以家庭联产承包责任制形式签订农村土地承包合同的农民，“集贸市场”是指农民所在的乡(镇)区域。农民在没有种子生产经营许可证的情况下出售、串换种子的数量不应超过其家庭联产承包土地的年度用种量；超过的，视为无证生产经营种子。

值得注意的是，农户通过土地流转，获得经转包的土地经营权进行农业生产时，该农户不属于以家庭联产承包责任制形式签订农村土地承包合同的农民，而是一种新型的农业生产经营主体(俗称种植大户)。因为种植大户的种植面积远高于普通农户的种植面积，种植大户耕种的目的也不同于农民，种植大户耕种不是为了满足个人和家庭生活的需要，而是为了出售粮食或者蔬菜盈利。因此，种植大户出售、串换种子的，不属于农民个人自繁自用出售、串换种子，应视为无证生产经营种子。

在上面的案例中，熊大伯自繁自用的常规种子剩余数量不超过其家庭联产承包土地的年度用种量，熊大伯将种子出售给陈大叔的行为是合法的。

法条

《中华人民共和国种子法》第37条

《农作物种子生产经营许可管理办法》第21条

06 什么是种子生产经营许可证？ 凡是从事种子生产的，都要取得许可证吗？

疑惑

国家统计局数据显示，2021年我国粮食产量为68,285万吨，玉米产量为27,255万吨，玉米产量接近全年粮食总产量的40%。小隆得知后认为玉米种子行业具有广阔的市场前景，就准备成立一家乡镇企业，主要从事玉米杂交种子的生产经营，并将该乡镇企业取名为隆邦种子公司。可其他出资人却认为，只销售玉米杂交种子，品种太单一了。最后，大家一致决定隆邦种子公司从事主要农作物种子的生产经营。小隆听朋友说，从事主要农作物杂交种子生产经营的，需要办理种子生产经营许可证。请问,什么是种子生产经营许可证?凡是从事种子生产的,都要取得种子生产经营许可证吗?

解析

种子生产经营许可证对于种业公司来说,就像是公民的身份证,许可证上面会记载企业名称、住所、法定代表人、生产经营范围、生产经营方式、有效区域、有效期限、统一社会信用代码等信息。根据《种子法》第31条的规定,种子生产经营许可证由国务院农业农村、林业草原主管部门核发,或者由省、自治区、直辖市人民政府农业农村、林业草原主管部门核发,或者由生产经营者所在地县级以上地方人民政府农业农村、林业草原主管部门核发。经营不同的种子业务(如进出口业务和生产经营业务),由不同的单位核发种子生产经营许可证。当然,生产经营不同种类的种子,核发种子生产经营许可证的单位也不一样。生产经营主要农作物(如稻、小麦、稻、玉米、棉花、大豆等)的杂交种子企业,其种子生产经营许可证由省、自治区、直辖市人民政府农业农村、林业草原主管部门核发;生产经营其他种子(如草种、烟草种、食用菌菌种等)的企业,其种子生产经营许可证由生产经营者所在地县级以上地方人民政府农业农村、林业草原主管部门核发。值得注意的是,并非所有从事种子生产的企业都需要办理种子生产经营许可证,对于只从事非主要农作物种子和非主要林木种子生产的,不需要办理种子生产经营许可证。例如,一家种业公司只从事烟草种的生产,就不需要办理种子生产经营许可证。

在上面的案例中，如果隆邦种子公司像小隆当初计划的一样，只销售玉米种子，则不必办理种子生产经营许可证，但其经过大家共同商议，改为从事主要农作物种子的生产经营，此时，小隆是需要依法办理生产经营许可证的，且该证应向本省政府农业主管部门申请发放。

法条

《中华人民共和国种子法》第31条

《主要农作物品种审定办法》第3条

07 种子生产经营许可证登记事项发生变化时，要在多久内去变更登记？该许可证有效期为多久，想续展的需要提前多久申请？

疑惑

家住东北某农村的小柏看到了农业现代化进程中种业带来的商机，很早就成立了河东种业有限公司，主要从事玉米、大豆的生产、加工、包装、批发和零售。经营了一段时间后,小柏想要扩大经营范围,同时小柏注意到公司的农作物种子生产经营许可证快要过期了,便来到了原来核发许可证的机关申请变更登记以及续展。请问,种子生产经营许可证登记事项发生变化时,需要在多久内去变更登记?种子生产经营许可证有效期为多久,想续展的需要提前多久申请?

解析

根据《种子法》第 33 条第 2 款的规定,种子生产经营许可证登记事项变化时,申请人应当自变更之日起 30 日内,向原核发许可证机关申请变更登记。具体而言,种子生产经营许可证载明的企业名称、住所、法定代表人、生产经营范围、生产经营方式、有效区域、有效期限、统一社会信用代码等事项,其中有一项发生变化时,申请人都需要提前去办理变更登记。例如,企业变更法定代表人,应该自变更之日起 30 日内,向原核发许可证机关申请变更登记。

当然,种子生产经营许可证核发后,有一定的有效期限,超过有效期后就变为无证经营,申请人如果想继续经营,也需要提前去申请换证。根据《农作物种子生产经营许可管理办法》第 19 条的规定,种子生产经营许可证有效期限为 5 年。转基因农作物种子生产经营许可证有效期不得超过农业转基因生物安全证书规定的有效期限。值得注意的是,非转基因农作物种子生产经营许可证有效期为 5 年,转基因农作物种子生产经营许可证的有效期可能会少于 5 年。农作物种子生产经营许可证期满后继续从事种子生产经营的,企业应当在期满6个月前重新提出申请。

法条

《中华人民共和国种子法》第33条第1款、第2款

《农作物种子生产经营许可管理办法》第19条

08 无许可证或者伪造、租用他人的许可证经营种子的，会受到怎样的处罚？

疑惑

小马打算在村里成立一家种业公司，主要从事大豆的生产和经营。遗憾的是，小马手里资金有限，公司规模很小，办公场所不到$100m^2$，检验室才$76m^2$，加工厂房也不足$300m^2$，小马的公司不符合申请领取种子生产经营许可证的条件。没有多余的资金扩建公司，而小马又不愿意之前的投入“打水漂”，于是动起了歪脑筋。小马找到一家专门制作假印章、假证件的网店，希望对方能给自己伪造一个种子生产经营许可证，网店客服欣然同意。结果，新公司没有成立多久，小马就被当地农业农村局查处了。请问，无许可证而生产经营的，或者伪造、租用他人许可证经营的，会受到怎样的处罚？在什么情况下，农作物种子生产经营许可证会被注销？

解析

根据《种子法》第33条第3款的规定，任何单位和个人没有种子生产经营许可证不得生产、经营种子。任何单位和个人也不得伪造、变造、买卖和租借种子生产经营许可证。按照《种子法》第76条的规定，无许可证或者伪造、租用他人的许可证经营的，可能面临责令改正，没收违法所得和种子，罚款并吊销种子生产经营许可证等处罚。其中，违法生产经营的货值金额不足1万元的，并处3000元以上3万元以下的罚款；货值金额在1万元以上的，并处货值金额3倍以上5倍以下罚款。

此外，被吊销种子生产经营许可证的单位，其法定代表人和直接负责的主管人员自处罚决定作出之日起5年内不得担任种子企业的法定代表人、高级管理人员。值得注意的是，种子生产经营许可证的吊销不同于注销，吊销是一种处罚，而注销不属于处罚。根据《农作物种子生产经营许可管理办法》第20条的规定，在农作物种子生产经营许可证有效期内，企业停止生产经营活动1年以上或者不再具备许可条件且限期整改后仍然达不到要求的，发证机关应当注销许可证，并且公告。

在上面的案例中，小马的做法显然是错误的，属于伪造种子生产经营许可证，当地农业农村主管部门可以依法对其进行处罚。

法条

《中华人民共和国种子法》第33条第3款、第76条

《农作物种子生产经营许可管理办法》第20条

09 以普通品种的种子冒充名贵品种卖给他人，会构成犯罪吗?

疑惑

张某是一名农作物种子经销商。最近,他得知国外出现了一种新品种的甜菜种子,产糖量非常高,但是目前国内还没有引进。于是,张某与郑某达成了合作,由郑某对本土甜菜种子进行改造,再由张某对外谎称是该新品种甜菜的种子进行销售。张某对自己销售的假种子进行宣传后,本地不少种植户都从张某处购买了该种子。但是,种植后,种植户们才发现该种子无法正常育苗,根本不能收成。张某销售假种子的行为给当地种植户造成了重大损失。请问,张某与郑某的行为是否构成犯罪?

解析

张某与郑某的行为成立生产、销售伪劣种子罪。根据我国《刑法》第 147 条的规定,成立生产、销售伪劣种子罪需要符合以下几个条件:第一,从主观方面讲,行为人应当明知种子是假的、不合格的或者失去效能的。第二,从客观方面讲,行为人实施了生产、销售假种子的行为。第三,从结果上讲,行为人的行为应当使生产遭受了较大损失。根据《最高人民法院、最高人民检察院关于办理生产、销售伪劣商品刑事案件具体应用法律若干问题的解释》第 7 条的规定,如果行为人的行为使生产遭受的损失达到 2 万元,就构成本罪。

在上面的案例中,张某与郑某明知国内还没有引进甜菜新品种,却对本土甜菜种子进行改造,使用本土甜菜种子冒充新品种的甜菜种子进行销售,并且给种植户造成了重大的损失。张某与郑某构成生产、销售伪劣种子罪的共犯,应当根据张某与郑某给当地种植户所造成的具体损失的数额,对张某和郑某依法判处相应的刑罚。

法条

《中华人民共和国刑法》第 147 条

《最高人民法院、最高人民检察院关于办理生产、销售伪劣商品刑事案件具体应用法律若干问题的解释》第 7 条

CHAPTER

2

第二章

农业机械

10 农户、合作社等遭遇被迫使用农业机械产品的，可以怎么办？

疑惑

某县近期大力发展牡丹花田种植、牡丹制品深加工等花卉产业链经济，该县某镇抓住机遇大量组织花农种花，该镇主管镇长在牡丹花种植启动大会上明确指出，凡加入本镇统一花瓣、花籽收购的花农，必须到镇农机站购买某品牌的加温机，每个花棚最低配置 1 台。花农李大爷觉得当下温度、湿度均能实现花期要求，就决定不购置加温机。谁料，到了本镇确定的统一收购日，李大爷的牡丹花瓣和花籽却都被镇里的采购人员退了回来，说是李大爷的花棚没有使用指定的加温机，镇里不让收。无奈，李大爷只能赶紧购置了 3 台加温机，采购人员这才收走了他的花瓣和花籽。那么，农户被迫使用农业机械产品的，可以怎么办？

解析

根据我国《农业机械化促进法》第 4 条的规定，农民、合作社等农业生产经营组织均有权自主选择适用农机，任何单位和个人不得强迫他们购买其指定的农业机械产品。结合上述案例,加温机的使用自主选择权属于农户个人,即便是镇政府也没有权利干预,更不能指定购买具体种类和品牌的产品。农业机械产品的使用是为了利用先进的科技提升农业种植的品质和规模效应,李大爷的牡丹花籽、花瓣在未使用指定加温机的情况下就达到了收购的品质标准,这就表示其并不需要加温机,对于符合采购标准的花瓣和花籽,镇里都应该予以采购,而不能以是否使用指定加温机作为收购产品的标准。

当然,现实中会有很多农户、合作社可能遭遇和案例中的李大爷一样被要求选择购置指定的农业机械产品的情形,但此类指定销售的产品厂家往往是“店大欺客”,当出现质量问题需要进行售后维修时,通常会在很长的时间里得不到有效的解决,而很多人又往往会选择忍气吞声。其实,他们跟普通消费者一样,在购买这些商品时拥有自主选择权,而且根据《农业机械质量投诉监督管理办法》第3条、第4条的规定,农机存在质量问题和售后服务问题,农户均可向就近的农业机械质量投诉监督机构投诉,也可向当地消费者协会投诉。在联系售后维修的同时,购买人还可向有关组织进行投诉,借助国家机关、社会组织的力量进行维权。

法条

《中华人民共和国农业机械化促进法》第4条

《农业机械质量投诉监督管理办法》第3条、第4条

11 对于有农户不想参与机械种植的，村委会有权干预吗？

疑惑

某村因山地面积较多，山地耕种作物的灌溉问题一直没能得到解决。该村委会为了解决这一问题，决定由村委会垫资租赁一台电子智能喷灌拖拉机，在干旱时由大伙儿轮流使用，谁用谁就一起分摊租金。不料，大多数农户使用电子智能拖拉机的意愿并不强烈，他们觉得自己背水上山灌溉就足够了。这样一来，高额的租用费使得已经租用的农户犯了难。村委会经讨论，决定让每 5 个农户将他们自己拥有土地流转给其中一个人，集中山地种植资源，全部使用电子智能拖拉机喷灌，大搞机械化种植。有的农户听到这个消息后，就表示自己不想参与这个机械化种植。请问，这种情况下，村委会有权干预吗？

解析

农民的土地承包经营权是不可侵犯的，根据我国《农业机械化促进法》第 19 条的规定，农户有权自己选择是否使用农机进行种植，村委会也不能找借口干预。案例中，村委会为了减少农业耕种对降雨等气候因素的过度依赖，宣传推广使用农业机械来提高农作物产量的出发点是值得称赞的，但这种政策的实施，必须是在充分保证家庭承包经营的基础之上，务必保证农户自愿租用电子智能喷灌拖拉机，而不能以强拉硬拽的方式搞机械化、规模化种植，否则反而会让机械化推广一事大大受阻，打击农户的种植热情。

此外，现代农业机械设备种类繁多，难以避免因品牌不良竞争出现粗制滥造的农机。村委会在引进农业机械的过程中，还应当严格把关产品质量问题，确保引进的农业机械是安全、可靠、环保的。村委会应当按照《农业机械安全监督管理条例》第6条的规定推广新农机，引导农户安全操作，避免出现农机伤人的恶性事件，减少因机械频繁故障造成农业耕种不及时的不利后果，使得机械化种植更好地惠及广大农户。只有这样做，才能真正帮助广大农户逐渐接受农业机械化和规模化种植，实现农业现代化。

法条

《中华人民共和国农业机械化促进法》第19条

《农业机械安全监督管理条例》第6条

12 使用农机时，应如何注意做到安全操作?

疑惑

春耕备播的时节,农用机械使用越来越多,王某也趁农忙时间购置了一台旋耕机,每天给邻里乡亲们旋耕田地。不过,因为王某没有参加过专门的学习培训,只靠少量经验操作农机,难免会遇到问题。一次机耕作业时,因田地的地面比较硬,王某为了把地耕得更深一些,在没有停止旋耕机的情况下,直接就用右脚踩住旋耕机顶部,一不小心竟然踩空了,右腿大部分被卷进了旋耕机里。虽然救助及时,但王某的右腿还是没能保住。实际上,像王某这样的农机操作事故每年农忙时段都有发生,一起事故就会导致一个家庭遭受沉重的打击,使用农机时应该如何做到安全操作,这是个值得广大农民朋友重视的问题。请问,怎样做才能确保农机操作安全?

解析

在使用各类农用机械器具时,应当按照《农业机械化促进法》第 20 条的规定,先接受有针对性的学习培训,熟知安全规范和农机的危险部位,并在作业现场设置防护装置、警示标志,严格按照操作规程进行操作。在旋耕机的操作规范中,明确规定了"作业时在旋耕机上不准站人或用其他物品强行增加重量以增加旋耕机入土深度”。站立在运转中的机器上面是极其危险的动作，如果必须检查或者维修机器，也要把机器停止后再进行，防止意外的发生。遇到地块较硬的情况，可以通过反复、多次旋耕来实现深耕，切勿心急“走捷径”。

农机违章操作造成安全事故频发，严重威胁着作业人员的生命和财产安全，国家因此作出了严格的农机操作规范，对此也作出了严厉的惩罚规定，以此来督促作业人员自觉遵守安全操作规范的要求。案例中王某虽然已经付出了身体残疾的巨大代价，但按照《农业机械化促进法》第31条的规定，对他的违规行为，仍须责令整改，并予以处罚，如果造成他人人身财产损失达到十分严重的程度，还会被追究刑事责任。因此，违章操作可以说是百害而无一利，唯有认真学习操作规范，安全使用农机设备，才能真正让农机发挥出助农惠农的巨大作用，减少因农机耕种引发的安全事故。

法条

《中华人民共和国农业机械化促进法》第20条、第31条

13 什么是有偿农业机械作业？国家对其持怎样的态度？

疑惑

某县有着得天独厚的自然地理条件，小麦种植在全省占有重要的比重。但是这里的农户长期以来都是通过焚烧秸秆来清理农田，焚烧过程中会造成大量的空气污染物冲向天空，还会时不时地出现火灾，危及他人的财产和生命安全。因此，县政府决定牵头组建农机服务队，由农机服务队进行机械化作业，通过机械实现秸秆粉碎、翻压还田，促进田地增产、增效，彻底淘汰以焚烧秸秆清理麦田的方式。当然，农机使用并不是免费的，农机服务队采取的是有偿使用的原则，所以政府也不强制农户必须使用，农户也可以选择其他环保方式处理秸秆。请问，什么是有偿农业机械作业？国家对其持怎样的态度？

解析

根据《农业机械化促进法》第21条的规定，从事有偿农业机械作业服务的主体主要是农机服务队等农业机械作业组织，还包括乡镇农机站、专门成立的农业服务公司等。这些主体通过向自愿使用农机服务的农户收取一定的报酬,为付费的农户进行机械化作业。有偿农业机械作业服务的对象既可以是本地的农户、农业经营组织,也可以是外地的农户、农业经营组织。有偿使用服务的双方之间形成的是一种合同关系,农机服务队一方提供符合国家或者地方规定的农业机械作业质量标准的作业,种田一方接受服务,并按约定向对方支付报酬。

近年来,不仅机械化秸秆还田模式在环保和农业可持续发展中受到了充分重视,整个有偿农业机械作业领域都被国家列为重点关注的农业改革举措。国家非常鼓励跨省、跨市地开展农业机械作业服务,多地政府出台了政策,支持农业机械跨行政区域作业,不但积极维护农机作业秩序,制定安全监督管理办法,甚至定向实施了大量的财政补贴,农户只需要支付少量费用,就可以使用农机服务,由服务方按照机械操作规范全程负责机械操作,不需要农户亲自动手。有偿农业机械作业在一定程度上缓解了农户缺乏劳动力的困境,也推进了国家农业现代化,实现了农业增产、增收的飞跃。

法条

《中华人民共和国农业机械化促进法》第21条

14 什么是农业机械服务组织？其主要提供哪些服务？

疑惑

自20世纪90年代末，联合收割机跨区收小麦获得快速发展，某县农户们尝到了农机服务的甜头，他们以农机器具入股、土地使用权入股等多种方式组建了联产股份公司，不再走小型机户代耕作业的老路。截至目前，像联产股份公司这样经市场监督管理部门正式登记注册的农机服务组织越来越多，国家也越来越重视对这些组织的引导和监管工作。农户老刘就是某联产股份公司的一员，老刘以20亩小麦田地使用权作为入股资本，通过使用该公司的农机，实现增产增效，获得了很多分红。该公司还以合同订单的服务方式，向其他农户，包括外省的农户，进行农业机械作业，赚取作业服务费。请问，究竟什么是农业机械服务组织？这些组织又主要提供哪些服务呢？

解析

根据我国《农业机械化促进法》第22条的规定，政府应当鼓励和扶持发展多种形式的农业机械服务组织，完善农业机械化服务体系。

这里所说的农业机械服务组织主要是经工商局(现在的市场监督管理局)登记注册的股份制公司、合作社等,是开展农业作业、农业租赁等不同模式的农业机械服务组织。比较常见的是农业机械服务合作社和案例中的股份制公司,一般是由村民自发组织形成,由农机专业大户、种粮大户等自愿带机、注资或以土地承包经营权作价加入,共同管理,自负盈亏的组织模式。这一组织形式的出现、成熟,有效促进了土地、农机具等资源的合理利用。

在有偿农业机械服务中,农业机械属于服务方,他们根据农户的需求及支付的报酬,开展农机服务。除了案例中提到的农机使用外,还包括对农业机械化的新机具、新技术进行试验和示范,农机维修、农机供需方信息交换、农机使用订单中介服务等,涵盖了解决售前、售中、售后遇到的各种问题的服务。随着近些年信息网络建设加快、智能化越来越深入,普通的农户因生产生活方式转变较慢,获取农业市场的供需消息闭塞,导致多产却不多收入的情况频发,而农业机械服务组织在推进农业机械化信息网络建设和引导农户了解应用新技术新机具方面起到了不可替代的作用,可以有效减少农户的种植风险,促进农作物增产、农户增收。

法条

《中华人民共和国农业机械化促进法》第22条

15 国家基层农机技术推广机构对农户等进行培训，收费吗？

疑惑

近年来，某县在葡萄种植、采摘方面树立了良好的口碑，为了扩大规模种植的效应，县政府让基层技术推广站开展巡回宣讲，宣传加入葡萄园种植的利好政策，开展关于葡萄种植、防虫害的培训课，让更多的百姓想加入、能加入规模种植。农户老孙过去在院子里种过很多的葡萄秧，但虫害严重的时候，葡萄成熟时表面会有很多白色斑点，根本卖不出去，老孙很想参加这个培训，学习防虫害的科学方法，但是担心培训费很高，就一直没敢报名。那么，国家基层农机技术推广机构对农户等进行培训，收费吗？

解析

科技是第一生产力，农业发展也需要依靠科技力量。长期以来，因农业技术投入量大，虽然社会效益大但经济效益小，经营性组织难以长期投入，导致农业技术推广在一定程度上受阻。2012 年国家进行了农业技术推广的改革，根据《农业机械化促进法》第 23 条、《农业技术推广法》第 11 条的规定,国家设立了基层农业机械技术推广机构,开展免费培训、推广农机技术。国家将公益性推广与经营性推广分类管理,并把国家农技推广机构明确列为公共服务机构,履行植物病虫害、动物疫病及农业灾害的监测、预报和预防等七项公益性职责,不再做有偿服务。也就是说,国家基层农机技术推广机构对农户等进行培训,是不收取费用的,老孙可以放心参加培训。

当然,为了保障市场活力,国家也允许多种形式的有偿服务在农机推广领域存在,《农业技术推广法》第 24 条限定了有偿服务的各种方式和参与人,认可了农业技术专利使用中收费的合理性。在免费和收费的不同领域中,要严禁公益性推广中出现变相收费等违规行为,充分保证农民享受农业培训、技术咨询等必要服务。

法条

《中华人民共和国农业机械化促进法》第 23 条

《中华人民共和国农业技术推广法》第 11 条、第 24 条

16 从事农业机械维修，应当具备怎样的条件？

疑惑

农户小李近些年购置了多种农机，从播种到收割，小李基本都能提供机械化作业服务。偶尔遇到农机故障，小李都自己简单修修，遇到修不好的情况，小李才送到县里的维修点。一边学习维修点人员的维修方法，一边询问基本维修原理，久而久之，小李对农机故障的维修也就算是入了门儿。附近村里的农机出了小毛病，机户都会先联系小李帮忙。于是，小李就在自己家的门房中开设了个农机维修点。因为小李收费低，所以生意还算红火，维修的手艺也越来越好。好景不长，县政府在一次农机服务联查中，发现小李没有进行登记，也没有相关资质，对其下发了书面整改处罚单。这下小李犯了难，从事农业机械维修，应当具备怎样的条件？

解析

农机维修关乎着广大农户的生命和财产安全，国家对维修点的设立作出了专门的规定。根据《农业机械安全监督管理条例》第18

条的规定，维修点需要有专门的维修场地，也要有必要的维修设施、设备和检测仪器，有相应的维修技术人员。当然，这里说的维修技术人员特指取得维修技术合格证书、国家认可的维修技术人员，并非是案例中小李这种懂点维修知识和技能的人员。

农机维修不仅仅是谋生的一种工作，农机维修不合规会产生非常恶劣的影响。根据《农业机械化促进法》第 24 条的规定，从事农业机械维修，应当保证维修质量。维修质量不合格的，轻者需要返工维修，重者还需要承担法律赔偿的责任。因此，小李应该充分重视设立农机维修点的条件，按照法律要求进行调整。如案例中主管部门已经下发了责令改正的文书，拒不改正的，按照《农业机械安全监督管理条例》第 48 条的规定，可被处 5000 元以上 1 万元以下罚款。所以，小李应在考取相应资格证书或者聘用具有法定资格的维修技师后，完善场地、机器设备等硬件条件，再登记开办维修点。

法条

《中华人民共和国农业机械化促进法》第 24 条

《农业机械安全监督管理条例》第 18 条、第 48 条

17 从事农业机械维修不得有哪些行为?

疑惑

机户小张购置了一台旋耕拖拉机,在附近村镇帮农户做些农耕的活儿。本来小张觉得不用外出务工就能赚钱养家,非常难得。不料,在一次耕地作业时,因旋耕机气门弹簧崩裂伤到了他的眼睛。养伤在床的小张越想越觉得纳闷儿,气门弹簧是上个月才更换过的,气门滤芯器也清理得很干净,不会有太大的磨损,怎么这么快就坏了呢?经过向农机局咨询了解,小张觉得应该是维修点使用的气门弹簧不合格,就给维修点打了电话询问更换配件的真实情况,农机局的工作人员也对此次维修进行了实地调查,确实是维修点为了多赚钱,使用了劣质气门弹簧,维修点表示愿意承担小张受伤后产生的所有医疗费。请问,从事农业机械维修有哪些禁止性行为?

解析

根据《农业机械安全监督管理条例》第 19 条的规定,农业机械维修过程中不得使用达不到安全标准的劣质零配件,维修工作应该符合维修质量技术规范,并且在质量保证期内均应确保质量合格。诸如使用不符合农业机械安全技术标准的零配件,拼装、改装农业机械整机，承揽维修已经达到报废条件的农业机械等，都属于国家明文规定的禁止性行为。案例中的小张，农机的使用比较频繁，自然而然也就非常重视农机维修和保养，但就是这个看似注重安全的维修行为，却因维修点维修人员使用不达标的劣质零配件，而埋下了极大的安全隐患。

案例中的维修点虽然自愿承担了小张的医疗费，但是对这种恶劣行为，并不是承担人物致损的经济赔偿就算解决问题了。由于不合格维修带来的巨大安全隐患，根据《农业机械安全监督管理条例》第 49 条的规定，相关主管部门还会责令维修点改正其修理行为，没收违法修理所得的收益，并根据情节轻重处以违法经营额 1 倍到 5 倍的罚款。农业机械监管处罚是对违规修理农机人员的惩罚，更是对整个维修行业的警戒，农机安全关系到农户全年的庄稼收益，关系到农机机主的人身安全，对使用不合格零配件、改装拼装农机、维修报废农机等违法行为，国家坚持零容忍，保障农机生产安全。

法条

《农业机械安全监督管理条例》第 19 条、第 49 条

18 农机主管部门“特别指定农机维修处”，合法吗？

疑惑

随着国家惠农政策的不断出台，购买农机的农户越来越多，但农机故障维修也成了困扰农机使用人的一个大难题。某县农户王某就正面临这个困境，本来想在农忙时靠新买的收割机赚点服务费，没想到在一块夹杂着很多杂草的农田里，收割机的输送带被杂草藤蔓缠住了，由于缺少经验，王某没有立刻关闭收割机，结果把电机憋坏了。王某咨询了县农机局，农机局指定了农机维修点，王某将故障电机送到指定维修点，但这里聘用的修理工都属于临时工作人员，没有接受过专业的技术培训，维修水平有限。王某就想把故障电机送去别处维修，但遭到了维修点的阻拦。那么，县农机局作为农机主管部门，指定农机维修处的做法合法吗？

解析

根据我国《农业机械安全监督管理条例》第 9 条、第 43 条的规定，农业机械化主管部门主要负责农业机械安全监督管理工作，无权指定农业机械维修经营者。案例中的县农机局作为本县农业机械主管部门,对农业机械的安全使用、维修场所、维修技师资格、维修设备等均负有监管的职责,但在履行上述职责过程中,不能变相或直接指定维修场所、维修技师等,只要符合开设农机维修要求的修理点,均有权按照市场竞争的相关机制,承揽农机维修业务,有农机维修需求的用户,也完全有权自主选择维修场所。

由于很多农机维修点都分布在农村,修理工的知识、信息相对比较闭塞,因此农机主管部门给予适当的指导和监管还是很有必要的,比如像案例中给王某介绍对口的农机维修场所;但如果特殊指定农机维修场所,就违反了法律规定,也损害了广大农机消费者的合法权益。另外,对于发现维修场所不具备维修条件,缺乏必要的技师、设备、场所的情况,农机主管部门依法应履职尽责,帮扶完善维修点的欠缺条件,必要时可以联合质量监督部门和市场监督行政管理部门,关停取缔严重不达标的修理处所,帮助农业生产者纾难解困,促进农业机械维修良性发展。

法条

《农业机械安全监督管理条例》第9条、第43条

19 购买和使用先进农机的，可以享受哪些优惠待遇？

疑惑

近些年，村里的年轻人外出务工现象越来越普遍，留下的闲置耕地也就随之增多。农户老张看准了这个机会，就把这些闲置的耕地承包了下来，搞玉米的规模化种植。一年下来，老张也是赚得钱包鼓鼓的，不但承包费当年就回本了，还给家里添置了好几件电器。但是老张也有自己的烦恼，这一年他深深地感受到人工种植的力不从心，虽然收割时也租了3辆收割机，但租赁的农户太多，需要排队使用，容易错过最佳收割时机。农闲时，老张听了两场村委会举办的农业机械宣讲会，宣讲中提到现在购买和使用先进农机，国家都有优惠政策。老张决定今年自己购买2台收割机，那么他可以享受哪些优惠待遇？

解析

根据我国《农业机械化促进法》第27条、第28条的规定，购买先进农机的，可以享受财政补贴，也可以在购买过程中申报贷款。农机使用时主要的消耗性物资就是燃油了，对此，国家也专门规定了使用农机过程中享受燃油补贴。农户不但赚到了钱，而且对于这些从事农机作业服务获得的收入，还能按照国家规定享受税收优惠。可以说购买、使用农机的优惠政策涵盖了补贴、贷款、税收优惠等多个方面，像案例中老张一样有农机使用需求的农户，可以放心购买、使用玉米收割机等农业机械器具。

如果购买和使用的过程中，农户并没有享受到类似的政策优惠，农户可以向有关部门反映，一旦发现有截留、挪用有关补贴资金的，会对责任人员给予行政处分，严重的还要追究刑事责任。

法条

《中华人民共和国农业机械化促进法》第27条、第28条、第34条

20 拖拉机可以载人吗？

疑惑

又到了春种时节，想到以往都是靠牛车往地里送粪送肥，每回运量有限，来来回回的实在不方便，老刘就和老伴还有儿子小刘合计，干脆买辆拖拉机，春种运送肥料马上就能用，而且还方便秋收拉玉米，平时也能当个代步工具，一举三得。于是，第二天，父子俩就到镇上的农机市场买了1辆拖拉机。本来老刘说他骑着自行车回去，但是儿子说有拖拉机了不需要再骑车，就把自行车放在后面的车斗里，让老刘坐在他旁边，父子二人开着车就往家走了。结果刚出镇上，就被正在联合安全检查的有关部门查处，受到了批评教育，并严令其以后不得驾驶拖拉机载人。那么，拖拉机可以载人吗？拖拉机载人要受到怎样的处罚？

解析

拖拉机也是机动车的一种，但是鉴于其特殊的农业作业专属属性，拖拉机驾驶人在使用上除遵守道路交通安全的规定外，还应当遵守国务院农业农村部门发布的有关农业机械使用的专门规定。实际上，《道路交通安全法》第55条以及《农业农村部办公厅、公安部办公厅关于进一步加强拖拉机安全管理工作的通知》第3条对此都有明确的规定，拖拉机、联合收割机等农机是不允许用于载人的。

另外，依据国务院《农业机械安全监督管理条例》第23条和第54条的规定，使用拖拉机、联合收割机违反规定载人的，由县级以上地方人民政府农业机械化主管部门对违法行为人予以批评教育，责令改正；拒不改正的，扣押拖拉机、联合收割机的证书、牌照；情节严重的，吊销有关人员的操作证件。据此分析，本案中小刘驾驶拖拉机载人的做法无疑是违反了法律的相关规定，应该受到包括批评教育的处罚。

法条

《中华人民共和国道路交通安全法》第55条第2款

《农业机械安全监督管理条例》第23条第3款、第54条

《农业农村部办公厅、公安部办公厅关于进一步加强拖拉机安全管理工作的通知》

21 经过改装后的拖拉机还可以投入使用吗？

疑惑

赵某家有一台用了四五年的拖拉机，虽然没什么大问题，但平时总有些小毛病。恰逢清明假期，在市里汽车修理厂上班的儿子小赵回家帮着赵某春耕，见惯了各种车辆的小赵觉得自家这台拖拉机又老又旧，用着很不方便，在村里也没面子，正好自己学了汽修技术，于是就动了改装的念头。他托朋友给他买了新的发动机和相应配件，自己动手改装了拖拉机。之后，小赵开着改装过的拖拉机在田间行

驶,听着发动机的轰鸣声,引来了同村年轻人一阵艳羡,小赵也觉得特别满足。但是,儿子走后,赵某有一次开着拖拉机去镇里农机站拉化肥时,却被交管部门查处了。那么,经过改装后的拖拉机还可以投入使用吗?

解析

拖拉机虽然是农业机械,但是也属于机动车,理应同样遵守道路交通安全相关法规的规定。依据《道路交通安全法》第 16 条的规定,任何单位或者个人不得擅自改变机动车已登记的结构、构造或者特征。当然,为了严厉打击私自改装拖拉机等农用器械,《农业机械安全监督管理条例》也进行了明确规定,该条例第 19 条规定从事农业机械维修不得有拼装、改装农业机械整机的行为。

本案中,小赵为了满足自己的兴趣而对家用拖拉机进行了非法改装,经过改装后的拖拉机已经与原有的登记结构不相符,存在安全隐患,这是法律所不允许的,无论是交管部门还是农业管理部门都有权对维修者、销售者违法改装、销售改装拖拉机的行为,依法进行查处。

近年来,农业机械安全问题一直备受关注,农业机械伤人事件频频发生,其中不乏农业机械制造者生产过程中存在的问题,但也有很多农机事故源自不合理维修、擅自改装等行为。为了最大限度地减少农机事故的发生,既需要农机生产者不断优化升级生产工艺,也需要农机使用者、维修者合理合法使用、维修农机,尤其是自行改装的农机是绝对不能再次投入使用的。

法条

《中华人民共和国道路交通安全法》第16条

《农业机械安全监督管理条例》第19条

22 超速、超载使用拖拉机，要承担怎样的法律后果？

疑惑

小李接到隔壁村老王的拖拉机服务使用电话后，就立刻开着拖拉机往老王的玉米地赶去，到玉米地后大家就一起帮忙装车。就在车装满的时候，老王看到还剩下4麻袋的玉米，就和小李研究怎么加高拖拉机车斗的栏板，想办法把所有玉米一次性都给运到家里去。全都装到车里时，天色已晚，小李为了赶紧送完玉米回家，就猛踩油门。不料，走到村口的时候，被交警拦了下来，说小李的载运行为存在超速、超载，依法要对其进行处罚。那么，超速、超载使用拖拉机，要承担怎样的法律后果？

解析

拖拉机作为最常见的农业机械车,虽然不能载人,但是能够帮助农户载物,在村里使用非常方便,因而受众也非常广泛。由于拖拉机大部分都是在村内驾驶使用,村民的安全意识和法律意识都有一定局限,为了便捷而载人、超载、超速的现象十分常见。但是,超载、超速会影响到刹车系统效能等多方面的机动车安全,容易导致交通事故的发生,对人们的生命和财产安全都存在巨大的威胁;拖拉机作为机动车的一种,当然也存在诸如此类的安全隐患。因此,我们国家《道路交通安全法》第 42 条、第 48 条就明确规定,机动车上道路行驶,不得超过限速、不得超载。对于违反此法律规定的行为,交管部门有权扣留机动车,并按照《道路交通安全法》第 92 条、第 99 条的规定,处以不同金额的罚款。

从近年查处情况看,所有交通违法行为中,超速排在首位,超载常见多发。超速、超载导致的交通事故量大、恶性程度高,并且严重影响公路使用寿命。这就需要交管部门投入大量的精力严格治超,并且呼吁驾驶人不抱侥幸心理,文明驾驶,安全出行。

在上面的案例中,小王驾驶农用拖拉机在乡村道路上行驶,也应当依法遵守相关交通法规,文明安全驾驶。

法条

《中华人民共和国道路交通安全法》第42条、第48条第1款和第2款、第92条、第99条

23 喝了一点点酒，可以驾驶拖拉机吗？

疑惑

小张是个热心肠的人，一到农忙时节，他就开着拖拉机闲不住，不是在给自己家收庄稼，就是在帮同村的人运送粮食。这一天，小张总共帮他的叔叔运送了4车粮食，叔叔也很热情，非要请小张到家里吃晚饭，小张也就没有拒绝。吃饭时两人喝了点啤酒，小张觉得啤酒没多大酒劲，主要就是为了解渴。趁着自己还清醒，小张刚吃完饭就打算开着拖拉机回家，叔叔劝他把拖拉机先放在这里，走着回去，明早再过来取车。小张觉得，这就是辆农用车，跟小轿车不一样，喝一点酒，开拖拉机应该没问题。请问，喝了酒可以驾驶拖拉机吗？

解析

很多人觉得拖拉机车速慢,是普通的农机,即使酒后上路行驶也没什么问题,其实拖拉机等农机车辆也属于机动车,上路行驶也要遵守交通规则。《道路交通安全法》第 91 条明确规定,饮酒后驾驶机动车的,处暂扣 6 个月机动车驾驶证,并处 1000 元以上 2000 元以下罚款。醉酒驾驶机动车的,还会被交通管理部门约束至酒醒,吊销机动车驾驶证,依法追究刑事责任。也就是说,驾驶员饮酒后驾驶拖拉机同样违反《道路交通安全法》,一样要承担相应的法律责任。

近些年,我国交管部门查处酒驾的力度越来越大,普法宣传也有了很大的成效,大部分人都知道醉酒驾驶机动车是一种违法行为。但也有些农民朋友存在一定的误解,有人误认为查酒驾就是查汽车,像酒后驾驶拖拉机、农用三轮车,交警不会查。这种想法恰恰是错误的,饮酒驾驶拖拉机等农用车,同样是法律所禁止的。案例中的小张应该听从叔叔的建议,千万不能酒后驾驶车辆上路行驶。

法条

《中华人民共和国道路交通安全法》第 91 条

24 什么是拖拉机“亮尾工程”？拖拉机不能“亮尾”的，能使用吗？

疑惑

农忙的时候，小孙所在的村镇路上农用车比较多，驾驶和停放都存在一些安全隐患。一天晚上，小孙骑着摩托车下班回家，考虑到农用车的噪音都比较大，比较容易通过声音提前辨识，小孙就没有太在意路况。不料，他突然就被什么硬东西撞倒在地。顺着这声巨响，很多村民打开了门前的灯，出来查看，这才发现小孙撞到了一辆停放在路旁的拖拉机的后车斗。因为农户的院子里都是新收的庄稼，就把拖拉机放门口了，占用了马路。后经交警部门处理，拖拉机车主因乱停乱放、不符合“亮尾工程”等违规行为，负本次事故的全部责任，这辆拖拉机也被禁止再上路使用。那么，什么是拖拉机“亮尾工程”？拖拉机不能“亮尾”的能使用吗？

解析

根据《农业农村部办公厅、公安部办公厅关于进一步加强拖拉机安全管理工作的通知》的规定，拖拉机“亮尾工程”，是指拖拉机、运输机组应灯光齐全并粘贴反光标识，未粘贴反光标识的不予注册登记、不予通过检验。也就是说，拖拉机不能“亮尾”的，国家强制不予登记、无法通过车辆检验，也就不允许继续上路使用了。

由于拖拉机等农机主要是在白天从事农业作业，对夜间行车中的设计比较简单，不像家用轿车等类型车辆后尾灯那么突出。因此，拖拉机、农用挂车或联合收割机等农机都需要通过后部粘贴反光贴来增加辨识度，避免追尾事故频发。粘贴反光标识时应尽量体现拖拉机、农用挂车及收割机后部宽度和高度，水平粘贴的反光贴体现后部宽度，能够帮助路上的其他车辆和行人更加清晰地了解车辆的大小，避免剐蹭，消除安全隐患。

在上面的案例中，小孙的同乡在乡间道路上随意占道停放拖拉机，且拖拉机尾部又没有粘贴明显的反光标识，进而造成了这起交通事故，因此，交警部门的处理并无不妥。广大农民朋友在使用拖拉机等农用器械时，还要注意农机的安全行驶问题。

法条

《中华人民共和国道路交通安全法》第56条

25 拖拉机、联合收割机被盗抢的，怎么办？

疑惑

老王的朋友老张买了一台联合收割机，农忙时帮助村民收割庄稼，每年都能挣一笔钱。老王非常羡慕，拿出半辈子的积蓄也买了1台收割机，并按照相关规定注册登记，准备在秋收时大显身手。某天，老王给某户人家连夜抢收，为了节约油费，老王干完活儿后把收割机停放在庄稼地，以便第二天继续收割。结果，第二天一大早，老王赶到停放地点却发现收割机不见了，急得他不知所措。请问，联合收割机被盗抢，老王该怎么办？

解析

根据《拖拉机和联合收割机登记规定》第27条的规定，已注册登记的拖拉机、联合收割机被盗抢的，所有人应当及时向公安机关报案，并向登记地农机监理机构申请封存档案。公安机关会侦破案件，而农机监理机构会记录农机被盗抢的事实，以防止农机被变更登记。因此，老王发现联合收割机丢失后，首先应该向公安局报案，同时还需要向办理登记的农机监理机构报备，申请封存档案，以避免其他人再次冒名注册登记，将损失降到最低。

此外，需要注意的是，公安局缴获被偷的收割机后，老王要检查发动机号码、底盘号/机架号、挂车架号码或者机身颜色是否有变化，如果有变化应及时向农机监理机构报告，并办理变更登记，保证收割机的正常使用。

法条

《拖拉机和联合收割机登记规定》第 27 条

26 拖拉机也要参与年检吗？拖拉机报废换新的，会有补贴吗？

疑惑

小张有一台老旧的拖拉机，平时闲置在家，农忙时帮着村民运送农药化肥、粮食。一次偶然的机会，小张听说拖拉机也需要年检，他觉得拖拉机只在村子里活动，不存在安全隐患，所以没有把年检的事儿放在心上。随着农业机械化及其自动化程度越来越高，小张打算将家里这台旧拖拉机报废，换一台新的拖拉机，便到农机监理机构了解相关政策。请问，拖拉机也要参与年检吗？拖拉机报废换新的，会有补贴吗？

解析

根据《农业机械安全监督管理条例》第30条和《拖拉机和联合收割机登记规定》第28条的规定，农业机械应当定期进行实地安全检验，登记的拖拉机、联合收割机每年都应进行一次安全检验。因此，小张的拖拉机应该每年进行一次安检，确保安全使用。小张认为自家拖拉机活动范围小，不存在安全风险的想法是错误的，这是对自身安全的不负责任，也会威胁到其他村民的人身财产安全。

根据《拖拉机和联合收割机登记规定》第23条第1款的规定，拖拉机等农机报废、灭失的，需要向登记地的农机监理机构申请注销登记。本案中，小张想报废拖拉机，需要到农机监理机构办理注销登记手续，由农机监理机构公告作废。需要注意的是，办理注销登记前，小张应了解申请注销所需信息，准备好身份证、行驶证、拖拉机号牌、登记证书，方便农机监理机构高效办理。

实施农业机械报废更新补贴是通过政策支持进一步加大耗能高、污染重、安全性能低的老旧农机淘汰力度，是一项利国利民的惠民政策。根据《农业农村部办公厅、公安部办公厅关于进一步加强拖拉机安全管理工作的通知》《农业机械报废更新补贴实施指导意见》的相关规定，小张到农机监理机构办理注销登记后，按规定要求可以申请报废更新补贴，补贴由报废部分补贴与更新部分补贴两部分构成，补贴金额按相关政策执行。

法条

《农业机械安全监督管理条例》第 **30** 条

《拖拉机和联合收割机登记规定》第 **23** 条、第 **28** 条

《农业农村部办公厅、公安部办公厅关于进一步加强拖拉机安全管理工作的通知》

《农业机械报废更新补贴实施指导意见》

CHAPTER

3

第三章

农　药

27 剧毒、高毒农药不能应用于哪些方面?

疑惑

前不久,在某县一小饭桌,有多名学生在食用午餐后出现呕吐、腹泻等症状。学生们被紧急送医后,经检测为食物中毒。相关人员对采购员进行了询问,得知是在经常购买的菜贩李某处新买入了一批小青菜。经过了解得知,李某为了防止虫害,在小青菜种植过程中使用了“毒死蜱”农药。而“毒死蜱”属于剧毒、高毒农药,是国家明令禁止在种植蔬菜过程中使用的农药之一。为此,李某被县级人民政府农业主管部门责令罚款,李某懊悔不已。那么请问,什么是剧毒、高毒农药,它们不能应用于哪些方面呢?

解析

根据我国《农药管理条例》第 34 条的规定,剧毒、高毒农药不得用于防治卫生害虫,不得用于蔬菜、瓜果、茶叶、菌类、中草药材生产,不得用于水生植物的病虫害防治。剧毒、高毒农药,是指农药登记毒性为剧毒、高毒的农药单剂及其复制配剂,常见的剧毒、高毒农药有对硫磷、砒霜、甲胺磷等,极易引起人畜急速中毒,其有效成分及代谢物的残留、积累易造成农产品污染,导致食品质量和安全性下降,严重危及生态平衡及人类健康。"毒死蜱"属于上述剧毒、高毒农药,是国家明令禁止使用在蔬菜上的;违反上述规定,则应当按照《农药管理条例》第60条的规定处以罚款,构成犯罪的,还应依法追究其刑事责任。

在上面的案例中,李某为了避免虫害,防止小青菜减产,在国家明令禁止蔬菜种植上使用剧毒、高毒农药的情况下,违法使用"毒死蜱",并将有毒、有害农产品销往菜市场,造成小饭桌学生集体中毒事件,其性质十分恶劣,理应受到相应的处罚。

此外,需要提醒的是,农民在使用农药时一定要严格遵守相关法律、法规,不能将国家明令禁止使用的农药应用在农产品上,防止发生隐患和事故。

法条

《农药管理条例》第34条、第60条

28 在避免发生农药事故方面,应该如何做?

疑惑

开春农忙时,老窦买了百草枯在自家农地中喷洒,并通过村文化中心的喇叭向全村人告知自家地里的草不能喂养家畜。但老魏没有留意老窦的广播,也不曾听人说起,更没有在农地中发现警示牌。一天,老魏放羊时,羊群路过老窦农地,进食了有毒的草后死去,导致老魏的经济损失高达20万元。老魏向村委报告此事件后,村委初步认定此为四级农药事故并逐级向上报告至县农业主管部门。县农业主管部门立即成立专项小组处理该农药事故。那么,在避免农药事故发生方面,相关主体应该如何做?

解析

农药事故,是指农业生产中发生的与农药质量或者农药使用有关的生产事故,但不包括与农业生产无直接联系的安全生产事故,如农药运输等。由于农药事故受气候、风向等多种因素的影响,农药事故常呈现出传播范围广、损害范围大的特点。因此,我们应从农药事故可能发生的环节加强监管,减少损失。根据《农药管理条例》第21条、第28条、第34条等的规定,在农药生产环节,生产企业应该保证农药质量;在农药流通环节,经营者应妥善保管农药并合理指导使用者用药;在农药使用环节,使用者应该按照说明书或者其他指示用药,不在流水区或上风向区域施用农药等,施药人同时还应注意采取戴口罩、穿防护服等必要措施。

在农药使用中难免会发生农药事故,此时,依据《农药管理条例》第38条的规定,如果农药事故确已发生,农药生产者、经营者、使用者及其他发现事故的人员应及时报告当地农业主管部门。农业主管部门的工作机构应受理、收集、整理农药使用安全事故信息,向领导机构报告农药使用安全事故有关情况,组织专家对农药使用安全事故进行评估,提出启动农药使用安全事故应急处置的级别建议、组织开展事故技术鉴定、提出补救措施、查缴涉案农药产品,监督、检查农药使用安全事故应急处置工作,汇总农药使用安全事故处置结果,提出解除警情建议。还应在处理农药事故后,组织农药生产者、经营者和使用者实施农药事故预防的知识宣传、事故应急处理的培训和演练工作。农业主管部门的领导机构应当指导处置农药使用安全事故、部署应急处置措施,向社会发布农药使用安全事故的信息或公告,根据事故状况与其他部门共同协商处理其他可能出现的环境风险,确认处置结果、决定解除警情。只有相关主体在农药生产、流通、使用和事故处理环节做到尽职尽责,才能预防事故发生、防止事故损失扩大化。

上面疑惑中,老魏的羊群因误食喷洒了百草枯的草而大量死亡,经济损失高达20万元,根据《农药使用安全事故应急预案》的规定,可以被认定为四级农药使用安全事故。老窦虽然广播了喷洒行为,但未设置警示牌以进一步规避风险;而老魏放羊应对草料善尽审查义务,但他疏忽大意未及时关注农地的用药情形,也有过错。同时,由于百草枯是限制使用的农药,若农药经营者未给老窦提供合理的用药指导,致使老窦滥用百草枯,也应当承担过错责任。因此,老窦、老魏和农药经营者应依过错程度按份承担相应的民事法律责任或其他行政责任。

法条

《农药管理条例》第21条、第28条、第34条、第38条

《农药使用安全事故应急预案》4.1.4　Ⅳ级

29 配置农药时，可以随意配比吗？

疑惑

准备大展拳脚的老赵今年种了5亩菜辣椒，又多种了10亩玉米。但由于没有种植菜辣椒的经验，老赵从育苗开始就一门心思扑在了辣椒地里而忽视了玉米地，结果玉米地中的野草长势太盛，老赵买了除杂草的农药，但因害怕农药伤害玉米苗，便在一瓶药中兑了一半的水，但此次喷药未能将玉米地中的大部分杂草灭杀。老赵心想可能是稀释了药性，又将2瓶药水倒在一起以“强力”除草，这次虽然草大多枯黄，但玉米苗也有显黄。那么试问，农药使用者配置农药时，可以随意配比吗？

解析

在实际劳作过程中，农民经常会根据耕种习惯自行配置农药的比例，但是配比低时会影响农药药效的发挥，配比高则会导致农药残留过多。为了提高农药使用的效率，也为了减轻农药大量残留可能对农作物造成的危害，保证人们食用的安全性，农药使用者应依据《农药管理条例》第34条第1款的规定，严格按照农药标签的标注，合理注意农药的使用范围、使用方法和剂量，并根据专业人员的指导，依照使用技术要求和注意事项使用农药，不能随意加大用药剂量、扩大使用范围或改变使用方法。案例中的老赵在不咨询专业建议的情况下，随意配比农药是不符合农药使用规定的，他自己也承担了因不合理使用农药而造成的玉米苗枯黄的后果。

在配置农药时，除了不能随意设置比例外，还应该注意以下问题：第一，不用井水配药，因井水中含有多种矿物质，它们与药液易发生化学反应而生成沉淀物；第二，不用污水配药，污水中杂质多，不仅会与药液发生化学反应还会堵塞喷头。

法条

《农药管理条例》第34条第1款

30 偷偷使用禁用的农药，违法吗？

疑惑

每年农地老鼠泛滥的时候，老刘很苦恼。粘鼠板、老鼠夹等物理灭鼠器具在农地中所起作用甚小，虽然他也放置了农地中可用的灭鼠药，但鼠害仍未减轻。为了防止老鼠大量啃食农作物，老刘偷偷将未禁止使用前储藏的“毒鼠强”撒在了农地里。“毒鼠强”果然毒死了很多老鼠，虽然农地里鼠患少了，但是老刘地里的农作物已然有了食用风险。那么请问，偷偷使用禁用的农药，违法了吗？

解析

老百姓不仅要吃得饱，还要吃得安全。虽然农药有利于灭杀农作物生长过程中会出现的虫害，但农药包含多种化学物质，有一定的危险性，尤其是被禁用的农药一般都含有较强的毒性，对农作物安全和食用安全均有极大的风险。为了保证农药的功效趋利避害，国家对可能造成牲畜或人体损害的农药采取限制使用或者禁止使用的政策。《农药管理条例》第 33 条第 2 款规定，限制使用的农药应在农药经营者的指导下使用；第 34 条第 2 款规定，农药使用者不得使用国家禁用的农药，以规避农药可能造成的危害。因此，农药使用者偷偷使用禁用农药的行为是违法的，造成生命或财产损失的，应承担相应的恢复原状、赔偿损失等民事责任；同时因其还破坏了国家管理农药的秩序，还应被没收禁药、责令改正，或接受罚款；损害后果严重的，还应承担刑事责任。

上面的案例中，老刘偷用禁药，危及了农作物安全，潜在危害食用者的生命安全，理应被农业主管机构没收禁药，处1万元以下罚款。

除此之外，生活中常见的禁用农药包括“六六六”“滴滴涕”“毒鼠硅”“狄氏剂”等，农药使用者在购买农药时应仔细询问，以防发生人畜伤亡、人财两空的后果。

法条

《农药管理条例》第34条第2款、第60条

31 对于具有安全间隔期的农药，使用时应该注意什么？

疑惑

某蔬菜公司与农地承包户吴某签订了供货合同，协议约定，吴某在

2个月内提供质量有保证的大白菜5吨,届时蔬菜公司根据市价向吴某支付货款。种植过程中,菜地附近聚集了大量的小菜蛾,影响白菜的生长。于是,吴某购买了阿维菌素灭菜虫。卖药者告知他阿维菌素灭小菜蛾有安全间隔期,应在收菜前7天停止使用。吴某遵照嘱咐,在收菜前一周停止了使用阿维菌素,并按时保质地向蔬菜公司交付了白菜。那么,对于具有安全间隔期的农药,使用时应该注意什么?

解析

农药残留严重损害着食用性果蔬的安全性,危及人体健康,但科学合理使用农药既可以防病治虫,又能保证农作物的安全性。因此,为了减少农药残留可能造成的危害,国家设置了农药使用安全间隔期以达到科学使用农药的目的。农药安全间隔期,是指作物收获前禁止使用农药的天数,部分影响食用果蔬的农药在大于安全间隔期施药的,收获农产品中的农药残留量才不会超过规定的允许残留限量,才能保证食用安全。根据《农药管理条例》第34条第3款的规定,农药使用者应该认真审查农药标签是否注明安全间隔期,并按要求在农产品收获前停止使用。

在上面的案例中,吴某遵守农药用药指导,在农药安全间隔期前停止喷洒农药的做法符合法律规定。

法条

《农药管理条例》第34条第3款

32 在饮用水水源保护的河道内清洗打药用的无人机，应负什么法律责任？

疑惑

为避免背式喷雾器可能造成的呼吸系统损害，老李购买了农用无人机喷洒农药。某日，老李为自家玉米喷洒农药后，将无人机在本村饮用水水库下游进行清洗。村中的环境检查人员在巡视时，发现老李正在清洗农药器械，遂上前阻止。同时，检查人员将老李带到乡镇政府，以追究他的法律责任。那么，在饮用水源保护的河道内清洗打药用的无人机，应负什么法律责任？

解析

农药器械上残留的农药仍然会导致生态环境安全风险和农业人畜安全风险，应严格监督施药器械的管理。器械清洗是产生风险的关键环节，对其进行监管也非常必要，无论是保证农药的质量，还是减少清洗可能造成的污染问题，法律都有着严格的规定，农药使用者和监管者都应当严格遵守法律规定。《农药管理条例》第35条第2款规定，不得在饮用水水源保护区、河道内丢弃农药、农药包装物或者清洗施药器械，这可以有效减少残留农药污染饮用水源的问题,进而保障居民的饮水安全。

在上面的案例中,老李违反规定在饮用水水库附近清洗施药的无人机,属于违法行为。对此,根据《农药管理条例》第 60 条的规定,县级农业主管部门有权责令其改正,并处罚款 1 万元;如果老李的违法行为造成严重的损害后果,触及刑事法律的,还应当承担相关刑事责任。

法条

《农药管理条例》第 35 条第 1 款、第 60 条

33 使用无人机打农药的,需要具备无人机驾驶证吗?

疑惑

任某在村里承包了 40 亩土地种植棉花。前几年,他一直雇佣工人为棉花打农药。后来,任某听到自己的朋友江某说,现在很多地方都在使用无人机喷洒农药。任某听到后,认为这个方法非常好,不仅可以提高工作效率,也可以节省开支。为此,任某便准备从今年开始用无人机喷洒农药。可是,任某的儿子告诉他,使用无人机喷洒农药必须具备无人机驾驶证，否则，就是违法的。而任某向江某打听如何办理无人机驾驶证时，江某却说并不需要。对此，任某非常困惑。那么请问，农民使用无人机喷洒农药的，需要具备无人机驾驶证吗？

解析

农民使用无人机喷洒农药的，必须具备无人机驾驶证。根据《民用无人机驾驶员管理规定》，在三种情况下，驾驶无人机无需驾驶证：(1)驾驶轻型、微型无人机；(2)在室内运行的无人机；(3)在人烟稀少、空旷的非人口稠密区进行试验的无人机。也就是说，除上述三种情况外，其他驾驶无人机的情形都必须具备驾驶证。另外，担任操纵植保无人机系统并负责无人机系统运行和安全的驾驶员，应当持有相应登记的驾驶员执照或者经符合规定资质要求企业的植保无人机操作人员培训考核合格。在现实生活中，用来喷洒农药的植保类无人机，一般其质量比较大，不属于轻型或者微型无人机，而且操作门槛更高，危险系数也更高，所以相关规定明确要求驾驶植保类无人机必须有相应的驾驶证或者通过相应的培训考核。

在上面的案例中，任某儿子的说法是正确的，其如果要采用无人机喷洒农药，必须先取得驾驶证，无证操作无人机是违法的，一旦不慎将会造成相应的损害，需要承担相应的法律责任。

法条

《民用无人机驾驶员管理规定》

34 捕鱼虾或捉鸟兽时，可以使用农药进行初步麻痹吗？

疑惑

老王在本村修建了一个鱼塘，每到捕鱼期，他的鱼塘都能大丰收。但是，苦于家中无壮丁，且村中可雇的年轻人很少，以致老王一个人捕鱼很困难。某日，因客户紧急催要渔货，他担心因自己行动缓慢而不能按时交货，便想到用农药“赛丹”将鱼“闷晕”。老王向鱼塘中加了少量“赛丹”后，鱼游动得慢了，他便省力地打捞了鱼，也按时交了货。但客户事后说该批鱼的销售反馈不佳。那么，捕鱼虾或捉鸟兽时，可以使用农药进行初步麻痹吗？

解析

农药包含较多的化学物质，存在破坏生态环境和危害人体健康的潜在风险。用农药捕鱼，除了使食用的鱼携带毒性最终危及人们的生命安全外，还会对鱼所在的水域、水域周围的土壤和空气等复杂的环境因素产生较大的影响，甚至造成环境污染。因此，依据《农药管理条例》第35条第2款的规定，国家禁止使用农药毒鱼、虾、鸟、兽等。

在上面的案例中，老王为救急而使用农药捕鱼的行为是违法的，如果客户因为老王提供的货物不符合约定而主张老王的违约责任，老王应该承担相应的赔偿等民事责任。同时，由于老王违反了法律的禁止性规定，根据《农药管理条例》第60条的规定，其也应当承担被县级农业主管部门责令改正和罚款的行政责任。若造成消费者产生严重的不良反应，则老王的行为就涉嫌以危险方法危害公共安全，还应当承担相关刑事责任。

法条

《农药管理条例》第35条第2款、第60条

35 哪些单位应当建立农药使用记录？

疑惑

某日，县里新成立的农药专查小组来到甲镇检查农药经营者、农药使用者是否规范建立农药经营和使用档案。刚从镇上购买农药回家的老崔见检查小组去了粮储所，还去了镇上的一家蔬菜公司。老崔见检查小组去了很多地方，心中就产生了疑虑，自己也购买农药使用,不知会不会遇到检查。那么试问,哪些单位应当建立农药使用记录?

解析

正如农药经营者应该建立销售台账以实现农药监管,农药使用者对农药使用状况的记录也是农药终端监管的重要部分。为有效防控农药事故,法律明确规定必须建立农药使用的溯源机制。就哪些单位应当建立农药使用记录而言,依据《农药管理条例》第36条的规定,法律对不同单位和个人设置了不同的行为要求。农业生产过程中会影响居民粮食安全的企业或组织,如农产品生产企业、食品和食用农产品仓储企业、专业化病虫害防治服务组织和从事农产品生产的农民专业合作社,法律强制要求这些主体建立农药使用记录,如实记录使用农药的时间、地点、对象及农药名称、用量和生产企业等,且档案保存时间应当在2年以上。但是区别前述数量较少、管理规范的企业,另行购买农药灭草杀虫的散户因分布范围广,使用农药不集中、用药剂量较小等原因,国家不强制他们建立农药使用记录,而是鼓励他们规范使用农药并建立相关使用记录。

在上面的案例中,老崔不必担心作为个人使用者会遭遇检查,但如果条件允许,老崔也可以自行建立农药使用记录。

需要注意的是,国家鼓励建立农药使用记录的使用者,即使未建立农药使用档案,也无须承担法律责任;但对于国家强制其建立农药使用记录的单位或组织,不履行该义务将面临被责令改正、接受罚款等处罚。

法条

《农药管理条例》第36条、第61条

36 随便扔农药包装物应该承担什么法律责任？

疑惑

近年来，随着农业科技的发展，农药的使用较为普遍。由于农民多分散购买农药，且没有集中回收农药包装物的地方，故在农村随处可以看到农药包装薄膜或者农药瓶罐。在废弃的农药包装物附近，往往会散发出难闻的气味，甚至可以看到残留药液导致土壤变色的情况。经年累月，随意扔包装物会导致环境风险，损害人们的生活环境。那么，随意扔农药包装物应当承担什么法律责任呢？

解析

农药包装废弃物，是指农药使用后被废弃的与农药直接接触或含有农药残余物的包装物，包括瓶、罐、桶、袋等。因当前农药包装物的回收机制不完善，农药包装物也如其他普通垃圾一般被丢弃。但是农药包装废弃物不仅造成严重的“视觉污染”，还会对土壤、水体造成二次污染，最终通过大自然的食物链进入人体，危害人们的生命健康。因此，《农药管理条例》第35条和第37条明确规定，禁止随意丢弃农药包装物，并强调为了防止农药污染环境和农药中毒事故的发生，农药生产企业和经营者应当回收农药废弃物；法律对农药使用者的要求相对宽松，但其也应妥善收集废弃物，不得随意丢弃。

为进一步细化《农药管理条例》第37条出台执行办法的规定，农业农村部和生态环境部共同制定了《农药包装废弃物回收处理管理办法》，专章规定了农药生产者、经营者和使用者的农药包装回收和处理义务。违反前述义务的，若农药生产者、经营者、使用者为企业或组织的，由地方人民政府农业农村主管部门责令改正，处1万元以上10万元以下的罚款；农药使用者为个人的，可以处200元以上2000元以下的罚款。

法条

《农药管理条例》第35条第1款、第37条

《农药包装废弃物回收处理管理办法》第19条

《中华人民共和国土壤污染防治法》第88条

37 哪些为假农药?

疑惑

吴某在某村承包了近20亩果树,由于承包面积非常大,需要常年为果树打农药。2021年6月,吴某发现果树出现了虫害,为防止虫害蔓延,他马上到农药店购买农药。在农药店老板的推荐下,吴某买了3箱消灭虫害的农药。然而,使用了农药后,果树的虫害非但没有被制止,反而越来越严重。吴某便怀疑自己买的农药是假药。那么请问,哪些情形下可以认定为假农药?

解析

根据我国《农药管理条例》第44条的规定,假农药的认定主要包括以下几种情形:(1)以非农药冒充农药;(2)以此种农药冒充他种农药;(3)农药所含有效成分种类与农药的标签、说明书标注的有效成分不符;(4)禁用的农药,未依法取得农药登记证而生产、进口的农药,以及未附具标签的农药,按照假农药处理。只要农民购买的农药存在以上几种情形的,就可以认定为假农药。在上面的案例中,吴某买到的农药如果符合以上情形之一,应认定为假农药。吴某可以向当地的农业农村主管部门进行举报,并可以要求经营和生产该农药的人或单位给予赔偿。

法条

《农药管理条例》第 44 条、第 64 条

38 哪些为劣质农药？

疑惑

一天，杜某看到自己家的玉米地里长了很多草，他马上到农药店购买了 2 瓶除草剂，和妻子一起背着喷雾器到玉米地里打农药。可是，过了两天，杜某再去地里看杂草是否已经枯死时，却意外发现自己地里大部分的玉米秆都变成了“黄色”。对此，杜某非常生气，认为自己可能是买到了劣质农药，才导致玉米秆枯黄。那么请问，哪些农药属于劣质农药？

解析

关于劣质农药的认定，《农药管理条例》第 45 条明确规定，有下列情形时，应认定为劣质农药：(1) 不符合农药产品质量标准；(2) 混有导致药害等有害成分;(3)超过农药质量保证期的农药,按照劣质农药处理。据此可知,在上面的案例中,如果杜某买到的农药符合上面三种情形之一,应认定为劣质农药。而对于劣质除草剂导致杜某的玉米死亡的经济损失,杜某既可以要求农药店承担,也可以要求生产该农药的企业承担。当然,杜某还可以就此事向当地的农业农村主管部门进行举报。

法条

《农药管理条例》第45条、第64条

39 农户收到召回农药的消息后,可以不理会吗?

疑惑

张某是某村的种植业大户,一直承包着村里50亩土地种植西瓜。2021年5月,由于马上到了西瓜成熟的时节,为了让西瓜长得更快,张某在网上购买了一种促进植物生长的农药打算喷洒在西瓜上。然而,张某正在喷洒农药时,收到农药店的信息,称因张某之前购买的农药对生态环境有严重危害,故现在厂家正在紧急召回这些农药,让张某收到信息后,将购买的农药退回,农药店也会如数退还钱款,并承担相应的退货运费。张某觉得农药只是对生态环境有影响,并不会影响自己的西瓜生长,一旦退回,他还要再重新购买,这样一来就错过了销售西瓜的最佳时机,故就没有理会农药店的信息。那么请问,农户收到召回农药的消息后,可以不理会吗?

解析

张某的做法是错误的。我国建立并实行农药召回制度,根据《农药管理条例》第 42 条的规定,一旦发现农药有危害时,农药生产企业、农药经营者以及农药使用者都有相应的配合国家召回农药的义务。首先,农药生产企业发现其生产的农药对农业、林业、人畜安全、农产品质量安全、生态环境等有严重危害或者较大风险的,应当立即停止生产,通知有关经营者和使用者,向所在地农业主管部门报告,主动召回产品,并记录通知和召回情况。其次,如果农药经营者发现其经营的农药有法律规定的危害情形的,有义务立即停止销售农药,通知有关生产企业、供货人和购买人,向所在地农业主管部门报告,并记录停止销售和通知情况。最后,农药使用者发现其使用的农药有规定的危害情形的,应当立即停止使用,通知经营者,并向所在地农业主管部门报告。农药召回制度,不但能够最大限度地降低农药对生态环境、农产品质量的影响,而且可以减轻有害农药对生产者、销售者和使用者的危害,减少其不必要的经济损失。

在上面的案例中,张某作为农药的使用者,在收到召回农药的消息后,应当依法履行自己的义务,马上停止使用对生态环境有害的农药,并配合农药店将自己购买的农药退回。而张某认为只要农药不会危害到自己种植的农作物就行,并且不予理会的做法是错误的。

法条

《农药管理条例》第42条

40 农药出厂销售,如何确保销售流向明确?

疑惑

小张刚刚入职一家农药生产公司销售部,经理让他先熟悉一下销售流程。经过几天观察,小张发现销售部的工作井井有条,处理售后问题及时、准确。小张纳闷公司生产经营的农药种类繁多,市场遍布全国各地,每一笔订单是如何做到精准对标的呢?销售主管向小张介绍了公司严格的农药出厂销售记录制度。请问,农药出厂销售,如何确保销售流向明确?

解析

根据《农药管理条例》第21条的规定，农药生产企业应当建立农药出厂销售记录制度，如实记录农药的名称、规格、数量、生产日期和批号、产品质量检验信息、购货人名称及其联系方式、销售日期等内容。本案中，小张所在农药生产公司之所以农药销售工作有条不紊，就是由于严格执行了农药出厂销售记录制度，该公司销售部通过记录每笔订单销售农药的名称、规格、数量等内容，实现了农药出厂的规范化管理。这种做法，一方面畅通了销售渠道，保障了购货人权益；另一方面完善了企业经营管理制度，确保生产商严把质量关，做到可追溯管理，生产全过程可查、质量可控，及时召回问题产品。此外，需要注意的是农药出厂销售记录应当保存2年以上。

法条

《农药管理条例》第21条

41 农药包装应符合怎样的要求?

疑惑

为高效应对蝗虫灾害,某农药生产企业接到大批量加急生产任务。为确保批量生产,该生产企业增开生产线,加快生产速度。但是,由于时间紧任务重,农药包装商无法按时交付农药标签。为应对突发状况,该农药生产企业发动工人自行制作标签,标注了农药名称和使用方法,解决了农药标签供应不足的问题。请问,本案中农药包装标签是否符合规定?农药包装有何要求?

解析

本案中农药包装不符合规定。根据《农药管理条例》第 22 条和第 23 条的规定,农药标签应当以中文标注农药的名称、剂型、有效成分及其含量、毒性及其标识、使用范围、使用方法和剂量、使用技术要求和注意事项、生产日期、可追溯电子信息码等内容;且不得擅自改变经核准的农药的标签内容。从以上规定可以看出,农药标签不仅具体体现了一个农药品种的身份,而且更重要的是农药标签可以指导人们科学合理安全地使用农药,未经上级相关部门核准,任何单位和个人无权擅自变更农药标签。

在上面的案例中，该企业工人没有认识到农药、农药标签对农业生产、农产品的质量安全和生态环境的重要意义，自行制作标签且仅注明农药名称和使用方法是不负责任的行为，一旦农药流入市场存在误导使用和因操作不当引起安全隐患，后果不堪设想。

需要注意的是，国家有关部门关于农药包装的规定，生产企业必须依法印制、张贴农药标签。如果是剧毒、高毒等限制使用的农药，在标签上应当注明“限制使用”字样及使用的特别限制和要求；如果是用于食用农产品的农药的标签还应当标注安全间隔期；如果农药包装过小，标签不能标注全部内容的，还应当同时附具说明书。

法条

《农药管理条例》第22条、第23条

42 农药经营许可证有效期为多久？到期想要续展的，需要提前多久申请？

疑惑

某县制定了农业科技助力农业发展的惠农政策，县政府支持农资个体户的设立。小李曾在该县某乡镇农资站工作，具备农药和病虫害防治专业知识，熟悉农药管理规定。小李得知政府的优惠政策后，在其本村开办了一家“利民农药店”，并按规定取得了农药经营许可证。小店设立后，极大地减少了村民到乡镇购买农药的不便。同时，小李凭借农药使用知识为村民们推荐与农时、作物生长适合的农药，帮助大家合理利用农药，提高作物产量。小李获得了村民的一致好评，农药店的生意也越来越红火。但是经营多年，农药店的经营许可快到期了，他想着去换一个新的。那么请问，农药经营许可证有效期为多久？到期想要续展的需要提前多久申请？

解析

农药是把“双刃剑”，农药的使用直接关系到农产品的质量安全、生态环境及人们的生命健康。国家严格监管农药的生产与经营，以减少滥用农药带来的危害。2017 年修订的《农药管理条例》强调，国家实行农药经营许可制度，即农药经营者应当按照国务院农业主管部门的规定，向县级以上地方人民政府农业主管部门申请农药经营许可证。《农药管理条例》第 25 条对农药经营许可证应载内容、期限、续展要求等作出了具体的规定：农药经营许可证应当载明农药经营者名称、住所、负责人、经营范围等，农药经营许可证的有效期限为 5 年。有效期届满，需要继续经营农药的，农药经营者应当在有效期届满 90 日前向发证机关申请延续。上面案例中的小李如此照办即可。

同时需注意，农药经营者获得经营许可证后，应该根据《农药管理条例》的规定修建符合条件的储藏场所，进行质量管理和安全防护，建立台账记录及应急处置措施。若违反条例规定，无证经营或者有其他违法经营活动的，有关农业农村部门有权对其责令停止经营、没收违法所得和违法经营设备、进行罚款等，情节严重构成犯罪的，依法追究其刑事责任。

法条

《农药管理条例》第 25 条

43 农药经营者设立分支机构也要取得经营许可证吗？

疑惑

张某所在村有不少村民种植松树苗，张某见销售松树苗很挣钱，就承包了本村十几亩地种植松树苗，这才得知松树苗在成长过程中偶见红斑等，他需要去县城购买农药以预防松树的病虫害。但是从村里到县城需要走较长的路程且不方便搭车，故张某到了常去买药的农药店后，便与店主钱某商量扩大经营的事宜。张某提议钱某在其村分设农药店,张某愿代理经营,以减少村民进城购买农药的不便。钱某与张某在准备开设分店的时候,听村干部说要到县级指定机关办理分店经营许可证。那么请问,农药经营者设立分支机构也要取得经营许可证吗?

解析

农药经营许可证登记有利于维持农药经营秩序,是我国一项法定经营许可制度。开设农药店铺时,农药经营者应按照法律规定取得农药经营许可证,载明经营者名称、住所、负责人、经营范围以及有效期限等经营必需事项。对于因业务扩展需要设立分支机构的,已经取得许可证的农药经营者应依据《农药管理条例》第 25 条第 4 款的规定,依法申请变更农药经营许可登记。农药经营者在原登记机关申请变更登记后,同时应向分支机构所在地的县级以上地方人民政府农业主管部门备案,则其分支机构免予办理农药经营许可证。虽然分支机构可以不办理经营许可证,但农药经营者仍应当对所开设的分支机构的经营活动负责,不得违反农药经营的相关规定。若分支机构出现违法经营行为,农药经营者应当承当相应的法律责任。

就上面的案例而言,钱某已经取得农药经营许可证,其在张某村庄开设分支机构,无须重新进行经营许可登记。但其必须到该县的农业主管部门申请变更登记,并依照变更后的许可登记证事项依法指导分支机构开展经营活动。

法条

《农药管理条例》第 25 条

44 农药经营者采购农药应该如何把关?

疑惑

某日,在甲村出售农药的阿明收到了某农药公司的宣传单,阿明见该公司推出的新品能有针对性地消灭因暑热引起的夏虫,能够有效减少农作物的损失,其欲购进一批新药。后阿明积极联系农药公司咨询这批新药的具体情况,为采购农药做十足的准备。请问,除价格等必需的交易条件外,在采购农药时应注意哪些特殊情形呢?

解析

因农药包含较多化学物质,利用不当会对生态环境和人体健康产生危害,故国家对农药生产和农药经营采取源头控制的政策。农药经营的源头控制体现在农药经营者在采购农药时,应当善尽审核义务并严格遵守采购台账规定。《农药管理条例》第 26 条对农药经营者的采购行为作出了详细规定：首先，农业经营者不得向未取得农药生产许可证的农药生产企业采购农药；其次，采购者应该查验农药的包装、标签、质量检验合格证及其他产品许可证明文件；最后，农药经营者需建立采购台账，如实记录农药的名称、有关许可证明文件编号、规格、数量、生产企业和供货人名称及其联系方式、进货日期等内容，至少保存2年以便后续查看。

因此，阿明除了商讨价格、数量等事宜外，还需特别审查农药公司的营业执照、经营许可证的取得情况，并注意新药的包装、标签、质量检验合格证或其他证明。在购进新药后，还应理顺采购记录、完善采购台账并保证保存2年以上。

法条

《农药管理条例》第26条

45 农药经营者应该如何"卖药"？

疑惑

章某在乙镇经营着一家"便民农药店"，为了更好地经营农药店，其在下乡农科人员的指导下掌握了常见农作物病虫的观察技巧与应对方法，能够根据气候和作物状况向村民提供合理的购买农药指南。除此之外，章某正规经营药店，他按要求建立了销售台账，顺利通过了市场监管局的审核。凭借着高超的“销售妙招”，章某“便民农药店”的生意蒸蒸日上，其他农药店主也纷纷向他“取经”。那么，农药经营者应该如何“卖药”呢？

解析

使用农药应当特别注意滥用农药产生的风险，这就要求农药销售人员主动在农药流通过程中进行把控。法律规定取得农药经营许可证的人员应当具备农药和病虫害防治专业知识，熟悉农药管理规定，在此基础上，《农药管理条例》第 27 条还要求农药经营者应当向购买人询问病虫害发生情况并科学推荐农药，必要时应当实地查看病虫害发生情况，并正确说明农药的使用范围、使用方法和剂量、使用技术要求和注意事项，不得误导购买人。同时，为便于对农药流通进行市场监管，《农药管理条例》第 27 条第 1 款还规定农药经营者应当建立销售台账，如实记录规格、数量、购买人等必要内容，且应当保存 2 年以上。

在上面的案例中，章某依规具备开展农药经营的必要知识，合规建立销售台账，且本着诚实守信的原则，认真负责地向村民推荐农药，他的“生意经”符合法律和道德的要求，值得大家学习。

还需特别注意的是，经营卫生用农药的，不受上述条例规定的限制。这里的卫生用农药是指预防、控制人生活环境和农林业中养殖业动物生活环境的蚊、蝇、蚂蚁及其他有害生物的农药，如蚊香、杀蟑片、灭螨纸等。由于此类卫生用农药对人体伤害较小且适用范围广泛，故法律对其流通的强制规定较少。

法条

《农药管理条例》第27条

46 可以将农药分装后进行销售吗？

疑惑

某镇农资所的法定代表人小亮新采购了一批灭草药剂，这批灭草药剂的功效显著，村民们争相购买，以致供不应求。某月，镇上多日大雨，小亮无法外出进货。为此，小亮将库存的农药分装至其他瓶罐中，手写说明贴在瓶罐外面。村民们认为此种包装不正规，对农药的质量心有疑虑便不再购买。小亮多番解释也无济于事。那么，小亮的此种应急之法合规吗？可以将农药分装后进行销售吗？

解析

为保障农药生产的安全性、有效性，国家从原料采购到产品包装都有着严格的规定。农药包装材料应具有坚固性、防潮性、抗腐蚀性，保证不与药剂发生化学反应、不渗透、不溶胀、不影响产品质量。同时，为了保护环境，国家鼓励农药生产企业使用可回收的农药包装材料。由此可见，农药必须严格按照法定要求进行包装。为了减少分装可能带来的农药污染风险，农药经营者应根据《农药管理条例》第28条第1款的规定，不得随意加工、分装农药。

需要注意的是，农药标签是用以标注农药药性、药理的凭证，也应当严格遵守法律规定，即应当以中文标注农药的名称、剂型、有效成分及其含量、毒性及其标识、使用范围、使用方法和剂量、使用技术要求和注意事项、生产日期、可追溯电子信息码等内容。

在上面案例中，小亮的“应急法”是不合法的，他不可以将农药分装后进行销售。

法条

《农药管理条例》第22条第1款和第2款、第28条第1款

47 经营农药的同时可以卖饲料、化肥吗？

疑惑

小文最初在本村销售化肥，后根据村民的需要，他扩展了农药和猪饲料业务，成立了农资综合服务站。他在院子里修建了棚户房以作储备农资用的库房，还租用了门面房以销售货物。因租用的门面房较小，他将猪饲料和农药放在了一排货架上，化肥放置于地面。某日，下乡的农科人员对其开展农药销售培训，至其店中看到他将农药和猪饲料放在一起，农科人员说他放置错误。他不解，甚至一度疑惑是否可以同时销售这些东西。那么试问，小文能不能同时经营农药、饲料和化肥，如果可以他应该怎样放置？

解析

农药中的化学物质对生态环境和人体健康有着潜伏性危害，因此法律规定申请农药经营许可证时，农药经营者应准备与其他商品以及饮用水水源、生活区域等有效隔离的营业场所和仓储场所，并配备与所申请经营农药相适应的防护设施。销售过程中，农药经营者还应当依据《农药管理条例》第28条第2款的规定，将卫生用农药与其他商品分柜销售；经营卫生用农药以外农药的，不得在农药经营场所内经营食品、食用农产品、饲料等，以减少在经营的各个环节农药泄漏的危害。对于肥料而言，饲料会影响动物安全，影响农业生产秩序。因此，应当与带有泄漏危险的农药明显隔离。

在上面的案例中，对于和小文一样的农药经营者，营业执照中可以同时登记销售农药、化肥和饲料，但是不能在同一场所储存或放置销售，应当严格按照法律规定分置出售。如果农药经营者在卫生用农药以外的农药经营场所内销售食品、食用农产品、饲料等，将会被县级以上地方人民政府农业主管部门责令改正；拒不改正或者情节严重的，处2000元以上2万元以下罚款，并由发证机关吊销农药经营许可证。

法条

《农药管理条例》第28条第2款

48 以伪劣农药假冒合格农药进行销售的，构成什么犯罪？

疑惑

王某是某种去除农作物病虫害的农药销售商。随着近几年原材料价格的上涨,该款农药的进货价格也随之上涨。王某作为零售商,无法以最优惠的价格拿到该款农药,就动起了歪心思。王某明知邻村的刘某正在销售假冒该款农药的伪劣农药,价格非常低廉,于是便想从刘某那里批发进购该伪劣农药,冒充合格农药进行销售。实际上,该伪劣农药对病虫害完全没有效果,给当地的农户造成了近6万元的损失。请问,王某的行为是否成立犯罪?成立什么犯罪?

解析

根据我国《刑法》第147条以及《最高人民法院、最高人民检察院关于办理生产、销售伪劣商品刑事案件具体应用法律若干问题的解释》第7条可知,如果生产者或者销售者以不合格的农药冒充合格的农药进行出售,给生产造成了较大损失的,应当成立生产、销售伪劣农药罪。要成立生产、销售伪劣农药罪,需要注意造成的损失应当在2万元以上。如果给生产造成的损失不足2万元,则不成立本罪。

在上面的案例中,王某明知所销售的是伪劣农药,并不具有去除病虫害的性能,仍然将该伪劣农业向外销售,并且给当地的农户造成了近6万元的损失。由此可见,王某的行为已经满足了生产、销售伪劣农药罪。当然,除了王某以外,刘某也可能成立本罪。

法条

《中华人民共和国刑法》第 **147** 条

《最高人民法院、最高人民检察院关于办理生产、销售伪劣商品刑事案件具体应用法律若干问题的解释》第 **7** 条

CHAPTER

4

第四章

农业种植

49 破坏基本农田保护区的保护标志的，应承担什么法律责任？

疑惑

张某家的猪圈要进行翻建，在盖猪圈时，张某想在猪圈上镶上点石头，但是村里一般都使用红砖和水泥。张某到村里找了好几家，想看看谁家猪圈有不用的石头槽，可以切割了使用，但是找了好多家都没有。这时张某突然想起来，在村口承包地边上有一个基本农田保护区的标志桩，埋桩的时候他还去看热闹了，那个桩子是石头的，体积挺大，很大一部分埋在了地下，他想可以把桩子挖出来，然后切割成石头砖用。那么，张某如果破坏了标志桩，要承担什么法律责任？

解析

我国《基本农田保护条例》第 11 条第 2 款规定，任何单位和个人不得破坏或者擅自改变基本农田保护区的保护标志。基本农田保护区是指为了对基本农田实行特殊保护，依据土地利用总体规划和依照法定程序，以乡（镇）为单位进行划区界定，由县人民政府土地行政主管部门会同同级农业行政主管部门组织实施确定的特定保护区域。基本农田的保护标志有标志牌、标志桩、界碑等，基本农田标志是用于保护基本农田的标示性建筑，其作用是加大对基本农田建设和保护的宣传力度，提高全社会保护农田的意识，促进基本农田保护的工作，如破坏基本农田保护标志牌、标志桩等。《基本农田保护条例》第32条规定了处罚措施，即责令恢复原状，可以处1000元以下罚款。

本案中，张某想要挖出标志桩切割垒猪圈是违反《基本农田保护条例》第11条第2款规定的，如果其实施了该行为，那么必然承担相应的法律责任。

法条

《基本农田保护条例》第11条第2款、第32条

50 在基本农田保护区内取土的，应承担什么法律责任？

疑惑

李某所在村的农地被划定为基本农田保护区，乡政府向村民公告了划定范围和禁止的活动。李某承包的农田也在保护区范围内，离他家也不远。后因李某想要修缮一下偏房门前的阶梯，便想就近从房后的农田里取点土来。在他取土的时候，邻居告诉他说警示牌上标明不能在此地块上从事取土等活动，但李某不以为然。那么，在基本农田保护区取土的，应承担什么法律责任？

解析

耕地是我国最为宝贵的资源，耕地保护是关系 14 亿人吃饭的大事，我国一直坚持严守 18 亿耕地红线，严禁任何破坏耕地的非法行为。为了促进农业生产和社会经济的可持续发展，国家制定《土地管理法》《基本农田保护条例》等法律、法规，对基本农田实行特殊保护。所谓基本农田保护区，是对基本农田实行特殊保护而划定的特定区域，包括经国家农业农村部和县级以上政府批准确定的粮、棉、油生产基地内的耕地；有良好的水利与水土保持设施的耕地，正在实施改造计划以及可以改造的中、低产田；蔬菜生产基地和农业科研、教学试验田。

根据《土地管理法》第 37 条的规定，禁止占用耕地取土，《基本农田保护条例》第 17 条在保护耕地的基础上，进一步强调基本农田保护区内更应禁止取土。因此，案例中李某擅自在基本农田保护区内取土的行为是违法的，根据法律规定，将由农业农村局责令限期改正或治理，还可以处耕地开垦费 1 倍以上 2 倍以下的罚款。李某非法取土的后果尚不严重，不用承担刑事责任。若有关人员违反土地管理法规的情节严重，非法占用耕地数量较大，造成耕地、林地等农用地大量毁坏的，人民法院可以非法占用农用地罪论处，判处5年以下有期徒刑或者拘役，并处或者单处罚金。

需要注意的是，除不能在基本农田保护区内非法取土外，也不可以私自建窑、建房、建坟、挖砂、采石、采矿、堆放垃圾或进行其他破坏农田的违法行为。

法条

《中华人民共和国土地管理法》第37条第2款、第75条

《基本农田保护条例》第17条第1款、第33条

《中华人民共和国刑法》第342条

51 在基本农田上种果树，违法了吗？

疑惑

张某在村里承包了十几亩地，他在大部分高产地种了玉米，而对于少部分低产田，他一直积极联系有经验的人利用村里良好的水利和水土保持设施进行改造。但是，他听说改造成高产田至少要3年的周期，长则更久。为了补足承包地的租金，他不想荒置那些农田，觉得种植果树不但能有收益，还能抵挡风沙、保持水土。于是他便在改造中的低产田中种了果树。但是村委会得知后告诉张某，村里的土地早就被划定为了基本农田保护区，不能在土地上种植果树。那么，在基本农田上种果树，违法了吗？

解析

粮食安全关乎全国人民的生存，也是国家经济社会稳定发展的基础。我国实行耕地资源保护以保障粮食安全，但在现实生活中也出现了耕地“非粮化”倾向，一些地方把改变传统农业结构简单理解为压减粮食生产，一些经营主体违规在基本农田保护区内种树、挖塘，这不利于保持粮食产量，维护粮食安全。

为了防止用于其他用途的农用地侵占粮食用地，《土地管理法》第 37 条和《基本农田保护条例》第 17 条都明确规定，禁止在基本农田保护区（永久基本农田）内发展林果业和挖塘养鱼。案例中的张某正在实施改造的低产田属于基本农田保护区，在此区域内种植果树与基本农田用途不符，是违法的。

法条

《中华人民共和国土地管理法》第 37 条第 3 款

《中华人民共和国基本农田保护条例》第 17 条第 2 款

《国务院办公厅关于防止耕地“非粮化”稳定粮食生产的意见》

52 耕地应优先种植什么作物呢?

疑惑

甲村处于山前水土堆积的位置,土质良好,水利设施完备,耕地资源丰富。以前甲村的村民多种植黍、高粱、玉米等粮食作物,但粮食作物对人力投入要求高,且经济回报率不高,因此,在甲村提出转型发展计划后,村民们争相种植了蔬菜、药材、果子等经济作物,经济收入也在逐年增加。但是,县政府最近监督检查耕地使用状况时却发现,甲村耕地种植粮食作物和其他作物的比例是二八分,粮食产量逐年下降,遂派工作人员给村民们宣传种植类别的知识。那么,耕地应优先种植什么作物呢?

解析

人多地少是我国的基本国情,保证国家的粮食安全是“三农”工作的首要任务。党和国家把粮食安全纳入了国家总体安全观,粮食安全更是被写进了《国家安全法》。因此,保护耕地、稳定粮食种植面积,确保粮食产量和质量是国家农业政策不可动摇的部分,更是农业可持续发展的基础。

在有限的耕地资源上确立种植作物的优先顺序,才能更加合理地利用土地并保障我国人民的饭碗。根据《国务院办公厅关于防止耕地“非粮化”稳定粮食生产的意见》的规定，我们必须明确耕地利用优先序，严格控制耕地转为林地、园地等其他类型农用地。耕地应该被重点用于发展粮食生产，永久基本农田应优先种植稻谷、小麦、玉米这三大粮食作物；一般耕地应用于其他粮食和棉、油、糖、蔬菜等农产品和饲料的生产；在优先满足粮食和使用农产品生产基础上，适度用于非食用农产品生产。

在上面的案例中，甲村土壤肥沃，耕地资源丰富，应当在优先满足粮食生产的基础上，再种植其他经济作物，县政府监督检查发现问题后，该村应当及时更正，保障粮食供给。

法条

《中华人民共和国国家安全法》第 22 条

《国务院办公厅关于防止耕地“非粮化”稳定粮食生产的意见》

53 稻田蟹可以在基本农田里养殖吗？

疑惑

某县提倡大力发展生态循环农业模式，积极培育稻渔综合养殖项目，对稻田改造的种植户提供补贴。夏某觉得稻田和螃蟹一起养殖既可以充分利用土地资源，也可以增加经济收入。因此，他积极申报综合养殖项目，在自己承包的基本农田里改造稻田工程，引进扣蟹。而夏某的邻居也积极投入，但是他听说基本农田保护的要求多，便新开垦了一片荒地进行综合养殖。那么，可以在基本农田里养殖稻田蟹吗？

解析

国家鼓励农业多元化发展，优化农业结构发展。而稻渔综合养殖有利于用水养鱼，用鱼肥稻，可以充分利用水土资源、实现经济效益和生态效益双赢，是现代化农业发展的重要部分。但是，基于我国人多地少的土地利用状况，在新建和改造稻渔综合养殖工程时，要与国家保障粮食安全的政策相适应，不能一味追求经济利益，而破坏粮食种植布局。《国务院办公厅关于防止耕地“非粮化”稳定粮食生产的意见》明确规定，利用永久基本农田发展稻渔、稻虾、稻蟹等综合立体种养的，应当以不破坏永久基本农田为前提，沟坑占比要符合稻渔综合种养技术规范通则标准。

在上面的案例中，夏某邻居的考虑是正确的，应该保护基本农田。当然，夏某在基本农田里养稻蟹的做法也不违法，但应严格按照农业农村部印发的《稻渔综合种养生产技术指南》的要求，合理设置沟、坑占比，渔区密度等。

法条

《国务院办公厅关于防止耕地"非粮化"稳定粮食生产的意见》

54 在耕地上盖大棚搞种植，违规吗？

疑惑

罗某在村中经营种植业，由于该地粮食作物适宜一年一熟，他一般都是4月耕田、5月播种、9月收割。但是，每年秋季收割之后，因天气变冷，农田便闲置下来。后来，为了克服天气的影响，延长种植时间，增加家庭收入，他准备在接收太阳光线位置好的农地建设大棚。那么试问，在耕地上盖大棚，违规吗？

解析

大棚具有保障温度、抵抗风沙、节水节肥的好处，推广大棚是农业科技在现代农业中的应用。但对于在耕地上盖大棚是否违规的问题，需要辩证看待，建设农用大棚有一定的限制性条件。

首先，在建设农地方面。如果大棚盖在基本农田保护区内，建设人就应该遵守加强基本农田保护的规定，不得因为建大棚而损坏土地资源，即盖大棚时应尽量减少大棚建材的占地面积，且大棚内应避免铺设水泥等生产性道路或者从事其他破坏耕作层的活动。

其次，在大棚成品方面。建设人不应该变相将农用大棚变为生活或其他生产用场所，如修建看护房、添加储藏设备等。只有在不破坏耕地资源、不乱用大棚的原则上，不违反前述两方面的规定，在耕地上建设的大棚才不违规。

法条

《基本农田保护条例》第10条

《国务院办公厅关于坚决制止耕地“非农化”行为的通知》

55 “土地流转”的形式有哪些？流转后，承包方与发包方的关系改变了吗？

疑惑

2021年6月，沈某和妻子由于身体原因，无法再继续务农，儿子准备接他们到城市里安享晚年。沈某觉得自己家里的农田不能荒废，但又不知道该如何处理。后来，沈某听邻居说可以采取土地流转的方式将土地转租给别人。沈某对土地流转并不是很了解，想知道土地流转除出租外，是否还有其他的流转方式。此外，沈某也担心土地一旦流转，自己就跟这些农田没有关系了，村委会以后会不会将土地收回发包给别人。为此，沈某准备去咨询村委会的有关工作人员。那么请问，“土地流转”的形式有哪些？流转后，承包方与发包方的关系改变了吗？

解析

我国《农村土地承包法》第 36 条规定，在土地流转中，可以采用出租（转包）、入股或者其他方式进行，承包方可以自主决定土地流转的方式。此外，《农村土地经营权流转管理办法》第 14 条也作出了类似规定。其中“出租”，是指承包方将部分或者全部土地经营权，租赁给他人从事农业生产经营。所谓的“入股”，是指承包方将部分或者全部土地经营权作价出资，成为公司、合作经济组织等的股东或者成员，并用于农业生产经营。同时，根据《农村土地经营权流转管理办法》第 15 条的规定，承包方依法流转土地的，承包方与发包方之间的承包关系不变，双方享有的权利和承担的义务也不变。

在上面的案例中，根据沈某的实际情况，其可以采用出租的方式将土地转包给他人。他作为土地的承包方与发包方之间的权利义务并不会因此改变。需要注意的是,农民在将土地进行流转时,虽然可以自由选择流转形式,但应根据自身的实际情况采用最适合自己的方式,最大限度地发挥土地的效益。

法条

《中华人民共和国农村土地承包法》第36条

《农村土地经营权流转管理办法》第14条、第15条

56 委托他人进行"土地流转"的,可以口头委托吗?

疑惑

王大爷是某村村民,一直在村里务农。后来,因为王大爷的女儿生了孩子,他便与老伴到城里一起帮女儿照顾孩子,并将家里的土地转包给了同村的杜某。2021年6月,王大爷与杜某的土地流转合同到期。由于王大爷在女儿家不方便回老家,便打电话委托侄子小王将土地再次进行转包。不久后,同村的张某联系小王,称他想承包王大爷的土地。可是,在办理土地流转手续时,相关工作人员让小王出具委托书，而小王称是王大爷口头委托的。那么请问，是否可以口头形式委托他人进行"土地流转"？

解析

委托他人进行土地流转，必须采用书面形式。对此，我国《农村土地经营权流转管理办法》第 8 条明确规定，农民可以将自己的土地流转经营权委托给发包方、中介组织或者他人，以便于土地的流转，但是，必须出具书面流转委托书，不能以口头或者其他形式委托。法律这样规定，是为保障农民的合法权益，避免土地的流转权随意被他人行使。

在上面的案例中，某工作人员的做法是正确的，王大爷如果委托小王转包土地，他必须出具书面委托书，并在委托书中载明委托的事项、权限和期限等内容，并且必须由王大爷和小王签字，而王大爷只口头委托是不符合法律规定的。需要注意的是，如果没有承包方的书面委托，任何人或组织都没有权利决定他人的土地流转经营权。

法条

《农村土地经营权流转管理办法》第 8 条

57 土地流转中，外村人和本村人同时竞标的，在同等条件下，应该由谁中标？

疑惑

某村村民们在村委会的带领下，决定将全村耕地流转给他人使用，以促进大规模机械化耕作。为了公平公正，该村决定采用竞标的方式决定土地的受让方。由于该村土地的经营效益非常大，故很多邻村人也纷纷前来参加竞标。在经过激烈的竞争后，需要从本村村民胡某和外村村民朱某、刘某之间选择中标人。村委会及村民代表认为他们投标的土地流转价格、期限都非常相近，同等条件下本村村民享有优先权，故将土地经营权流转给胡某。朱某得知后，认为这样做是违法的，不能因为胡某是本村村民就给予其优先权。那么，在土地流转中，同等条件下，本村人是否享有优先权呢？

解析

我国《农村土地承包法》第 51 条明确规定，除家庭承包外，如果以竞标等其他方式承包农村土地，在同等条件下，本村的集体经济组织成员享有优先承包的权利。此外，该法第 38 条和《农村土地经营权流转管理办法》第9条也规定，在同等条件下，土地经营流转中，本村的集体经济组织成员有优先受让权。据此可知，在土地流转中，若条件相同，则本村人享有优先权。需要注意的是，这里的“同等条件”，是指根据土地承包经营权的性质和特点，在流转价款、流转期限等主要条件上，本村村民与他人相同但并非绝对等同。

在上面的案例中，由于胡某和朱某、刘某的资质条件是相同的，各方竞标的土地流转价格、期限都非常相近，根据法律规定，胡某作为本集体经济组织的成员，享有优先权。所以，让胡某中标的做法是符合法律规定的。

法条

《中华人民共和国农村土地承包法》第38条、第51条

《农村土地经营权流转管理办法》第9条

58 土地经营权流转合同如何签订？

疑惑

周某夫妇原来是某村村民，周某一直从事长途运输，妻子则在家里务农。为了能够让孩子接受更好的教育，周某与妻子决定搬到县城里居住。但是,一旦他们搬去城里居住,家里的农田就没有人再耕种了。为此,周某与妻子决定将家里的3亩农田以流转的方式转包给同村的谢某。双方就土地流转事项协商一致后,准备签订流转合同。可是,周某并不知道这类合同是自己与谢某签订还是应由村委会签订,也不清楚合同中应当包含哪些必备条款。那么请问,土地经营权流转合同如何签订?

解析

我国《农村土地承包法》第40条和《农村土地经营权流转管理办法》第17条、第18条都明确规定,签订土地经营权流转合同的当事人双方必须是土地的承包方与受让方,村委会作为发包方并不直接参与双方之间的土地流转,但合同签订后应当报发包方备案。在上面的案例中,周某是土地的承包人,谢某是受让人,故周某与谢某应当是签订土地流转合同的当事人,双方签订合同后,周某向村委会上报备案即可。

另外,根据《农村土地经营权流转管理办法》第19条的规定,土地流转经营合同一般要包含以下条款:(1)双方当事人的姓名或者名称、住所、联系方式等;(2)流转土地的名称、四至、面积、质量等级、土地类型、地块代码等;(3)流转的期限和起止日期;(4)流转方式,包括出租、入股等;(5)流转土地的用途,如用于种植农作物或树木;(6)双方当事人的权利和义务;(7)流转价款或者股份分红,以及支付方式和支付时间;(8)合同到期后地上附着物及相关设施的处理;

(9)土地被依法征收、征用、占用时有关补偿费的归属;(10)违约责任。土地经营权流转合同示范文本由农业农村部制定。周某在制作合同时,可以参照合同的示范文本拟定合同的内容。此外,需要注意的是,如果农民委托他人流转土地经营权的,签订合同的当事人仍然是承包方与受让方,合同的主体不会因为其委托而发生改变。

法条

《中华人民共和国农村土地承包法》第 40 条

《农村土地经营权流转管理办法》第 17 条、第 18 条、第 19 条

59 在哪些情况下，承包方可以单方解除流转合同?

疑惑

李大爷因为年迈体弱,在子女的劝说下于 2018 年 7 月将自己种植的 5 亩土地出租给本村的范某,当时双方在土地流转合同中约定出租期限为 10 年。可是,在 2021 年时,李大爷就发现范某在地上种植红薯,常年使用农用薄膜,使用后并没有合理回收,导致自己的地

里到处都是塑料薄膜，并且土壤的土质已经严重下降。于是，李大爷便打算与范某解除承包合同。可李大爷的侄子却说，一旦与对方解除土地流转合同，他们就属于违约，需要支付一定的违约金。为此，李大爷便到处打听，在哪些情形下，他才能直接解除合同而不用赔偿违约金。那么请问，李大爷是否可以单方解除合同？在哪些情况下，承包方可以单方解除流转合同？

解析

针对案例中的情形，李大爷就可以单方解除合同，而无须支付范某违约金。根据我国《农村土地承包法》第42条和《农村土地经营权流转管理办法》第20条的规定，一般情况下，承包方不能单方解除土地流转合同；但是，如果受让方出现下列情形时，则承包方可以单方解除合同：(1)擅自改变土地的农业用途；(2)弃耕抛荒连续2年以上；(3)给土地造成严重损害或者严重破坏土地生态环境；(4)其他严重违约行为。也就是说，在受让方有上述行为时，承包方可以享有单方解除合同的权利。如果承包方在合理期限内不解除土地经营权流转合同，发包方也有权要求终止土地经营权流转合同。同时，如果受让方给土地造成损害，承包方还享有损害赔偿请求权。

在上面的案例中，范某与李大爷签订了土地流转合同，其应当按照合同约定合理使用土地，但其在李大爷的土地上种植红薯，由于不当使用农用薄膜，导致土地土质严重下降，造成损害。根据法律的规定,范某的行为属于给土地造成严重损害的情形,故李大爷此时可以单方解除土地流转合同。法律这样规定,是为了保护承包人的权利,保障受让人合理利用土地,避免给土地造成损害。另外,对于范某造成的损害,李大爷可以依法要求范某进行赔偿。

法条

《中华人民共和国农村土地承包法》第 42 条、第 64 条

《农村土地经营权流转管理办法》第 20 条

60 因“土地流转”发生纠纷的,怎么办?

疑惑

某村村民王某承包了村里 30 亩土地,当时其与发包方约定的承包期限为 30 年。结果仅仅种植了 5 年玉米,王某就准备将土地流转给他人,自己到外地做生意。最后,王某以入股的方式将土地作价出资给当地某农产品生产合作社,与该合作社约定定期分享红利。但是,在流转合同还未到期的时候,合作社因新冠肺炎疫情缩小生产规模,不再使用王某的土地,提出与王某解除流转合同。王某不同意,双方遂发生纠纷。

解析

王某可以选择向法院提起诉讼,还可以通过调解、仲裁等方式解决其与合作社之间的土地流转纠纷。我国《农村土地承包法》第55条和《农村土地经营权流转管理办法》第33条都明确规定,如果土地流转双方因土地经营权发生纠纷,作为土地流转经营合同的承包方与受让人,可以通过下列途径解决纠纷:(1)双方自愿协商;(2)请求村民委员会、乡(镇)人民政府等调解解决;(3)向农村土地承包仲裁机构申请仲裁;(4)直接向人民法院提起诉讼。据此可知,因土地经营流转发生争议或纠纷的,双方当事人可以选择上述四种方式中的任何一种解决纠纷。法律这样规定,是为了充分保障当事人的合法权益,避免其中任何一方的权益受到损害。

法条

《中华人民共和国农村土地承包法》第55条

《农村土地经营权流转管理办法》第33条

61 正规的农用薄膜应具有哪些标识或标注？

疑惑

徐某承包了本村20亩农地种植西瓜。播种不久后，需要在西瓜地里铺盖农用薄膜，保障西瓜顺利生长。由于需求量比较大，他想找一家物美价廉的店铺购买，听说网购比较划算，他便开始在网上选购。然而，因为网上无法看到实物，又担心会买到假货，徐某就自己在网上搜索如何辨别正规的农用薄膜。可是，徐某经过几次搜索之后，都没有确定的答案，每个网友说的标准都不一样，大部分人都说正规的薄膜必须有标识。那么请问，正规的农用薄膜应具有哪些标识或标注？

解析

我国《农用薄膜管理办法》第8条和第10条明确规定，农用薄膜应具有下列标识：(1)为便于产品追溯和市场监管，生产者应当在每卷地膜、每延米棚膜上添加可辨识的企业标识；(2)应附有产品质量检验合格证，并标明推荐使用的时间；(3)为保护生态环境，避免土地污染，在合格证的显著位置应有中文字样“使用后请回收利用，减少环境污染”。此外，如果农用薄膜属于全生物降解农用薄膜，应当在合格证明显位置标注“全生物降解薄膜，注意使用条件”中文字样。

在上面的案例中，徐某若在网上选购薄膜，其可以根据前述规定查看商品是否具有前述几个标识，进而购买正规产品。此外，为保护生态环境，减少环境污染，农民在购买农用薄膜时应尽量采用全生物降解薄膜。

法条

《农用薄膜管理办法》第 2 条、第 8 条、第 10 条

62 农民合作社在使用薄膜方面有怎样的义务？

疑惑

杜某是某村村支书，由于村里大部分村民都种植红薯，村民经常需要购买农用薄膜。去年，杜某召集该村某农民专业合作社的成员，告诉他们为了保护环境，建议以后都能够采用可降解的薄膜。杜某还要求农民合作社对其成员所购买的农用薄膜必须进行记录，履行好自身的义务。此时，该农民合作社负责人沈某称，他并不了解合作社在使用薄膜方面的义务，觉得杜某的建议他们不能采纳，对所有成员的薄膜进行记录和监管耗时耗力，合作社没有这个义务。那么请问，杜某的建议是否正确？农民合作社在使用薄膜时有何义务？

解析

杜某的建议是正确的。我国《农用薄膜管理办法》第 12 条明确规定，作为农用薄膜的使用者，必须按照产品标注的期限使用。农业生产企业和农民专业合作社的使用者还负有依法建立农用薄膜使用记录的义务，在记录中应明确农用薄膜的使用时间、地点、对象以及农用薄膜名称、用量、生产者、销售者等内容。此外，农用薄膜使用记录应当至少保存 2 年。也就是说，在使用农用薄膜时，使用者必须履行法律规定的相关义务，而农业生产企业和农民专业合作社作为农业专业性组织，应当履行的义务相对来讲更多。因此，在上面的案例中，沈某的说法是错误的，不能因为害怕麻烦就拒绝履行记录义务，这是违法的。

法律这样规定，一方面是为了保障农民的合法权益，以便可以及时追溯到不合格产品的生产者、使用者。另一方面也是为了保护生态环境。农用薄膜一旦使用不当，可能会造成严重污染。我们有义务保护环境，正所谓“绿水青山就是金山银山”，保护环境人人有责，在发展农业生产上，我们应尽量减少对生态环境的污染与破坏。

法条

《农用薄膜管理办法》第12条

63 对于废弃的薄膜，可以进行掩埋或烧掉吗？

疑惑

村民石某正在自己的田地里收芝麻，由于当时播种时，石某在地里盖了一层薄膜，因此，在收完芝麻后，地里有很多被废弃的薄膜。石某觉得薄膜太多，会污染自己农田的土壤，影响明年庄稼的生长。于是，石某和妻子把地里的薄膜都捡起来，放在地头准备就地焚烧。过路的方某看到后，告诉石某他应当将废弃的薄膜交到回收网点，不能随意焚烧，否则，会产生很多污染。而石某认为，方某的说法是小题大做，直接焚烧就不会再污染了。那么请问，对于废弃的薄膜，是否可以进行掩埋或烧掉？

解析

农民使用后的废弃薄膜,不能随意进行掩埋或焚烧。农用薄膜大部分属于塑料制品,如果在使用后随意掩埋,不进行合理回收,将在自然环境中长期存在并不断积累,会改变土壤的结构,最终影响环境和人体健康。因此,对于废弃的农用薄膜,我国《农用薄膜管理办法》第 14 条、第 15 条明确规定,在农用薄膜回收方面政府会采取措施予以支持,鼓励、支持单位和个人回收农用薄膜,而农用薄膜使用者也应当积极参与,在使用期限到期前捡拾田间的非全生物降解农用薄膜废弃物,交至回收网点或回收工作者,不得随意弃置、掩埋或者焚烧。

在上面的案例中,石某将使用后的农用薄膜焚烧的做法是违法的,其应当听从方某的建议,将废弃薄膜捡拾后交至回收网点。废弃薄膜一旦焚烧,虽然不会污染土壤,但是焚烧产生的废气会污染环境,并对人体产生危害。另外,我们需要注意的是,如果不按照规定回收农用薄膜,根据《土壤污染防治法》第 88 条的规定,将由地方人民政府农业农村主管部门责令改正,处 1 万元以上 10 万元以下的罚款;使用者为个人的,可以处 200 元以上 2000 元以下的罚款。

法条

《农用薄膜管理办法》第 14 条、第 15 条、第 24 条

《中华人民共和国土壤污染防治法》第 88 条

CHAPTER

5

第五章

饲料及添加剂

64 正规的饲料、饲料添加剂包装上的标签应该有哪些内容？

疑惑

2021 年 7 月，某县农业农村局执法人员在例行检查中，发现某乡镇企业售卖的“某牌鸡用配合饲料”，涉嫌饲料标签违规，该饲料外包装上仅标注了“生产企业：某市某饲料厂，生产日期为 2020 年 12 月 5 日，净重 45 千克/袋”，再没有其他产品名称、原料组成等信息，缺少必要的标签内容。经查，该乡镇企业于 2020 年 12 月 29 日从某市饲料厂购进该饲料 50 袋，进货价格 100 元/袋，至执法人员检查时，该乡镇企业以 130 元/袋的价格销售了该饲料 20 袋，共获销售收入 2600 元。农业农村局要求该乡镇企业立即追回标签不合格的已售饲料，并要求饲料厂进行整改。那么，正规的饲料、饲料添加剂包装上的标签应该有哪些内容？

解析

根据我国《饲料和饲料添加剂管理条例》第 21 条的规定，饲料、饲料添加剂的包装上应当附具标签，而且标签应当以中文或者适用符号标明产品名称、原料组成、产品成分分析保证值、净重、生产日期、保质期、厂名、厂址和许可证编号等。像案例中的饲料外包装标签，连最基本的保质期、原料组成和许可证编号都没有标记，对购买使用的养殖户是存在极大的安全隐患的。如果饲料中加入了药物，那么饲料标签上还应当标明“加入药物饲料添加剂”字样，并标明其通用名称、含量和休药期，以便养殖户能够科学恰当地使用有药物含量的饲料；此外，因由动物的组织或器官作为原料进行加工的饲料，存在动物源携带病毒传染的问题，所以禁止在反刍动物饲料中使用动物源性饲料产品，但乳及乳制品除外。也就是说，乳和乳制品以外的动物源性饲料，标签中还应当标明“本产品不得饲喂反刍动物”字样。

然而，利益面前不少饲料企业依然选择了铤而走险，既有损经营者、养殖户的利益，也会对食用肉品的人类健康造成威胁，对于此类违法行为，根据上述条例第41条第2款的规定，将由县级以上地方人民政府饲料管理部门责令改正；情节严重的，没收违法所得和违法销售的产品，可以处违法销售的产品货值金额30%以下罚款。

在上面的案例中，某乡镇企业共销售标签违规的饲料2600元，除了接受已经作出的“责令改正”的处罚，还会面临着没收其违法所得2600元和剩余的30袋违法饲料，并处以780元以下罚款的行政处罚。

法条

《饲料和饲料添加剂管理条例》第21条、第41条第2款

65 售卖饲料、饲料添加剂的，应该具备哪些条件？

疑惑

孙某经营着一家养猪场，生意还算红火，就是买饲料不太方便。附近村子的养殖户也都时常抱怨，到镇上买饲料既浪费时间，又耽误照看养殖场。于是，孙某决定开一家简易的饲料售卖点，主要就是出售猪饲料，这样自己也省去了每周出去买饲料的时间，还能有额外的收益。售卖点里一袋袋饲料，整齐地码放着，各排码好的垛之间留着通风口。养殖户小张从这个售卖点买了两袋猪饲料，回家却发现有一袋饲料发霉变质了。经小张向农业农村局工作人员反映，农业农村局下发了书面通知，要求孙某关停不符合条件的售卖点。那么，售卖饲料、饲料添加剂的，应该具备哪些条件？

解析

根据我国《饲料和饲料添加剂管理条例》第 22 条的规定，饲料、饲料添加剂经营者应当具备必要的经营场所和仓储设施、技术人员、产品质量管理和安全管理制度。做饲料企业，仓储要放在首位，在储存过程中出现问题,会直接影响家畜的质量,甚至会威胁到安全生产,最终也将危害人体健康。像案例中孙某的售卖点就因储存不当,导致饲料霉变,既浪费饲料,又给小张的养猪厂造成经济损失。另外,技术人员和必要的管理制度也是十分重要的,有些饲料中加入了药物成分,需要具有相关知识的技术人员在售卖时给予对方一定的使用辅导,以确保饲料的安全使用。

关停不符合要求的饲料、饲料添加剂经营场所,旨在加强饲料市场管理,规范饲料售卖经营行为,促进养殖业健康发展,提高农产品质量,维护公共卫生安全。因而,对于不符合法定条件的饲料经营场所,根据《饲料和饲料添加剂管理条例》第 42 条的规定,会由主管部门责令限期改正,逾期不改正的,会被没收违法所得和违法经营的产品,情节严重的,还会被处以罚款、吊销营业执照。

在上面的案例中,孙某经营养猪场的同时也可以经营猪饲料销售,但是必须建立相应的经营场所和仓储设备,招聘相关技术人员,并建立必要的产品质量管理和安全管理制度。像他这样贸然找一个临时售卖点销售饲料的,必然会受到农牧部门的惩处;因此给村民造成损失的,还将承担损失赔偿责任。

法条

《饲料和饲料添加剂管理条例》第 22 条、第 42 条

66 对饲料进行分装拆卖，合法吗？

疑惑

张某是一位畜禽饲料经销商，平时经常有家养散户过来买饲料，每次都是半袋左右，时间一长，张某就直接把购进的成品饲料进行拆包、分装销售，满足了附近农户的需求。慢慢地，张某分装拆卖的行为被当地农业农村局工作人员知悉了。经农业农村局查处，张某共拆包、分装销售饲料10袋，获违法所得3000元，经拆包、分装尚未售出的饲料产品20公斤。农业农村局依法责令张某的售卖点改正其违法行为，并处没收违法所得3000元，没收剩余20公斤拆包、分装尚未售出的饲料，罚款4000元。张某很是不解，对饲料进行分装拆卖也违法吗？

解析

根据我国《饲料和饲料添加剂管理条例》第23条的规定，饲料、饲料添加剂经营者不得对饲料、饲料添加剂进行拆包、分装，不得对饲料、饲料添加剂进行再加工或者添加任何物质。由此可知，对饲料分装拆卖是不合法的。饲料是直接供牲畜、禽类食用的产品，是食用牲畜、禽类质量安全的源头。饲料生产必须严格按照国家要求进行，饲料成品也是进行检测合格后才到市场上销售的。如果销售者在售卖环节擅自拆包分装，就有可能导致饲料发霉变质，还有些销售者会添加违禁药物等，严重影响饲料质量安全，因此国家才会严禁这种分装拆卖的行为。

加强对饲料、饲料添加剂的监管，是保障牲畜、禽类食品安全，维护公众健康的重要手段。对于违法分装的行为，根据该条例第44条的规定，应由县级人民政府饲料管理部门责令改正，没收违法所得和违法经营的产品，并处2000元以上1万元以下罚款。因此，案例中农业农村局作出4000元的罚款等处罚也是合理的，张某应该严格整改，合法经营。

法条

《饲料和饲料添加剂管理条例》第23条、第44条

67 对于召回的饲料，经营者和养殖户有怎样的义务？

疑惑

某市的王先生在该市做饲料原料生意已经10年了。这次和往常一样,他把一车鱼饲料发货给了该市某县某村的养殖户小张。不料,小张在刚收到饲料的当天下午,就被通知暂停使用新购买的鱼饲料,原因是这批鱼饲料中,为了增加颗粒饲料的黏性,在饲料配方中添加了三聚氰胺这一有害物质,这是严禁作为动物或鱼、虾饲料添加剂的。经小张配合调查,市农业农村局找到了王先生,要求王先生停止销售同批次的鱼饲料,并配合已售不合格饲料的召回工作。那么,对于召回的饲料,经营者和养殖户有怎样的义务?

解析

根据《饲料和饲料添加剂管理条例》第 28 条的规定,经营者发现饲料存在安全隐患应予以召回的,应当立即停止销售,通知生产企业、上一级供货者和购买饲料的使用者,向饲料管理部门报告,并记录通知情况。养殖者发现其使用的饲料、饲料添加剂具有上述情形的,应当立即停止使用,通知供货者,并向饲料管理部门报告。由此可知,经营者、养殖户发现出现可能被召回的饲料时,均应第一时间向饲料管理部门报告,并通知供应链中的其他主体,尽最大努力共同止损。

如果经营者不停止销售有害饲料的,按照《饲料和饲料添加剂管理条例》第 45 条的规定,将会被处以没收违法所得、1000 元以上 5 万元以下罚款,严重的还可能会被吊销营业执照,失去经营权。因此,案例中的王先生必须按照农业农村局的规定停止销售本批次的鱼饲料,配合农业农村局工作人员联系违规鱼饲料的生产者,从源头上消除鱼饲料安全隐患。

法条

《饲料和饲料添加剂管理条例》第28条、第45条

68 饲料宣传可以称预防或治疗疾病吗?

疑惑

小李经营一家饲料加工厂,主要生产猪饲料。为了提高饲料销量,小李在饲料袋上标明“降低料肉比”“促进生长”“预防因缺乏微量元素而引起的各种疾病”等内容,并且在厂房外面的墙体上也绘制了相同的广告,这种宣传方式确实招揽了不少客户。但在一次主管机关联查时,执法人员却告知小李必须立即改正其宣传做法,并替换饲料袋。理由是饲料袋和广告中含有涉及疾病预防功能的词汇,属于违法宣传。小李觉得自己生产的饲料中有相关功能的药物添加剂,是具有这种预防疾病的功能的,小李不懂这么宣传到底哪里不合适。那么,饲料宣传可以称预防或治疗疾病吗?

解析

根据《饲料和饲料添加剂管理条例》第 30 条的规定，严禁对饲料、饲料添加剂作具有预防动物疾病作用的说明或者宣传。但是对于案例中的小李确实添加了具有一定预防疾病作用的药物添加剂一事，也不是一律不准进行宣传说明。根据本条款的规定，小李可以对生产的饲料中添加的药物饲料添加剂的作用进行说明，而非宣称可以预防或者治疗疾病。这样既能表明其生产的饲料有别于普通饲料的情况，起到以药物添加提高饲料价值的目的，也能保证饲料的生产销售符合法律规定。

另外，案例中小李发布涉及疾病预防功能的广告的行为，违反了《广告法》第 17 条的规定，构成了发布违法广告的违法行为。虽然小李销售的违规饲料造成的社会影响面较小，未产生不良后果，但依然会面临市场监督管理局、农业农村局等执法机关责令改正、处以罚款的一系列处罚。

市面上一些经营饲料用品的商家为了扩大饲料的销售，经常会在饲料产品的广告中发布涉及疾病预防或治疗功能的用语，用这种简单粗暴的方式提升饲料的市场占有率，严重违反了法律的禁止性规定。想要改变这一现状，就需要执法机关与经营者共同努力，找到合法的替代性宣传方案，既能确保饲料、饲料添加剂安全，又能突出生产饲料的特别之处，让饲料在同质化竞争中保有自己的优势，充分保障经营者的经济效益，促进饲料市场常态化运行。

法条

《饲料和饲料添加剂管理条例》第30条

《中华人民共和国广告法》第17条

69 什么是“新饲料”？对于什么样的“新饲料”，养殖户不得使用？

疑惑

孙某经营着一家饲料售卖点，近期发货供应商给了他一种“新饲料”，称里面含有一种新添加剂，属激素调控类促生长添加剂，是“半胱胺”这一传统药物的替代性成分，价格更为低廉，也能对猪生长起到很好的促进作用。于是，孙某没有仔细研究这类“新饲料”的情况，就购进了一大批。仅仅售卖一星期，孙某的售卖点就被市农牧主管部门临时查封了，还被没收了所有库存“新饲料”。已经购买“新饲料”的养殖户得到通知后，立即停止了使用这些新买的饲料。养殖户说自己也是一头雾水，不明白什么是“新饲料”，只是听着不错就买来用了。那么，什么是“新饲料”？什么样的“新饲料”，养殖户不得使用？

解析

新饲料和新饲料添加剂的使用对提高养殖质量、产量，保障食品安全具有重要意义，因此广受饲料经营者、生产者的关注，不少养殖户也跃跃欲试。但是，市场上的“新饲料”鱼龙混杂，而养殖户通常不注重知识、信息的更新，于是就有很多不法经营者销售禁止使用的“新饲料”，来谋取暴利。根据《新饲料和新饲料添加剂管理办法》第2条的规定，新饲料，是指我国境内新研制开发的，但是还没有获得批准使用的饲料。新饲料在生产前就应当取得生产许可证，生产新饲料添加剂的，还应当取得相应的产品批准文号，不符合此条件的新饲料和新饲料添加剂均不能在市场中流通供养殖户使用。

除了取得相关批准、许可外，还有些新饲料、添加剂是国家明确禁止使用的，如养殖户擅自使用违规产品，根据《饲料和饲料添加剂管理条例》第47条的规定，会被处以罚款，严重的还会被追究刑事责任。行政处罚和刑事责任的适用，是对危害动物健康和食品安全的饲料添加剂的严厉管控，也是规范饲料经营行为，保障养殖业健康发展的必要举措。

法条

《饲料和饲料添加剂管理条例》第29条第1款、第47条

《新饲料和新饲料添加剂管理办法》第2条、第17条

70 养殖户使用“四无”饲料，会受到怎样的处罚？

疑惑

刘某从一家饲料公司购进了一批饲料，饲料袋上除了生产日期和保质期外什么都没写。因为进货价比正常的猪饲料便宜一半，刘某也就没有拒绝。但是卖给本村的养殖户后，养殖户都和刘某反映喂了这些饲料后，猪都出现了拉稀脱水的症状，还有几只猪崽死了。因怀疑饲料有质量问题，刘某就将情况反映给了进货的饲料公司，但是饲料公司的业务员每次都以各种借口推脱，一直没有提供饲料的生产许可证、质量检查合格证等证件。其中一个养殖户小张心存侥幸，想着退货退钱已然没有可能，还不如把饲料都用了，减少用量，应该也就没事了。没想到小张继续使用违规饲料的事情被县农牧主管部门发现了，说是即将面临大额罚款。那么，养殖户使用“四无”饲料的，会受到怎样的处罚？

解析

所谓“四无”饲料，是指无产品标签、无生产许可证、无产品质量标准、无产品质量检验合格证的饲料。《饲料和饲料添加剂管理条例》第 29 条明确规定，“四无”饲料是禁止经营、使用的。据此可知，案例中的小张使用“四无”饲料的行为是违法的。值得注意的是，近些年越来越多的进口饲料和饲料添加剂涌入国内农牧市场，但是很多饲料都未取得进口登记证，此类饲料也是不得使用的。

养殖户如擅自使用案例中所述的饲料，按照《饲料和饲料添加剂管理条例》第 47 条的规定，会由主管部门没收现存的“四无”饲料，并对单位处 1 万元以上 5 万元以下罚款，对个人处 5000 元以下罚款；构成犯罪的，依法追究刑事责任。严厉的惩处措施给养殖户敲响了警钟，擅自使用“四无”饲料的行为，不但无法保证养殖的效益，自己也将面临处罚，还会损害食品公共卫生安全，属于因小失大之举。

法条

《饲料和饲料添加剂管理条例》第 29 条第 2 款、第 47 条

71 使用无产品批准文号的饲料添加剂或添加剂预混合饲料，会受到怎样的处罚？

疑惑

某村养殖户吴某听来收购的客商说，有一种新出的饲料添加剂能够让养的牛快速地增肥、增重。说者无心，听者有意，第二天吴某就到那家公司前去购买，吴某听销售业务员介绍后当即就付钱拉了50斤饲料回去；但是装货时，吴某就发现这次的添加剂包装和以往他在农机站买的不一样，没有产品批准文号。销售业务员却说他们的货卖给好多人了，让吴某放心用即可，出了事公司负责。听到对方这么说，吴某就抱着侥幸的心理把货拉回了家里。使用了一段时间后，吴某发现他养的牛一直病怏怏的，赶忙请来了镇里的兽医田医生。田医生在详细询问后判断是添加剂导致的问题，立即向县里的农牧主管部门报告了此事，主管部门依法对此进行了查处。那么，养殖户在养殖饲料里使用无产品批准文号添加剂的，会受到怎样的处罚？

解析

产品批准文号，是指饲料添加剂须经国务院农业行政管理部门批准并在批准文件上规定该添加剂的专有编号。生产企业只有在取得批准文号后,方可生产该产品。饲料添加剂是直接添加到饲料里用以投喂饲养的牲畜的。牲畜的健康与否不但关系到农户的直接经济利益,更是关系到千家万户的食品健康。如果使用未取得产品批准文号的添加剂,就可能存在鱼龙混杂,滥用不合格的添加剂,那么产出的畜牧产品也将是带有危害性的,直接危害人们的生命财产安全。《饲料和饲料添加剂管理条例》第 29 条明确规定,无产品批准文号的饲料添加剂、添加剂预混合饲料是严禁经营与使用的。依据相关的法律、法规,吴某使用无产品批准文号的饲料添加剂行为无疑是违法的,而经营这一饲料添加剂的公司也已经涉嫌违法。

根据该条例第 47 条的规定,养殖户如擅自使用案例中所述的饲料添加剂,会由主管部门没收违法使用的产品和添加物质,并对单位处 1 万元以上 5 万元以下罚款,对个人处 5000 元以下罚款;构成犯罪的,依法追究刑事责任。一时的侥幸却带来了法律的严厉处罚,这给广大从事养殖的单位与个人敲响了警钟,应当依法依规办事,食品公共安全无小事。

法条

《饲料和饲料添加剂管理条例》第 29 条第 2 款、第 47 条

72 养殖户不按规定使用添加剂，大量使用添加剂的，会受到什么处罚？

疑惑

村民沈某和妻子在听说了市里“积极倡导发展农村养殖”的惠民政策后，又想到同村赵某一家近些年靠着养殖把日子过得越来越好，就出资购买了村里兴建的养殖区一处厂房，在农机站的帮助下，免费引进了种牛和肉牛，并且以半价购买了2000斤饲料。农机站技术小郝向沈某介绍了一种正规厂家生产的添加剂，能够加速肉牛的成长，提前出栏。但是沈某觉得按照小郝教的操作规范与添加标准一步一步来做，还是太慢了。既然添加剂这么好用，那自己就多加点岂不是更快出栏，于是不顾产品标示的说明与小郝的嘱咐，沈某擅自加大了饲料添加剂的用量，最终被相关部门查处。那么，像沈某这种不按规定使用添加剂，大量使用添加剂的，会受到哪些处罚呢？

解析

饲料添加剂，是指在饲料加工、制作、使用过程中添加的少量或者微量物质，包括营养性饲料添加剂和一般饲料添加剂。饲料添加剂的使用能够更好地促进所饲养牲畜的生长；一方面可以增加养殖户的收益，另一方面一些微量物质的摄入也有助于增加产出的农牧产品的营养。但是，饲料添加剂毕竟是一种人工合成的物质用剂，其使用标准与用量都是经过严格论证与试验的，如果不按照规定使用，就有可能对牲畜产生副作用甚至危害，最终将危及生态平衡和人体健康。

依据《饲料和饲料添加剂管理条例》第 25 条的规定，在饲料或者动物饮用水中添加饲料添加剂的，应当符合饲料添加剂使用说明和注意事项的要求，否则将按照本条例第 47 条的规定，由相关主管部门予以罚没违规添加剂、罚款等处罚。

上面的案例中，沈某擅自加大添加剂用量的行为无疑是应当受到惩处，将由主管部门没收违法使用的产品和添加物质，对个人可处以 5000 元以下罚款；构成犯罪的，还会被依法追究刑事责任。

法条

《饲料和饲料添加剂管理条例》第 25 条第 1 款、第 47 条

73 养殖户使用自制饲料需要遵守什么规定?

疑惑

刘某家从爷爷那一辈就开始饲养生猪,如今,借着国家发展新农村的良好政策,刘某家的养殖规模一直在不断地扩大。能有今天这样的成绩,一方面是国家的大力扶持与刘某一家人的辛勤;另一方面也得益于经验的传承,特别是经过三代人摸索改良的自制饲料起到了巨大的作用。今年,刘某的邻居崔某也想从事养殖,看在多年邻居的情分上,刘某不但忙前忙后帮忙规划,更是拿了自家配制的几百斤饲料给崔某。不料,在相关部门检查的过程中,称崔某违规使用自制饲料,最终刘、崔两家都受到了行政处罚。那么,养殖户使用自制饲料需要遵守什么规定?

解析

良好饲养的产出,从客观上来讲,一方面得益于现代科技的进步,有工业饲料、添加剂,能够有效促进牲畜的健康、快速成长;另一方面传统经验的继承与养殖户的自主探索也是不可或缺的。在长期与牲畜打交道的过程中,善于思考与探索的养殖户不断地思考如何改良牲畜的进食与营养配比,使得自己的产出能够在市场竞争中占得优势。在这种情况下,一些自行配制的饲料就起到了重要作用,这是一种类似“传统秘方”的存在,所以国家并不禁止自行配制饲料的使用。但是,这种自制饲料的使用也需要遵守相应的规范,例如,不得使用药用植物,不得使用《饲料原料目录》《饲料添加剂品种目录》以外的物质等限制条件。依据《饲料和饲料添加剂管理条例》第 25 条的规定,养殖者使用自行配制的饲料的,应当遵守国务院农业行政主管部门制定的自行配制饲料使用规范,并不得对外提供自行配制的饲料。也就是说,“秘法”除遵守法律相关使用规范外,仅限于自家使用,不得外传。本案中刘某家的自制饲料未经过相关部门的检验检疫,不符合相关的使用规范,而且这种自制的饲料也是禁止向外提供的,无论是有偿还是无偿,他都不得向邻居崔某提供。

依据《饲料和饲料添加剂管理条例》第 47 条的规定,养殖户违反自制饲料使用规范的,将由县级人民政府饲料管理部门没收违法使用的产品和非法添加物质,对单位处 1 万元以上 5 万元以下罚款,对个人处 5000 元以下罚款;构成犯罪的,依法追究刑事责任。因此,案例中的刘某,对于自家祖传的秘制饲料应送交相关部门的检验检疫。他可以向邻居崔某提供养殖的技术知识,但不能提供自制饲料;否则根据上述法律第 48 条规定,还将被责令改正,处 2000 元以上 2 万元以下的罚款。

法条

《饲料和饲料添加剂管理条例》第 25 条第 2 款、第 47 条、第 48 条

74 什么是“限制使用的物质”？ 使用了会有什么法律后果？

疑惑

谢某自己在村里开办了一家生猪养殖厂，除了提供生肉外，还兼顾生猪育种对外销售。谢某听人说隔壁镇的兽医赵某有一种兽药，给生猪配着饲料吃了后可以有效提高育种率。购买后，赵某嘱咐他一定要将这种兽药配比制成预混剂后再加入饲料中，但是谢某在使用时觉得反正都是使用，赵某的方法实在是麻烦，就直接将兽药搅拌入了饲料中。镇上农业所的技术员在定期进行技术指导时发现了谢某的这一问题，向有关部门作了报告，谢某因此受到了处罚。那么，什么是“限制使用的物质”？使用了会有什么法律后果？

解析

限制使用的物质，是指饲料的组成原料或者添加剂虽然是经国家批准允许使用的，但是在经过检验或者试验后，确认针对不同类的动物可能存在一个使用的上限值或者严格的使用方法，如果不遵守明令的使用限定规范，则可能产生毒副作用，因而被限制使用。一般这种限制性物质的使用除了属于《饲料原料目录》《饲料添加剂品种目录》所列品种外，还应当遵守《饲料添加剂安全使用规范》《饲料药物添加剂使用规范》等限制性使用规定。

上面的案例中，谢某添加的兽药虽然是自正规兽医处购买取得，添加物本身符合国家的规定，但是依据农业农村部相关规定，兽用药不得直接添加进饲料中使用，必须制成预混剂方可使用，所以兽医赵某对其使用进行了指导，而谢某的使用操作行为违反了相关规定。

特别值得注意的是，农业或畜牧业养殖因为直接关系到人民的身体健康，所以国家对于相关添加物质的使用有严格的规范与限定；对于物质本身以及限定使用值、使用方法都应当高度注意，同时也一定要注意禁止使用的物质不得作为添加物质使用。如果违反了相关规定，依据《饲料和饲料添加剂管理条例》第 47 条的规定，县级人民政府饲料管理部门可以没收违法使用的产品和非法添加物质，对单位处 1 万元以上 5 万元以下罚款，对个人处 5000 元以下罚款；情节严重构成犯罪的，还可能被依法追究刑事责任。

法条

《饲料和饲料添加剂管理条例》第 47 条

75 什么是“动物源性成分”？可以在反刍动物饲料中添加吗？

疑惑

姜某是附近有名的养殖户，饲养了几百头羊和十几头奶牛，一直是镇上火锅店和奶站的主要货源供应商。但是年初奶站因为疫情倒闭了，剩余大量的牛奶无法消化。姜某觉得与其倒掉不如掺在饲料里喂给羊吃，这样还能增加营养。于是就将剩余的几百斤牛奶掺在饲料里喂给了羊吃。这天火锅店老板老张来拉羊，看见姜某在往羊饲料里掺奶，赶紧制止，说是听农机站的技术员科谱过，像这样的动物源性成分，是不能添加投喂给饲养的牲畜的，姜某的添加行为使这些羊被污染了，不能再要了，说着就要终止与姜某的合作。那么，姜某的行为是否违反了法律的规定？什么是“动物源性成分”？可以在反刍动物饲料中添加它吗？

解析

动物源性成分一般可以理解为“动物组织及其蛋和奶，包括肉类及其制品(含动物脏器)、水生动物产品等”。关于动物源性成分的添加，国家法律法规是有明确规定的。《饲料和饲料添加剂管理条例》第25条第3款规定，禁止在反刍动物饲料中添加乳和乳制品以外的动物源性成分。反刍是指进食经过一段时间以后将在胃中半消化的食物返回嘴里再次咀嚼，反刍动物就是有反刍现象的动物。也就是说，法律仅允许在反刍动物的饲料中添加乳和乳制品这种动物源性成分，其他动物源性成分是一律禁止添加的。回归本案，牛奶无疑是动物源性成分，而羊又是反刍动物，但是牛奶包含在乳和乳制品的门类里，所以姜某的添加是符合条例规定的。

如果违反添加的规范，将面临法律的处罚。依据《饲料和饲料添加剂管理条例》第47条的规定，将由县级人民政府饲料管理部门没收违法使用的产品和非法添加物质，对单位处1万元以上5万元以下罚款，对个人处5000元以下罚款；构成犯罪的，依法追究刑事责任。农户的养殖不是任意而为的事情，应该学法、懂法，这样才能更好地从事养殖事业，以防在不经意间触犯法律而被惩处。

法条

《饲料和饲料添加剂管理条例》第25条第3款、第47条

76 在饲料中添加激素类药品，会承担怎样的法律责任？

疑惑

杨家村是远近闻名的养牛大村，村民杨一虽然每天都勤勤恳恳地照料自己的十几头牛，无论是在用水还是在饲料上都是精之又精，但是邻居杨二家的牛无论是在增肥还是在出栏时间上都远优于自家。对此甚是苦闷的杨一偶然间听卖饲料的小胡说，杨一的养殖之所以比不过杨二，是因为杨一家的牛只吃饲料和粮食，里面没有激素就不可能长得壮、长得快。了解到“猫腻”的杨一也在小胡那里购买了他推荐的含激素类药品，果然如小胡所说的一样，牛长得又快又壮。但是，杨一饲养的牛在屠宰场屠宰时被质检部门检测出含有激素，被依法查封了。那么，在饲料中添加激素类药品，会承担怎样的法律责任？

解析

激素是一把“双刃剑”，在未经医生针对病症开具的情况下摄入有可能会导致多种疾病，破坏人体的免疫系统，直接危害人们的身体健康。而激素类药品如果使用在饲养的动物身上,必然无法避免地会产生大量的残留,最终会随着肉产品的流通流向千家万户,极大影响人民群众的饮食安全,所以,依据《兽药管理条例》第41条第2款的规定,国家明令禁止在动物饲料和饮用水中添加激素类药品。

上面的案例中,杨一的做法显然违反了该项法律的规定,那么必然会导致法律的处罚。依据《兽药管理条例》第68条的规定及《饲料和饲料添加剂管理条例》第47条第2款的规定,违规在饲料里添加激素类药品的,由县级以上地方人民政府饲料管理部门责令其对饲喂了违禁物质的动物进行无害化处理,处3万元以上10万元以下罚款;构成犯罪的,依法追究刑事责任。

法条

《兽药管理条例》第41条、第68条

《饲料和饲料添加剂管理条例》第47条第2款

77 人用药品可以给动物治病吗?

疑惑

村民楚某饲养了几十只大鹅。由于最近阴雨天气比较多,导致储存的饲料有些发潮，所以喂饲的肉鹅一直有拉肚子的现象。胡某觉得天气晴点儿，把饲料晾晒一下就好了。如果因为这点小事就去找镇上兽医开药，一来有点小题大做，二来又得花药钱。转念一想，正好自己有几盒临近到期止泻的药，人都能治好，何况是一群鹅，索性就把药捣碎了放在饲料里一起喂了。隔天，楚某把自己养的鹅拿去饭店交货时，还向老板夸耀自己的聪明才智。老板一听，立马就说这几只喂了药的鹅自己不能收来做食材了，还立即向相关部门进行了报告。那么，人用药品可以给动物治病吗？如果不能，人用药品给动物吃又将会受到哪些处罚？

解析

人用药品与兽用药品有着严格的区分界限。如果将人用药品作用于饲养的动物身上，其一，因为物种的差异，很可能不起作用，白白浪费药品；其二，带来的更严重的问题可能是因为药品在研发之初所针对的对象不一样，胡乱的使用很可能产生毒物反应，或者产生有害物质残留进而危害到社会公众的健康安全。依据《兽药管理条例》第41条第4款之规定，禁止将人用药品用于动物，无论是出于饲养还是治病的目的都是不被允许的。

上面的案例中，自以为聪明的楚某将人用止泻药品用于饲养的家禽上，无疑是违反法律规定的违法行为。根据《兽药管理条例》第62条的规定，相关农业管理部门有权责令楚某立即改正，并对饲喂了违禁药物及其他化合物的动物及其产品进行无害化处理。如果是单位违法,还可对违法单位处 1 万元以上 5 万元以下罚款;给他人造成损失的,要依法承担赔偿责任。

法条

《兽药管理条例》第 41 条、第 62 条

78 为获取利润生产伪劣兽药的,属于犯罪吗?

疑惑

某兽药公司近年来经营不善,亏损严重。为了扭转亏损的态势,该兽药公司决定铤而走险,以极其低廉的价格生产了一批伪劣兽药,并对外进行销售。某农民专业合作社养殖的山羊大量生病,为了给山羊治病,向该兽药公司购买了该批伪劣兽药。该农民专业合作社因不知情而对生病山羊使用兽药,结果山羊的病情越来越严重,甚至有不少山羊直接死亡,给该农民专业合作社造成了 5 万元的损失。请问,该兽药公司的行为属于犯罪吗?

解析

该兽药公司的行为属于生产、销售伪劣兽药罪。根据我国《刑法》第147条的规定，凡是因生产假兽药，销售明知是假的或者失去使用效能的兽药，或者生产者、销售者以不合格的兽药冒充合格的兽药，并使生产遭受较大损失的，就涉嫌生产、销售伪劣兽药罪。要成立生产、销售伪劣兽药罪，不仅要有生产假兽药和销售假兽药的行为，还要有因该行为造成了较大损失的后果。根据《最高人民法院、最高人民检察院关于办理生产、销售伪劣商品刑事案件具体应用法律若干问题的解释》第7条的规定，要成立本罪，行为人生产和销售伪劣兽药的行为给他人生产造成的损失应当在2万元以上。如果损失在10万元以上，则属于本罪的加重情节，应当根据《刑法》的规定对行为人加重处罚。

在上面的案例中，该兽药公司为了谋取暴利，生产伪劣兽药并进行销售，使某农民专业合作社遭受了5万元的损失。可以看出，该兽药公司给该农民专业合作社所造成的损失已经达到了生产、销售伪劣兽药罪的成立标准。根据《刑法》第150条的规定，单位也可以构成本罪的犯罪主体，依法应对兽药公司判处罚金；并对其直接负责的主管人员和其他直接责任人员，依照《刑法》规定处罚。

法条

《中华人民共和国刑法》第 147 条、第 150 条

《最高人民法院、最高人民检察院关于办理生产、销售伪劣商品刑事案件具体应用法律若干问题的解释》第 7 条

CHAPTER

6

第六章

卫生防疫与污染防治

79 办养殖场应当达到怎样的防疫条件?

疑惑

老李在城里打工挣了些钱,这两年因为新冠肺炎疫情,打工的活儿不好干,于是决定回老家开办一个养殖场。朋友告诉他,办养殖场没有那么容易,先不说最后能不能成功,就是在开办初期也要达到各种条件,特别是防疫方面,要达到规定的标准。那么请问,办养殖场应当达到怎样的防疫条件?

解析

在畜牧养殖业中,动物防疫工作占据着十分重要的地位。根据我国《动物防疫法》第24条的规定,办养殖场应当达到以下防疫条件:(1)场所的位置与居民生活区、生活饮用水水源地、学校、医院等公共场所的距离符合国务院农业农村主管部门的规定;(2)生产经营区域封闭隔离,工程设计和有关流程符合动物防疫要求;(3)有与其规模相适应的污水、污物处理设施,病死动物、病害动物产品无害化处理设施设备或者冷藏冷冻设施设备,以及清洗消毒设施设备;(4)有与其规模相适应的执业兽医或者动物防疫技术人员;(5)有完善的隔离消毒、购销台账、日常巡查等动物防疫制度;(6)具备国务院农业农村主管部门规定的其他动物防疫条件。

开设养殖场要取得动物防疫证。如果未取得动物防疫证就开设养殖场,根据《动物防疫法》第98条的规定,可能会被县级以上地方人民政府农业农村主管部门处以责令改正,处3000元以上3万元以下罚款;情节严重的,还可能被处以责令停业整顿,3万元以上10万元以下罚款。

法条

《中华人民共和国动物防疫法》第24条、第25条、第98条

80 动物疫病分为哪些种类?

疑惑

某养殖户喂养的生猪,存栏共175头。某日,其发现养猪场内的生猪精神状态都不太好,虽然他知道生猪患病是养殖过程中常见的现象,但经过一周左右时间的观察,他发现场内的生猪死亡率明显上升,发病23头,死亡23头,他急忙向当地相关部门上报。这才得知其他养殖户也报告了相似病例,死亡数已达150多头。后动物疫病监测机构发布此次猪瘟的病原是非洲猪瘟,应做好检疫并加强防护。

那么，对于我们常听说的动物疫病，分为哪些类别呢？

解析

动物疫病是指动物传染病、寄生虫病，一旦暴发将严重危害动物健康和养殖业发展。因此，国家出台了《动物防疫法》，通过对动物疫病实行分类管理，科学认识动物疫病的危害程度以采取合理措施应对动物疫病，加强对动物防疫活动的管控。结合农业农村部细化的《动物疫病名录》和《动物防疫法》第 4 条的规定，根据动物疫病对养殖业生产和人体健康的危害程度的高低，将动物疫病分为一类、二类、三类。一类疫病危害最大，采取的管控措施也最严格，包括口蹄疫、非洲猪瘟、高致病性禽流感、牛瘟、蓝舌病、山羊痘等；二类疫病危害次之，管控措施的严厉程度也较小，包括狂犬病、布鲁氏菌病、草鱼出血病、炭疽、弓形虫病等；三类疫病危害最小，管控措施影响最小，包括大肠杆菌病、禽结核病、放线菌病、Q 热等。

动物疫病不仅影响动物安危，甚至会引起人畜共患的疾病。经农业农村部调查评估，会引起人畜共患的动物疫病包括牛海绵状脑病、高致病性禽流感、狂犬病、炭疽、弓形虫病、沙门氏菌病、牛结核病、日本血吸虫病、猪乙型脑炎、猪Ⅱ型链球菌病、马鼻疽、野兔热、大肠杆菌病、Q 热、禽结核病等。养殖行业应严格遵守国家对动物的防疫检疫要求，防止严重的人畜共患疫情的发生。

法条

《中华人民共和国动物防疫法》第4条

81 动物疫病强制免疫义务是怎么回事?

疑惑

傅某经营的养猪场多为乡镇超市供货,且一直保证着猪肉质量。最近,他发现在春季免疫期间,猪场的部分猪有了免疫反应,出现食欲不振等状况且持续较久。故在冬季免疫期间,他拒绝防疫站的工作人员给猪注射防疫针,一时间事情闹得沸沸扬扬。乡镇超市进货者听说傅某拒绝给猪进行防疫后,认为猪肉质量得不到保证,猪肉销路可能不畅,暂停了与傅某的生意往来。傅某为减少损失,才积极联系防疫站的工作人员进行补种。防疫站工作人员提醒傅某以后要严格遵守强制免疫义务,以防造成其他不良影响。那么,动物疫病强制免疫义务是怎么回事呢?

解析

做好动物强制免疫,降低动物感染疾病的概率,使易感动物变为非易感动物,是有效控制动物疫病发生的重要措施。《动物防疫法》第 17 条规定,我国实行动物疫病强制免疫义务,养殖户必须按照强制免疫计划和技术规范,对动物实施免疫接种。在上面的案例中,对于傅某饲养的生猪,傅某应按照规定定期为生猪接种防疫疫苗。除了饲养动物的单位和个人应积极履行该义务外,县级农业农村局应组织实施动物疫病强制免疫计划,落实监督检查责任并对接种状况评估后向社会公布。乡镇政府、村委会和居委会应提醒辖区单位和居民做好强制免疫,协助监督检查,及时反映基层显现出的动物强制免疫问题。对于实施强制免疫接种的动物未达到免疫质量要求的,应补充免疫接种;对未严格落实动物疫病强制义务的单位和个人,由县级农业农村局责令限期改正,可并处 1000 元以下的罚款;逾期不改的,处 1000 元以上 5000 元以下罚款。最终因强制接种产生的费用,仍然由饲养人承担。

同时,还应注意,广义的强制免疫义务除了落实免疫接种外,还要建立强制免疫可溯制度。即饲养人应为已接种动物建立免疫档案、加施畜禽标识以保证国家对强制免疫的动物可追溯。若违反该规定,饲养人有伪造或者变造检疫证明、检疫标志或者畜禽标识的行为,由县级农业农村局没收违法所得和违法标志,并处 5000 元以上 5 万元以下罚款。

法条

《中华人民共和国动物防疫法》第17条、第18条、第92条、第103条第1款

82 瞒报、谎报、迟报动物疫情，要承担什么法律责任？

疑惑

某养殖户发现养殖的肉牛有死亡情况发生后，便立即请动物疾病预防机构的工作人员来提取样本并检测。检测人员发现此次情况比较复杂，病原体经基因测序后确定与常见的动物疾病基因不同，便将此情况报告给了机构负责人。机构负责人认为特殊情况应进行专家会诊后再确定是否上报以免引起社会恐慌，遂未及时将此次动物死亡情况报告给农业农村局。但后续多家养殖场动物死亡，数量较大。后县政府成立专门小组处理此事件时，认为动物疾病预防机构存在迟报动物疫情的情形，要对其采取惩罚措施。那么请问，瞒报、谎报、迟报动物疫情，应承担什么法律责任？

解析

动物疾病具有较强的传染性,一旦发生大规模动物疫情,会迅速打击养殖业。一旦通过食物链传染至人身上,引发人畜共患疾病,将影响人类的生命健康。因此,负有报告疫情的单位和个人应及时上报疫情,严格履行善尽报告义务。根据《动物防疫法》第 37 条的规定,任何单位和个人不得瞒报、谎报、迟报和漏报动物疫情,也不得授意他人瞒报等或阻碍他人报告动物疫情。

若有发现动物疫情而瞒报、谎报、迟报等违法行为,县级农业农村局可以责令改正,处 1 万元以下罚款;拒不改正的,处 1 万元以上 5 万元以下罚款,并可以责令停业整顿。对于可能发现引发人畜共患疾病,甚至导致传染病的,应当在前述惩罚的基础上加重处罚。

在上面的案例中,某养殖户的做法是正确的,个人在发现蓄养的动物发生疫病时,必须及时上报。而当地动物疾病预防机构负责人的做法则是违法的,其不得迟报疫情,因而其也将因此次事件而受到惩处。

法条

《中华人民共和国动物防疫法》第 37 条、第 108 条、第 109 条第 1 款

83 将疫区内被依法隔离的动物擅自转移的，有什么法律责任？

疑惑

某养牛场的牛因患上牛结核病死伤大半，县农业农村局对此疫情评估后决定将包括养牛场在内的方圆100米划定为疫区，限制动物和人的出入并就地设立无害化处理站点，委托专业机构对死牛做无害化处理。牛场主认为自己的损失已经十分巨大，牛场内没有得病迹象的牛与死牛是分圈喂养的，便想着将未得病的牛转移出疫区，让另一家养牛场临时帮忙喂养。那么试问，牛场主可以擅自将疫区内被隔离的动物转移出去吗？如果不可以，那应该承担什么法律责任呢？

解析

动物疫情暴发后，疫区内存活的病毒或病菌密度大，传播性高，极易影响疫区的其他生物和环境，疫区内死伤的动物必须严格管理以遏制病原体传播。根据《动物防疫法》第43条的规定，疫区内的单位和个人应当遵守疫区管控的措施，任何单位和个人不得藏匿、转移、盗掘已被依法隔离、封存、处理的动物和动物产品。

上面的案例中，当地出现了疫情被依法划定为疫区，疫区内的动物和人都应限制出入，活牛也属于被依法隔离的动物，根据疫区限制活动及法律严禁转移依法隔离动物的规定，牛场主将疫区内的其他活牛擅自转移出疫区的行为是违法的。虽然《动物防疫法》未作出相应法律责任的规定，但我国《刑法》第 330 条有关于妨害传染病防治罪的规定，养殖户或者防疫机构的相关人员因违反传染病防治相关规定，可能会受到刑事处罚。因为疫区内的活体动物仍然有承载传染病病原体的风险，而违法转移疫区动物的行为破坏了国家的防疫管理制度，一旦前述违法行为导致民众患甲类传染病或其他严重后果，人民法院可以妨害传染病防治罪依法追究行为人的法律责任。

法条

《中华人民共和国动物防疫法》第 43 条

《中华人民共和国刑法》第 330 条

84 将病死的家畜卖给他人的，要承担什么法律责任？

疑惑

老付为了老伴每天都能喝到新鲜的牛奶，就在家养了2头小奶牛。奶牛长大后，老两口如愿以偿喝上了新鲜的牛奶，剩下的牛奶还能走街串巷地在村里卖完。但不幸的是，没过多久就有一头奶牛不知得了什么病死掉了，老付没有办法处理。隔壁邻居告诉他说吃死牛的大有人在，让他把死牛肉和骨头收拾干净，便宜卖出。虽然村里有人买了他的牛肉，但也有人提醒他死牛不能卖。那么，病死的家畜能不能卖给他人？若不能，要承担什么法律责任？

解析

病死动物，是指染疫死亡、因病死亡、死因不明或者经检验检疫可能危害人体或者动物健康的死亡动物；它们携带病原体，有传播传染病的风险与危害。为从源头阻止动物疫情的暴发，对于病死的动物，应当按照《动物防疫法》第57条的规定，做好病死动物、病害动物产品的无害化处理，或者委托动物和动物产品无害化处理场所处理。

为了从市场流通环节控制携带病原体动物危害居民健康，该条同时规定，任何单位和个人不得买卖、加工、随意弃置病死动物和病害动物产品。

在上面的案例中，老付邻居的说法是错误的。老付出售死牛组织的行为是违法的，可由县级农业农村局责令改正，处 3000 元以上 3 万元以下罚款。

法条

《中华人民共和国动物防疫法》第 57 条、第 104 条

85 因动物染疫病后被强制扑杀而产生损失的养殖户，会得到政府什么样的补偿呢？

疑惑

老洪在村南圈了几亩地，盖了个养羊场。他精心照料买来的 20 只羊，打算出栏后卖个好价钱来翻新住宅。但是，在成羊即将出栏时，羊圈的羊得了口蹄疫。因口蹄疫危害大又来得突然，羊一下子死了 5 只，剩下的羊也感染了疫病。后老洪报告村委会，村委会又逐级上报到县农业农村局。该局认为此次口蹄疫来势汹汹,怕疫情外溢,在禁止羊出栏的同时,让老洪强制扑杀剩余所有的羊。农业农村局告知老洪,政府将落实强制扑杀而产生损失的补贴,希望老洪放心配合及时扑杀剩余的15只羊。那么,因动物染疫病后被强制扑杀而产生损失的养殖户,会得到政府什么样的补偿呢?

解析

一般来说,得疫病死亡的动物要利用专业设备或者到专业地点进行无害化处理。鉴于疫病防控过程中,存在疫病发现不及时、疫病危害大、疫情来得急的情形,因此在动物疫病预防、控制、净化、消灭过程中会出现强制扑杀的情形。但强制扑杀会使养殖户产生损失,政府为了鼓励养殖户尽快灭杀疫病,并保障养殖户的利益,明确规定对其给予一定的补偿。根据《动物防疫法》第85条的规定,因强制扑杀而死的动物、销毁的动物产品或其他产品,县级以上人民政府给予补偿。而根据《农业部办公厅、财政部办公厅关于印发〈动物疫病防控财政支持政策实施指导意见〉的通知》的精神,纳入强制扑杀中央财政补助范围的疫病种类包括口蹄疫、高致病性禽流感、H7N9流感、小反刍兽疫、布病、结核病、包虫病、马鼻疽和马传贫。强制扑杀补助经费由中央财政和地方财政共同承担,其中强制扑杀中央财政补助经费根据实际扑杀畜禽数量、补助测算标准和中央财政补助比例测算,标准为禽15元/羽、猪800元/头、奶牛6000元/头、肉牛3000元/头、羊500元/只、马12,000元/匹,其他畜禽补助测算标准参照执行。

各省(区、市)可根据畜禽大小、品种等因素细化补助测算标准。

在上面的案例中,老洪共需要扑杀15只羊,按照补助测算标准,每只羊500元,因此,老洪估计可以得到7500元的补助。老洪应及时关注农业农村局的通知,在上级统计登记的时候如实反映扑杀情况,待上级财政核实后下发专项补贴。

法条

《中华人民共和国动物防疫法》第85条

《农业部办公厅、财政部办公厅关于印发〈动物疫病防控财政支持政策实施指导意见〉的通知》

86 自己家过年杀猪吃肉，需要去生猪定点屠宰厂宰杀吗?

疑惑

老周不愿打扰进城居住的孩子们的生活,仍一个人住在乡村。他在自家院子圈了块地养了几头猪,每到过年的时候他便喊孩子们回来,在自己院子里“杀年猪”。老周再把无精料添加的猪肉分给孩子们,以盼大家生活富足,年年有余。但邻居看到如此的“杀生”场面,就抱怨老周不把猪送去定点屠宰厂,并威胁老周说要去举报他。老周心生疑惑,认为自己家里只宰了2头猪,且是为了过年吃得好,不知自己犯了什么事。那么试问,自己家过年杀猪吃肉,需要去生猪定点屠宰厂宰杀吗?

解析

我国是生猪生产大国,也是生猪产品消费大国,多数地区群众的日常肉食消费以猪肉为主。因此,生猪产品的质量安全,直接关系到人民群众的身体健康乃至生命安全。为了确保老百姓吃上“放心肉”,严格落实农产品检疫制度和防治畜禽传染病,国家对生猪屠宰原则上实行定点屠宰。同时,按照《生猪屠宰管理条例》第31条第1款的规定,未经定点从事生猪屠宰活动的,由县级以上农业农村主管部门责令关闭,没收生猪、生猪产品、屠宰工具和设备以及违法所得;货值金额不足1万元的,并处5万元以上10万元以下的罚款;货值金额1万元以上的,并处货值金额10倍以上20倍以下的罚款。

当然,生猪定点屠宰制度也有例外情形,即农村地区个人自宰自食的,无须去定点屠宰厂宰杀。农民自宰自食的生猪数量小,较分散,且自宰自食的猪肉不会流向市场。而且无论是自宰自食的生猪,还是集中定点宰杀的生猪都要定期检疫,因此,在农民自宰自食的生猪猪肉危害小、国家尊重乡村地区杀猪习俗的基础上,法律允许农村地区个人自宰自食生猪,而无须定点屠宰。

上面案例中的老周,过年杀猪吃肉是无须去生猪定点屠宰厂的,也无须担心邻居莫须有的举报威胁。但是应注意,如果农民以自宰自食为名出售猪肉或者将自食以外的剩余猪肉卖给他人,就必须遵守定点屠宰的规定,否则要承担相应的法律责任。

法条

《生猪屠宰管理条例》第2条、第31条第1款

87 给生猪注“水”，要承担什么法律责任？

疑惑

袁某承包了某镇的肉联厂,他看到正常饲养的猪生长速度缓慢,季度产肉量较少,于是动起了歪脑筋。后袁某指使肉联厂的工人向待屠宰的一批生猪反复注水,每头生猪注水四次,平均增重5斤左右。在未被发现的半年时间里,袁某的肉联厂共生产、销售“注水猪肉”金额达10万元人民币。这批注水猪肉被发现后,县农业主管部门要对其生猪注水的违法行为进行处罚。那么试问,给生猪注“水”,要承担什么法律责任?

解析

食品安全涉及千家万户的切身利益;尤其是我国作为猪肉生产与消费大国,猪肉的质量事关百姓的人身健康和社会的和谐稳定。这种人工注水以增大体重、增加利润的行为不仅扰乱了生猪生产和销售的市场秩序,甚至会影响猪肉的新鲜度,且因水中含有较多杂质,在生猪猪肉组织内停留会造成猪肉携带各种寄生虫和病原体,严重影响人体健康。因此,《生猪屠宰管理条例》第 20 条规定,严禁生猪定点屠宰厂以及其他任何单位和个人对生猪注水。

上面的案例中,袁某的肉联厂给生猪注水是违法的,应由农业主管部门没收被注水的生猪、猪肉、注水工具和设备以及违法所得。因袁某销售猪肉的金额高达 10 万元,可将并处以 10 倍以上 20 倍以下的罚款。同时,袁某作为肉联厂的直接负责人,要被处 5 万元以上 10 万元以下的罚款。若检察机关以生产、销售伪劣产品罪对其提起公诉,人民法院可依法对其处 2 年以下有期徒刑或者拘役,并处或者单处销售金额 50% 以上 2 倍以下罚金。

还需注意的是,除了上面案例中单纯注水的情形,行话中的“注水”不单单包括一般的饮用水,还包括注射可使猪肉新鲜保水的盐酸肾上腺素等其他物质。而肉品中残留肾上腺素、阿托品等药物会给人体健康和生命安全造成潜在的危害,故注射其他物质对于食用猪肉而言属于添加有毒、有害非食品原料。根据《生猪屠宰管理条例》第 35 条第 1 款的规定,除与上述因注水被处罚的内容一样外,其负责人还可能被公安机关依照《食品安全法》处 5 日以上 15 日以下拘留。如出现涉案金额大、受害者多等严重情形，检察机关可依法对其以生产、销售有毒、有害食品罪提起公诉，人民法院可依法判决有期徒刑，并处罚金。

法条

《生猪屠宰管理条例》第 20 条、第 35 条第 1 款

《中华人民共和国食品安全法》第 123 条

《中华人民共和国刑法》第 140 条、第 144 条

88 可以向未从事定点屠宰活动的屠户提供场所吗？

疑惑

老赵的儿子进城居住后，老赵便在儿子原来的住处加盖了几间偏房。偏房闲置已久，为赚取租金，老赵欲将院中偏房租给村中屠户孙某。偏房阴暗，孙某觉得这是个宰杀牲畜的好去处，遂与老赵达成租房协议。后因其杀猪后清理不净而散发出异味，被老赵的邻居举报到了乡镇卫生执法大队。那么,单位和个人可以向未从事定点屠宰活动的屠户提供场所吗?

解析

《生猪屠宰管理条例》第2条规定,国家实行定点屠宰制度。未经定点,任何单位和个人不得从事生猪屠宰活动。实行定点屠宰,可以做到宰前防疫,宰后检验,加强肉品卫生管理,保障人民群众肉食品安全。国家为防止私自宰杀活动,从执业资格到屠宰场所都要求严格落实定点屠宰制度。为严格控制屠户私自屠宰,该条例第22条明确规定,严格禁止任何单位和个人为进行私自宰杀活动的单位和个人提供生猪屠宰场所或者生猪产品储存设施。

上述案例中,老赵为赚取租金而向私自宰杀生猪的屠户提供屠宰场所的行为是违法的,不符合国家禁止私自宰杀的政策。对于老赵的这种行为,农业农村主管部门可以对其责令改正、没收违法所得,并处5万元以上10万元以下的罚款。

法条

《生猪屠宰管理条例》第22条、第37条

89 猪肉养生馆可以采购农民自家宰杀的生猪吗?

疑惑

某县新开的猪肉养生馆向外做广告称,其馆内的猪肉都是上好的原生态黑猪肉,采自本县最大的生猪屠宰厂,口味经得起品尝,质量经得起考验。故该店声誉良好,生意兴隆,还带动了本地黑猪市场的发展。该县某村民何某家中圈养了几头本地黑猪,原本只是过年时自宰自食,但他也想趁着黑猪市场的东风赚点生活费。于是,何某找到猪肉养生馆的经理,表示想把自家经过检疫的猪杀了卖给养生馆。那么试问,猪肉养生馆经理可以采购何某自家宰杀的生猪吗?

解析

首先,根据生猪定点屠宰制度的规定,农民除了自宰自食不可以私自屠宰生猪并出售。其次,对于直接面对消费者并影响消费者生命健康的生猪产品销售、肉食品生产加工的单位和个人以及餐饮服务经营者来讲,他们必须对采购的猪肉原料严格把关,这是其法定义务。

在上面的案例中，何某出售私自宰杀的猪肉已然是违法行为；对于猪肉养生馆来说，如果其采购私自宰杀的猪肉，不仅违反了《生猪屠宰管理条例》第23条要求餐饮服务者必须采购生猪定点屠宰厂经检疫和肉品品质检验合格的生猪产品的规定，还违反了《食品安全法》第55条关于餐饮服务者不得采购不符合食品安全标准的食品原料的规定。因此，餐饮服务者以及生猪产品销售和加工单位采购生猪原料时不能贪图便宜而购买私自宰杀的猪肉，应从正规的保证检疫达标以及肉质品检验合格的定点屠宰厂采购。

如果未按规定经营未检疫或者检疫不合格的肉类，应依《食品安全法》第123条的规定，对违法者采取没收违法所得和违法生产经营的食品的措施；违法生产经营的食品货值金额不足1万元的，并处10万元以上15万元以下罚款；货值金额1万元以上的，并处货值金额15倍以上30倍以下罚款；情节严重的，吊销许可证，并可由公安机关对经营单位的主管人员和其他直接责任人员处5日以上15日以下拘留。

法条

《生猪屠宰管理条例》第23条

《中华人民共和国食品安全法》第34条、第55条、第123条

90 不得在哪些地方办畜禽养殖场或养殖小区？

疑惑

姜某生活在四川省阿坝羌族自治州汶川县的卧龙镇，当地一直在大力开展养殖业扶贫开发项目，姜某看准时机准备在离自家不远的山坡上修建一个鸡鸭鹅家禽养殖场，白天在树林里和周边的空地散养，晚上再回笼。但是，他准备圈地的山坡有着丰富的自然资源，被划定为国家自然保护区的缓冲区。他着手建设场房的时候，被卧龙自然保护区管理局的巡视人员发现，巡视人员向他科普了畜禽养殖场选址的法律规定，并劝说其到山底自家院子里准备养殖事宜。姜某听从了巡视人员的忠告，撤回家中重新操办养殖场。那么试问，单位和个人不得在哪些地方办畜禽养殖场或养殖小区？

解析

畜禽养殖场会产生大量的畜禽排泄物；尤其是在规模化畜禽生产过程中，畜禽的粪尿、污水等废弃物会产生大量的臭气，还会污染养殖场附近的空气。如果这些废弃物未经处理排入河流或地下，将导致水质不断恶化、土壤自净能力降低，进而引起水污染、土壤污染。一旦畜禽废弃物携带病原微生物及寄生虫卵，还会引起疾病的传播与流行，影响人类生命健康。因此，国家要求建设畜禽养殖场、养殖小区应当配备与养殖规模相配套的生产设施、技术人员、一定的防疫条件和无害化处理设施等。

随意修建养殖场会侵占周边的土地，对养殖场附近的生态环境产生一系列破坏性影响，故国家对养殖场的选址有特殊规定。《畜牧法》第40条和《畜禽规模养殖污染防治条例》第11条规定，禁止在饮用水水源保护区、风景名胜区，自然保护区的核心区和缓冲区，城镇居民区、文化教育科研区等人口集中区域及其他禁止区域建设畜禽养殖场、养殖小区。

在上面的案例中，姜某生活的四川省阿坝羌族自治州汶川县卧龙镇是以"熊猫之乡""宝贵的生物基因库""天然动植物园"而响誉中外的卧龙国家级自然保护区的重要组成区域。为更好地保护自然保护区的生态环境，国家按其功能将自然保护区划分为核心区、缓冲区、实验区三个区：核心区除了经审批可开展科研活动外，禁止任何单位和个人进入；缓冲区对核心区起保护和缓冲作用，是核心区与试验区的过渡地带，无须特别审批可从事科研活动；实验区是保护区中人为活动相对频繁的区域，可开展旅游活动。姜某欲建立养殖场的区域是自然保护区的缓冲区，只可以进行科研活动，不允许设立养殖场等有较大污染的场所。

法条

《中华人民共和国畜牧法》第 39 条第 1 款、第 40 条

《畜禽规模养殖污染防治条例》第 11 条

91 畜禽养殖废弃物未经处理就直接排放的，要承担怎样的法律后果？

疑惑

老史家在乡镇经营着一家养猪厂，该厂每年都能通过环保局的验收。但由于夏忙时镇上用电量大，常有电压低，带不动全镇用电的状况发生。为此，镇政府报县政府批准后，公告了上、下午空闲时段限电的措施。虽然此举措缓解了大家的用电压力，但是也让老史家猪厂的无害化处理机器不能正常运转。于是，今年夏天时，老史没有将养殖厂的废弃物先集中储藏再委托无害化处理厂处理，而是直接排放到了临近的水渠。这不仅影响了村民用水灌溉，还散发出恶臭气味，污染了空气。那么，畜禽养殖废弃物未经处理就直接排放的，要承担怎样的法律责任？

解析

畜禽养殖污染占我国农业污染的比例较大。鉴于畜禽养殖废弃物可能造成的大气污染、水体污染、土壤污染等自然环境污染,以及存在的引起人畜共患疾病的风险,国家规定畜禽养殖废弃物需达到环境排放标准才能向环境排放。未经处理的畜禽养殖废弃物,不得直接向环境排放。根据《畜禽规模养殖污染防治条例》第 41 条的规定,排放畜禽养殖废弃物不符合国家或者地方规定的污染物排放标准或者总量控制指标,或者未经无害化处理直接向环境排放畜禽养殖废弃物的,由县级以上地方人民政府环境保护主管部门责令限期治理,可以处 5 万元以下的罚款。

在上面的案例中,老史家养猪厂违反规定,未经无害化处理就直接向环境排放畜禽养殖废弃物,应当由该县环保部门责令限期治理,可以处 5 万元以下的罚款。同时,县环保局还将会同农业农村局对其整改措施的落实情况及时进行核查,并向社会公布核查结果。

法条

《畜禽规模养殖污染防治条例》第 20 条、第 41 条

92 可以把患传染病的畜禽随意掩埋掉吗？

疑惑

曹某在村南盖了一处养鸡场，专卖家养大肉鸡。他打算在5月养20多只鸡崽，到11月出栏销售。但是不巧，在10月底的时候有部分鸡因禽流感死亡，他怕禽流感扩散，在加强活鸡疾病防控的同时，将死鸡扔在了离他养鸡场不远的防渗渠里并用厚土掩埋。后有村民在灌溉农田的时候，发现了水渠里的死鸡，并报告给了村委会。村委会随即找到曹某了解情况。那么，养殖户可以随意把患传染病的畜禽掩埋掉吗？

解析

随意处置患传染病的畜禽，如露天焚烧、随意掩埋等，不能及时灭杀病死畜禽携带的病原体微生物，仍然存在威胁环境和人类健康的风险。为了防控粗糙的处理方法可能带来的传染疾病的风险，《动物防疫法》第57条和《畜禽规模养殖污染防治条例》第21条规定，养殖户应当按照国家有关规定做好病死动物、病害动物产品的无害化处理，没有条件的应当委托动物和动物产品无害化处理场所处理。任何单位和个人不得随意处置病死动物和病害动物产品；如违反规定随意处置病死动物，不仅要承担后续无害化处理的费用，还要被处3000元以下的罚款。因此，曹某不能因为死鸡数量少就随意掩埋；如自己确实没有无害化处理设备，应该委托畜禽无害化处理厂进行处置。

除此之外，为进一步明确病死动物的处置方法，国务院出台了《病死及死因不明动物处置办法（试行）》，规定发生动物病死情况的，应当及时上报当地动物防疫监督机构，能确定死因的，应按照相应的动物疫病防治技术规范进行处理；不能确定死因的，应再上报至县级以上的动物防疫主管部门，并应在监督机构的监督下进行深埋、化制、焚烧等无害化处理。

法条

《中华人民共和国动物防疫法》第57条

《畜禽规模养殖污染防治条例》第21条、第42条

《病死及死因不明动物处置办法（试行）》第3条、第5条、第6条

93 修建畜禽粪污收储设施并生产有机肥的，可以得到优惠政策支持吗？

疑惑

于某经营的农牧公司欲投资数万元承包甲村下风向的一块土地，并加盖院落。同时，还打算购买甲村几个养殖场的畜禽废弃物以生产有机肥。农牧公司正式投产后，于某在专业人员的指导下向有关部门申请了建设补贴。那么试问，于某公司修建畜禽粪污收储设施并生产有机肥，可以得到优惠政策支持吗？

解析

规模较大养殖厂的畜禽粪污产出量大，未合理利用的会引起空气、土壤污染以及人畜共患的疾病，国家严控畜禽粪污的无害化处理。但随着科技的进步，畜禽粪污可以通过技术处理而无害化，并使生成的有机肥得到二次利用。为减少畜禽粪污产生的环境污染，提高天然肥料的利用率，国家鼓励建造储粪设施，并大力扶持有机农肥的生产和使用。

在上面的案例中，于某经营的农牧公司既修建了畜禽养殖污染防治设施，还利用畜禽养殖废弃物从事有机肥的生产，根据《畜禽规模养殖污染防治条例》第28条、第29条和第30条的规定，于某的行为属于建设和改造畜禽养殖污染防治设施、进行有机肥生产等废弃物综合利用活动，可申请的优惠政策包括政府补贴利息的储粪设备贷款、购买粪污时的减税、运输有机肥产品时申请安排运输设备帮助等。同时，根据农业农村部2018年公布的有机肥补贴和奖励政策，于某还可以享受生产销售有机肥免征增值税、小微企业应纳税所得额上调、以奖代补的方式支持扩大集中处理服务等政府优惠。

除了于某公司的畜禽养殖废弃物综合利用活动可以申请政策扶持外，国家还出台了包括畜禽养殖厂的污染防治设施运行执行较低的农业用电价格、支持沼气发电并无歧视接入国家电网、畜禽废弃物制取天然气的享受新能源优惠政策、奖励畜禽废弃污染物达标排放的养殖厂、奖励自愿建设无害化处理的养殖厂等在内的优惠政策。

法条

《畜禽规模养殖污染防治条例》第28条、第29条、第30条、第31条、第33条、第34条、第35条

《农业农村部对十三届全国人大一次会议第2357号建议的答复》

CHAPTER

7

第七章

农业保险

94 哪些单位或个人可以投保农业保险？

疑惑

A县是某省的果蔬基地，家家户户都以种植蔬菜、果树为生。该县某村村民张某承包了10个温室大棚，种植萝卜。某年2月，突发暴雪，温室大棚被大雪压塌，大面积萝卜被冻伤。眼看到了收获期，张某心急如焚。其他村民的果蔬生长也受到了不同程度的影响，经济损失惨重。新上任的驻村干部为了保住农民的“钱袋子”、稳定“菜篮子”，请来了保险公司的销售人员，为村民们普及农业保险投保知识。请问，哪些单位或个人可以投保农业保险？

解析

上面的案例中，张某和村民种植的果蔬因受极端天气影响经济损失惨重，却束手无策，说明村民们还没有树立农业保险投保意识。实际上，为保护农业活动人的合法权益，提高农业生产抗风险能力，促进农业保险事业健康发展，国家出台了《农业保险条例》《农业保险承保理赔管理办法》等一系列规范性文件。根据《农业保险条例》第2条、第10条，《农业保险承保理赔管理办法》第2条的规定可知，因保险标的遭受约定的自然灾害造成财产损失可得到赔偿，张某及村民的果蔬符合这一条件,为了避免类似损失,张某及村民可根据当地气候状况在保险合同中约定可能发生的气象等自然灾害。

关于农业保险的投保主体,《农业保险条例》第10条、《农业保险承保理赔管理办法》第5条明确规定,像张某等村民个人可以自行投保,也可以由农业生产经营组织、村民委员会等单位组织农民投保,采取哪种投保方式应该从险种、保额等方面综合考虑。如果是以单位投保,保险公司应根据被保险人的信息制定投保清单,经被保险人签字确认公示后生效。案例中驻村干部的做法是正确的,通过保险公司的宣传,能够增强村民的投保意识,以规避农业生产风险。

法条

《农业保险条例》第2条、第10条

《农业保险承保理赔管理办法》第2条、第5条

95 农业保险在合同有效期内,保险公司要涨保费,是否合法?

疑惑

刘某是当地的小麦种植大户,每年夏收都要在麦场晾晒麦子。

这个时节恰逢雨季，为了保住收成，刘某给小麦购买了农业保险，约定了暴雨、病虫害等自然灾害。去年麦收时节，阴雨连绵，抢收的小麦囤在粮仓里发了霉，卖粮的压价过低，刘某非常心疼，遂联系了保险公司的销售员小王来评估损失。小王看着满仓的小麦，也犯了难。按照保险合同，这么大宗小麦赔偿费要高达十几万元，保险公司无利可赚，小王擅自要求刘某再缴纳些保费，才能获得赔偿。刘某觉得，今年的保费已经按时缴纳了，不存在追缴的事由。那么，农业保险合同在有效期内，保险公司要涨保费，是否合法？

解析

保险合同一旦签订，就意味着合同双方应遵守契约，切实履行合同内容，确保双方权益得到保护。根据《农业保险条例》第 11 条的规定，在农业保险合同有效期内，合同当事人不得因保险标的的危险程度发生变化增加保险费。上面的案例中，刘某已按时足额缴纳了保险费，与保险公司间的保险合同已经生效，保险公司不能以理赔金额巨大等理由涨价，应按照参保条款履行理赔义务。刘某也应该坚持自己的主张，要求保险公司本着“科学、合理”原则，做好理赔工作，维护自己的权利。

法条

《农业保险条例》第 11 条

96 保险机构和被保险人达成赔偿协议后，保险金最迟应在多久内给付？

疑惑

张某承包了百亩棉花园，由于掌握了科学的种植、养护技术，种植棉花大丰收，张某家的日子也是越过越红火。张某琢磨，棉花种植靠天吃饭，要是遇到极端天气，很可能因灾返贫，带着这样的忧虑，他咨询了如何给棉花投保后，果断给棉花园入了保险。去年夏季，一场冰雹让精心呵护的棉花基本绝收，张某感到痛心和可惜。为了挽回损失，张某第一时间向保险公司报案，保险公司第二天进行现场查勘，第三天告知了理赔金额，双方签订了理赔协议。但又过了一周，张某却迟迟未收到理赔金。请问，保险机构和被保险人达成赔偿协议后，保险金最迟应在多久内给付？

解析

保险合同是保险机构和被保险人保障各自权益、履行各自义务的具有法律约束力的协议，双方都应遵照合同内容执行。上面的案例中，张某的棉花遭受冰雹，保险公司经勘查后出具了定损结果，且双方签订了理赔协议，这说明保险公司应按照相关规定进行赔付。但之后，保险公司一直没有支付理赔款，很明显已经违反了保险协议的约定。而对于保险公司的这一违约行为，根据《农业保险条例》第14条的规定，赔付期限取决于保险合同是否对赔偿保险金的期限有约定。如有约定，保险公司应在约定的期限内进行赔偿；如没有约定，保险机构应当在达成赔偿协议后10日内，支付保险赔偿金。也就是说，张某与保险公司在签订协议时，如果没有约定赔偿期限，张某应在签订赔偿协议的10日内收到赔偿金。而张某在签订赔偿协议一周内没收到赔偿金，属于正常情况，张某可查看保险合同，确认是否有对赔偿期限的规定。

法条

《农业保险条例》第14条

97 理赔后，保险公司可以免费收走受损的保险林木（保险标的）吗？

疑惑

2021年3月23日，秦某在某保险公司为其牧场的1000亩商品林投保了森林综合保险，单位保险金额为900元，保险金额为90万元，保险费金额为2250元。5月9日，当地遭遇特大暴风，秦某的牧场严重受损。3天后，保险公司勘查员全某会同林业专家檀某在秦某的陪同下到牧场对受损林木进行了现场勘查。现场勘查后，保险公司确定了赔付方案，并于5月15日按照之前的赔付方案对秦某进行了赔偿。请问，理赔后，保险公司可以免费收走受损的保险林木吗？

解析

理赔后，保险公司一般不能免费收走受损的保险林木。根据《农业保险条例》第2条的规定，农业保险是指保险机构根据农业保险合同，对农业生产者在种植业、林业、畜牧业和渔业生产中因保险标的遭受农业保险合同约定的自然灾害、意外事故、疫病、疾病等保险事故所造成的经济损失提供保障的一种保险。农业保险的范围非常广泛，包括种植业、林业、畜牧业和渔业生产等多方面，旨在降低农业生产者的个人风险，提高农业生产行业的抗风险能力。商品林遭受暴风灾害，属于保险机构承担农业保险责任的情形，保险公司应当按照保险合同及时理赔。

保险事故发生导致保险标的受损后，一般留有残余价值，这些受损的保险标的理论上仍应归属于投保人。根据《农业保险条例》第13条第2款的规定，一般情况下，保险机构不得对受损的保险标的的残余价值主张权利；如果农业保险合同约定，保险机构可以主张，那么应当尊重保险人（保险机构）和被保险人（农业生产者）的意愿，由保险公司收走受损的保险标的。

法条

《农业保险条例》第2条、第13条

98 挪用农业保险金的，要承担怎样的法律后果？

疑惑

2021年冬季，某地遭受寒潮及台风灾害，当地气温骤降，低温时间持续特别长，导致某村种植的反季节玉米作物严重减产，损失率高达50%。幸运的是，该村在村委会的引导下，当年全村耕地全部投保了惠农保险，后保险公司赔付玉米种植保险款5万元，并将赔偿款打入50户参保农户的粮食直补卡中。12月底，该村党支部书记宋某主持召开村民代表及部分党员大会，通过党员代表表决，将5万元玉米保险金中的2万元用于乡村振兴赋能行动工程，对村庄进行硬化、绿化、美化、亮化改造，进一步改善乡村的基础设施。那么，挪用农业保险金的,要承担怎样的法律后果?

解析

为了让农业保险金发挥其应有的功能,切实保障农业生产经营者的经济利益,《农业保险条例》对农业保险金的赔付、公示作出了相应的规定,并且严厉禁止挪用、截留、侵占保险金的行为。根据《农业保险条例》第15条的规定,第一,关于保险金的赔偿,保险机构必须按照农业保险合同的约定,根据核定的保险标的的损失程度足额赔偿保险金;任何单位和个人不得阻碍保险机构向被保险人履行赔偿保险金的义务,也不得限制被保险人取得保险金的权利。第二,关于保险金的公示,农业生产经营组织、村民委员会等单位组织农民投保的,理赔清单应当由被保险人签字确认,保险机构应当将理赔结果予以公示。换言之,农民或者农业生产经营组织自行投保的,保险机构不必将理赔结果予以公示。

保险金是受损农民或者农业生产经营组织因农业受损而取得的保险赔偿,具有专有属性;根据《农业保险条例》第24条的规定,禁止任何单位和个人挪用、截留、侵占保险机构应当赔偿被保险人的保险金。否则,按照该条例第30条第2款的规定,由有关部门依法处理;构成犯罪的,依法追究刑事责任。一般而言,党员干部挪用、截留、侵占保险金的,会受到党内警告、留党察看处分;如果情节严重,挪用、截留、侵占保险金的数额较高,构成犯罪的,还将承担刑事责任。

在上面的案例中,某村党支部书记宋某为美丽乡村建设而筹集资金的想法是好的,但其挪用农村玉米保险金的做法是不合法的,村民代表和部分党员代表的共同决议也不能改变其违法性,其必将受到法律的惩处。

法条

《农业保险条例》第15条、第24条、第30条第2款

99 农业保险业务是可以随便经营的吗?

疑惑

农业保险对农业生产者、农业和农村经济发展都具有十分重要的意义,然而农业保险仍面临着供给不足、农户投保意愿不强的问题。长宏保险公司认为这既是挑战,也是机遇,打算在苏州分公司新增农业保险业务。公司领导决定后就在分公司着手成立项目组,积极开展培训储备农业保险专业人才。那么,农业保险业务是可以随便经营的吗?

解析

并非任何企事业单位、社会团体、其他组织或者个人都能经营农业保险业务。根据《农业保险条例》第17条的规定,农业保险业务只能由保险机构经营。保险机构要经营农业保险业务还必须满足以下几个方面的条件:一是保险的地域范围,要有完善的基层服务网络;二是机构设置和人才方面,要有专门的农业保险经营部门以及专业的农业保险人才;三是保险机构的内部监督方面,要有完善的农业保险内部控制制度;四是保险责任的承担方面,要有稳健的农业再保险(保险机构为了分散风险将已经承保的农业保险业务通过订立再保险合同的形式,将风险部分转移给其他保险机构)和大灾风险安排以及风险应对预案并且偿付能力符合国务院监督管理机构的规定。

此外,根据《农业保险条例》第26条第2款的规定,保险机构以外的其他组织或者个人经营农业保险业务,属于非法经营农业保险业务。非法经营农业保险业务违法所得在20万元以上的,将会被取缔、没收违法所得并处违法所得1倍以上5倍以下的罚款;违法所得不足20万元或者没有违法所得的,处20万元以上100万元以下的罚款。

在上面的案例中,长宏保险公司是依法成立的保险机构,有权经营农业保险业务;但是要实际开展农业保险业务,还应当按照《农业保险条例》第17条的规定进行设立前的准备,避免非法经营保险业务。

法条

《农业保险条例》第 17 条、第 26 条第 2 款

100 骗取农业保险的保险费补贴的，要承担怎样的法律后果？

疑惑

福安农业有限公司与养殖户华某签订了一份生猪养殖合同，约定由福安农业有限公司提供猪苗、饲料、药品以及疫苗等物资，华某负责饲养生猪，这些生猪属于公司财产，华某无权处分。2020 年 9 月，华某与某保险公司签订保险合同约定，保险标的为肥猪 3000 头，每头生猪保险金额 700 元，总保险金额 21 万元；保险费 10 万元，其中，中央财政补贴保险费的 50% 计 5 万元，省财政补贴保险费的 18% 计 1.8 万元，县财政补贴保险费的 12% 计 1.2 万元，华某只需要交保险费的 20% 计 2 万元。10 月，福安农业有限公司又与该保险公司签订了一份生猪养殖保险合同，保险标的为肥猪 5000 头。后经保险公司查明，这 5000 头肥猪中，包括华某已经投保的 3000 头肥猪，

保险公司认为该公司涉嫌就同一保险标的重复投保,骗取农业保险的保险费补贴。那么,骗取农业保险费补贴的,要承担怎样的法律后果?

解析

由于养殖户华某与福安农业有限公司并未约定谁可以在保险公司对养殖的生猪投保,结合《农业保险条例》第10条第1款的规定,农业保险可以由农民自行投保,因此华某对饲养的生猪享有保险利益,可以对猪投保。而根据双方的合同约定,生猪的所有权属于福安农业有限公司,因此,该公司也可以依法对生猪投保保险。

关于福安农业有限公司是否涉嫌骗保,根据《农业保险条例》第23条的规定,骗取农业保险保险费的情形主要包括三类:一是虚构或者虚增保险标的;二是对同一保险标的进行多次投保,包括不同的投保人对同一保险标的重复投保的情形;三是以虚假理赔、虚列费用、虚假退保,或者截留、挪用保险金,挪用经营费用等方式冲销投保人应缴的保险费或者财政给予的保险费补贴。由于案例中华某投保时间比福安农业有限公司早,所以福安农业有限公司投保的行为构成重复投保,涉嫌骗取农业保险保险费补贴,保险公司可以主张其与福安农业有限公司的保险合同无效,对保险赔款不享有保险利益。

如果农民、农业经营组织骗取农业保险保险费补贴,根据《农业保险条例》第30条第1款的规定,应当将骗取的财政资金缴入国库;构成犯罪的,还将承担刑事责任。

法条

《农业保险条例》第 7 条、第 10 条第 1 款、第 23 条、第 30 条第 1 款

APPENDIX

附 录

中华人民共和国种子法(2021年修正)

(2000年7月8日第九届全国人民代表大会常务委员会第十六次会议通过 根据2004年8月28日第十届全国人民代表大会常务委员会第十一次会议《关于修改〈中华人民共和国种子法〉的决定》第一次修正 根据2013年6月29日第十二届全国人民代表大会常务委员会第三次会议《关于修改〈中华人民共和国文物保护法〉等十二部法律的决定》第二次修正 2015年11月4日第十二届全国人民代表大会常务委员会第十七次会议修订 根据2021年12月24日第十三届全国人民代表大会常务委员会第三十二次会议《关于修改〈中华人民共和国种子法〉的决定》第三次修正)

目 录

第一章 总 则

第二章 种质资源保护

第三章 品种选育、审定与登记

第四章 新品种保护

第五章 种子生产经营

第六章　种子监督管理
第七章　种子进出口和对外合作
第八章　扶持措施
第九章　法律责任
第十章　附　　则

第一章　总　　则

第一条　为了保护和合理利用种质资源，规范品种选育、种子生产经营和管理行为，加强种业科学技术研究，鼓励育种创新，保护植物新品种权，维护种子生产经营者、使用者的合法权益，提高种子质量，发展现代种业，保障国家粮食安全，促进农业和林业的发展，制定本法。

第二条　在中华人民共和国境内从事品种选育、种子生产经营和管理等活动，适用本法。

本法所称种子，是指农作物和林木的种植材料或者繁殖材料，包括籽粒、果实、根、茎、苗、芽、叶、花等。

第三条　国务院农业农村、林业草原主管部门分别主管全国农作物种子和林木种子工作；县级以上地方人民政府农业农村、林业草原主管部门分别主管本行政区域内农作物种子和林木种子工作。

各级人民政府及其有关部门应当采取措施，加强种子执法和监督，依法惩处侵害农民权益的种子违法行为。

第四条　国家扶持种质资源保护工作和选育、生产、更新、推广使用良种，鼓励品种选育和种子生产经营相结合，奖励在种质资源保护工作和良种选育、推广等工作中成绩显著的单位和个人。

第五条　省级以上人民政府应当根据科教兴农方针和农业、林业发展的需要制定种业发展规划并组织实施。

第六条　省级以上人民政府建立种子储备制度,主要用于发生灾害时的生产需要及余缺调剂,保障农业和林业生产安全。对储备的种子应当定期检验和更新。种子储备的具体办法由国务院规定。

第七条　转基因植物品种的选育、试验、审定和推广应当进行安全性评价,并采取严格的安全控制措施。国务院农业农村、林业草原主管部门应当加强跟踪监管并及时公告有关转基因植物品种审定和推广的信息。具体办法由国务院规定。

第二章　种质资源保护

第八条　国家依法保护种质资源,任何单位和个人不得侵占和破坏种质资源。

禁止采集或者采伐国家重点保护的天然种质资源。因科研等特殊情况需要采集或者采伐的,应当经国务院或者省、自治区、直辖市人民政府的农业农村、林业草原主管部门批准。

第九条　国家有计划地普查、收集、整理、鉴定、登记、保存、交流和利用种质资源,重点收集珍稀、濒危、特有资源和特色地方品种,定期公布可供利用的种质资源目录。具体办法由国务院农业农村、林业草原主管部门规定。

第十条　国务院农业农村、林业草原主管部门应当建立种质资源库、种质资源保护区或者种质资源保护地。省、自治区、直辖市人民政府农业农村、林业草原主管部门可以根据需要建立种质资源库、种质资源保护区、种质资源保护地。种质资源库、种质资源保护区、种质资源保护地的种质资源属公共资源,依法开放利用。

占用种质资源库、种质资源保护区或者种质资源保护地的,需经原设立机关同意。

第十一条 国家对种质资源享有主权。任何单位和个人向境外提供种质资源,或者与境外机构、个人开展合作研究利用种质资源的,应当报国务院农业农村、林业草原主管部门批准,并同时提交国家共享惠益的方案。国务院农业农村、林业草原主管部门可以委托省、自治区、直辖市人民政府农业农村、林业草原主管部门接收申请材料。国务院农业农村、林业草原主管部门应当将批准情况通报国务院生态环境主管部门。

从境外引进种质资源的,依照国务院农业农村、林业草原主管部门的有关规定办理。

第三章 品种选育、审定与登记

第十二条 国家支持科研院所及高等院校重点开展育种的基础性、前沿性和应用技术研究以及生物育种技术研究,支持常规作物、主要造林树种育种和无性繁殖材料选育等公益性研究。

国家鼓励种子企业充分利用公益性研究成果,培育具有自主知识产权的优良品种;鼓励种子企业与科研院所及高等院校构建技术研发平台,开展主要粮食作物、重要经济作物育种攻关,建立以市场为导向、利益共享、风险共担的产学研相结合的种业技术创新体系。

国家加强种业科技创新能力建设,促进种业科技成果转化,维护种业科技人员的合法权益。

第十三条 由财政资金支持形成的育种发明专利权和植物新品种权,除涉及国家安全、国家利益和重大社会公共利益的外,授权项目承担者依法取得。

由财政资金支持为主形成的育种成果的转让、许可等应当依法公开进行,禁止私自交易。

第十四条　单位和个人因林业草原主管部门为选育林木良种建立测定林、试验林、优树收集区、基因库等而减少经济收入的，批准建立的林业草原主管部门应当按照国家有关规定给予经济补偿。

第十五条　国家对主要农作物和主要林木实行品种审定制度。主要农作物品种和主要林木品种在推广前应当通过国家级或者省级审定。由省、自治区、直辖市人民政府林业草原主管部门确定的主要林木品种实行省级审定。

申请审定的品种应当符合特异性、一致性、稳定性要求。

主要农作物品种和主要林木品种的审定办法由国务院农业农村、林业草原主管部门规定。审定办法应当体现公正、公开、科学、效率的原则，有利于产量、品质、抗性等的提高与协调，有利于适应市场和生活消费需要的品种的推广。在制定、修改审定办法时，应当充分听取育种者、种子使用者、生产经营者和相关行业代表意见。

第十六条　国务院和省、自治区、直辖市人民政府的农业农村、林业草原主管部门分别设立由专业人员组成的农作物品种和林木品种审定委员会。品种审定委员会承担主要农作物品种和主要林木品种的审定工作，建立包括申请文件、品种审定试验数据、种子样品、审定意见和审定结论等内容的审定档案，保证可追溯。在审定通过的品种依法公布的相关信息中应当包括审定意见情况，接受监督。

品种审定实行回避制度。品种审定委员会委员、工作人员及相关测试、试验人员应当忠于职守，公正廉洁。对单位和个人举报或者监督检查发现的上述人员的违法行为，省级以上人民政府农业农村、林业草原主管部门和有关机关应当及时依法处理。

第十七条　实行选育生产经营相结合，符合国务院农业农村、林业草原主管部门规定条件的种子企业，对其自主研发的主要农作物品种、主要林木品种可以按照审定办法自行完成试验，达到审定标准的，品种审定委员会应当颁发审定证书。种子企业对试验数据的真实性负责,保证可追溯,接受省级以上人民政府农业农村、林业草原主管部门和社会的监督。

第十八条 审定未通过的农作物品种和林木品种,申请人有异议的,可以向原审定委员会或者国家级审定委员会申请复审。

第十九条 通过国家级审定的农作物品种和林木良种由国务院农业农村、林业草原主管部门公告,可以在全国适宜的生态区域推广。通过省级审定的农作物品种和林木良种由省、自治区、直辖市人民政府农业农村、林业草原主管部门公告,可以在本行政区域内适宜的生态区域推广;其他省、自治区、直辖市属于同一适宜生态区的地域引种农作物品种、林木良种的,引种者应当将引种的品种和区域报所在省、自治区、直辖市人民政府农业农村、林业草原主管部门备案。

引种本地区没有自然分布的林木品种,应当按照国家引种标准通过试验。

第二十条 省、自治区、直辖市人民政府农业农村、林业草原主管部门应当完善品种选育、审定工作的区域协作机制,促进优良品种的选育和推广。

第二十一条 审定通过的农作物品种和林木良种出现不可克服的严重缺陷等情形不宜继续推广、销售的,经原审定委员会审核确认后,撤销审定,由原公告部门发布公告,停止推广、销售。

第二十二条 国家对部分非主要农作物实行品种登记制度。列入非主要农作物登记目录的品种在推广前应当登记。

实行品种登记的农作物范围应当严格控制,并根据保护生物多样性、保证消费安全和用种安全的原则确定。登记目录由国务院农业农村主管部门制定和调整。

申请者申请品种登记应当向省、自治区、直辖市人民政府农业农村主管部门提交申请文件和种子样品,并对其真实性负责,保证可追溯,接受监督检查。申请文件包括品种的种类、名称、来源、特性、育种过程以及特异性、一致性、稳定性测试报告等。

省、自治区、直辖市人民政府农业农村主管部门自受理品种登记申请之日起二十个工作日内,对申请者提交的申请文件进行书面审查,符合要求的,报国务院农业农村主管部门予以登记公告。

对已登记品种存在申请文件、种子样品不实的,由国务院农业农村主管部门撤销该品种登记,并将该申请者的违法信息记入社会诚信档案,向社会公布;给种子使用者和其他种子生产经营者造成损失的,依法承担赔偿责任。

对已登记品种出现不可克服的严重缺陷等情形的,由国务院农业农村主管部门撤销登记,并发布公告,停止推广。

非主要农作物品种登记办法由国务院农业农村主管部门规定。

第二十三条 应当审定的农作物品种未经审定的,不得发布广告、推广、销售。

应当审定的林木品种未经审定通过的,不得作为良种推广、销售,但生产确需使用的,应当经林木品种审定委员会认定。

应当登记的农作物品种未经登记的,不得发布广告、推广,不得以登记品种的名义销售。

第二十四条 在中国境内没有经常居所或者营业场所的境外机构、个人在境内申请品种审定或者登记的,应当委托具有法人资格的境内种子企业代理。

第四章 新品种保护

第二十五条 国家实行植物新品种保护制度。对国家植物品种保护名录内经过人工选育或者发现的野生植物加以改良,具备新颖性、特异性、一致性、稳定性和适当命名的植物品种,由国务院农业农村、林业草原主管部门授予植物新品种权,保护植物新品种权所有人的合法权益。植物新品种权的内容和归属、授予条件、申请和受理、审查与批准,以及期限、终止和无效等依照本法、有关法律和行政法规规定执行。

国家鼓励和支持种业科技创新、植物新品种培育及成果转化。取得植物新品种权的品种得到推广应用的,育种者依法获得相应的经济利益。

第二十六条 一个植物新品种只能授予一项植物新品种权。两个以上的申请人分别就同一个品种申请植物新品种权的,植物新品种权授予最先申请的人;同时申请的,植物新品种权授予最先完成该品种育种的人。

对违反法律,危害社会公共利益、生态环境的植物新品种,不授予植物新品种权。

第二十七条 授予植物新品种权的植物新品种名称,应当与相同或者相近的植物属或者种中已知品种的名称相区别。该名称经授权后即为该植物新品种的通用名称。

下列名称不得用于授权品种的命名:

(一)仅以数字表示的;

(二)违反社会公德的;

(三)对植物新品种的特征、特性或者育种者身份等容易引起误解的。

同一植物品种在申请新品种保护、品种审定、品种登记、推广、销售时只能使用同一个名称。生产推广、销售的种子应当与申请植物新品种保护、品种审定、品种登记时提供的样品相符。

第二十八条 植物新品种权所有人对其授权品种享有排他的独占权。植物新品种权所有人可以将植物新品种权许可他人实施,并按照合同约定收取许可使用费;许可使用费可以采取固定价款、从推广收益中提成等方式收取。

任何单位或者个人未经植物新品种权所有人许可,不得生产、繁殖和为繁殖而进行处理、许诺销售、销售、进口、出口以及为实施上述行为储存该授权品种的繁殖材料,不得为商业目的将该授权品种的繁殖材料重复使用于生产另一品种的繁殖材料。本法、有关法律、行政法规另有规定的除外。

实施前款规定的行为，涉及由未经许可使用授权品种的繁殖材料而获得的收获材料的，应当得到植物新品种权所有人的许可；但是，植物新品种权所有人对繁殖材料已有合理机会行使其权利的除外。

对实质性派生品种实施第二款、第三款规定行为的，应当征得原始品种的植物新品种权所有人的同意。

实质性派生品种制度的实施步骤和办法由国务院规定。

第二十九条 在下列情况下使用授权品种的，可以不经植物新品种权所有人许可，不向其支付使用费，但不得侵犯植物新品种权所有人依照本法、有关法律、行政法规享有的其他权利：

（一）利用授权品种进行育种及其他科研活动；

（二）农民自繁自用授权品种的繁殖材料。

第三十条 为了国家利益或者社会公共利益，国务院农业农村、林业草原主管部门可以作出实施植物新品种权强制许可的决定，并予以登记和公告。

取得实施强制许可的单位或者个人不享有独占的实施权，并且无权允许他人实施。

第五章 种子生产经营

第三十一条 从事种子进出口业务的种子生产经营许可证，由国务院农业农村、林业草原主管部门核发。国务院农业农村、林业草原主管部门可以委托省、自治区、直辖市人民政府农业农村、林业草原主管部门接收申请材料。

从事主要农作物杂交种子及其亲本种子、林木良种繁殖材料生产经营的，以及符合国务院农业农村主管部门规定条件的实行选育生产经营相结合的农作物种子企业的种子生产经营许可证，由省、自治区、直辖市人民政府农业农村、林业草原主管部门核发。

前两款规定以外的其他种子的生产经营许可证，由生产经营者所在地县级以上地方人民政府农业农村、林业草原主管部门核发。

只从事非主要农作物种子和非主要林木种子生产的，不需要办理种子生产经营许可证。

第三十二条 申请取得种子生产经营许可证的，应当具有与种子生产经营相适应的生产经营设施、设备及专业技术人员，以及法规和国务院农业农村、林业草原主管部门规定的其他条件。

从事种子生产的，还应当同时具有繁殖种子的隔离和培育条件，具有无检疫性有害生物的种子生产地点或者县级以上人民政府林业草原主管部门确定的采种林。

申请领取具有植物新品种权的种子生产经营许可证的，应当征得植物新品种权所有人的书面同意。

第三十三条 种子生产经营许可证应当载明生产经营者名称、地址、法定代表人、生产种子的品种、地点和种子经营的范围、有效期限、有效区域等事项。

前款事项发生变更的，应当自变更之日起三十日内，向原核发许可证机关申请变更登记。

除本法另有规定外，禁止任何单位和个人无种子生产经营许可证或者违反种子生产经营许可证的规定生产、经营种子。禁止伪造、变造、买卖、租借种子生产经营许可证。

第三十四条 种子生产应当执行种子生产技术规程和种子检验、检疫规程，保证种子符合净度、纯度、发芽率等质量要求和检疫要求。

县级以上人民政府农业农村、林业草原主管部门应当指导、支持种子生产经营者采用先进的种子生产技术，改进生产工艺，提高种子质量。

第三十五条 在林木种子生产基地内采集种子的，由种子生产基地的经营者组织进行，采集种子应当按照国家有关标准进行。

禁止抢采掠青、损坏母树,禁止在劣质林内、劣质母树上采集种子。

第三十六条 种子生产经营者应当建立和保存包括种子来源、产地、数量、质量、销售去向、销售日期和有关责任人员等内容的生产经营档案,保证可追溯。种子生产经营档案的具体载明事项,种子生产经营档案及种子样品的保存期限由国务院农业农村、林业草原主管部门规定。

第三十七条 农民个人自繁自用的常规种子有剩余的,可以在当地集贸市场上出售、串换,不需要办理种子生产经营许可证。

第三十八条 种子生产经营许可证的有效区域由发证机关在其管辖范围内确定。种子生产经营者在种子生产经营许可证载明的有效区域设立分支机构的,专门经营不再分装的包装种子的,或者受具有种子生产经营许可证的种子生产经营者以书面委托生产、代销其种子的,不需要办理种子生产经营许可证,但应当向当地农业农村、林业草原主管部门备案。

实行选育生产经营相结合,符合国务院农业农村、林业草原主管部门规定条件的种子企业的生产经营许可证的有效区域为全国。

第三十九条 销售的种子应当加工、分级、包装。但是不能加工、包装的除外。

大包装或者进口种子可以分装;实行分装的,应当标注分装单位,并对种子质量负责。

第四十条 销售的种子应当符合国家或者行业标准,附有标签和使用说明。标签和使用说明标注的内容应当与销售的种子相符。种子生产经营者对标注内容的真实性和种子质量负责。

标签应当标注种子类别、品种名称、品种审定或者登记编号、品种适宜种植区域及季节、生产经营者及注册地、质量指标、检疫证明编号、种子生产经营许可证编号和信息代码,以及国务院农业农村、林业草原主管部门规定的其他事项。

销售授权品种种子的,应当标注品种权号。

销售进口种子的，应当附有进口审批文号和中文标签。

销售转基因植物品种种子的，必须用明显的文字标注，并应当提示使用时的安全控制措施。

种子生产经营者应当遵守有关法律、法规的规定，诚实守信，向种子使用者提供种子生产者信息、种子的主要性状、主要栽培措施、适应性等使用条件的说明、风险提示与有关咨询服务，不得作虚假或者引人误解的宣传。

任何单位和个人不得非法干预种子生产经营者的生产经营自主权。

第四十一条　种子广告的内容应当符合本法和有关广告的法律、法规的规定，主要性状描述等应当与审定、登记公告一致。

第四十二条　运输或者邮寄种子应当依照有关法律、行政法规的规定进行检疫。

第四十三条　种子使用者有权按照自己的意愿购买种子，任何单位和个人不得非法干预。

第四十四条　国家对推广使用林木良种造林给予扶持。国家投资或者国家投资为主的造林项目和国有林业单位造林，应当根据林业草原主管部门制定的计划使用林木良种。

第四十五条　种子使用者因种子质量问题或者因种子的标签和使用说明标注的内容不真实，遭受损失的，种子使用者可以向出售种子的经营者要求赔偿，也可以向种子生产者或者其他经营者要求赔偿。赔偿额包括购种价款、可得利益损失和其他损失。属于种子生产者或者其他经营者责任的，出售种子的经营者赔偿后，有权向种子生产者或者其他经营者追偿；属于出售种子的经营者责任的，种子生产者或者其他经营者赔偿后，有权向出售种子的经营者追偿。

第六章　种子监督管理

第四十六条　农业农村、林业草原主管部门应当加强对种子质量的监督检查。种子质量管理办法、行业标准和检验方法，由国务院农业农村、林业草原主管部门制定。

农业农村、林业草原主管部门可以采用国家规定的快速检测方法对生产经营的种子品种进行检测，检测结果可以作为行政处罚依据。被检查人对检测结果有异议的，可以申请复检，复检不得采用同一检测方法。因检测结果错误给当事人造成损失的，依法承担赔偿责任。

第四十七条　农业农村、林业草原主管部门可以委托种子质量检验机构对种子质量进行检验。

承担种子质量检验的机构应当具备相应的检测条件、能力，并经省级以上人民政府有关主管部门考核合格。

种子质量检验机构应当配备种子检验员。种子检验员应当具有中专以上有关专业学历，具备相应的种子检验技术能力和水平。

第四十八条　禁止生产经营假、劣种子。农业农村、林业草原主管部门和有关部门依法打击生产经营假、劣种子的违法行为，保护农民合法权益，维护公平竞争的市场秩序。

下列种子为假种子：

（一）以非种子冒充种子或者以此种品种种子冒充其他品种种子的；

（二）种子种类、品种与标签标注的内容不符或者没有标签的。

下列种子为劣种子：

（一）质量低于国家规定标准的；

（二）质量低于标签标注指标的；

（三）带有国家规定的检疫性有害生物的。

第四十九条　农业农村、林业草原主管部门是种子行政执法机关。种子执法人员依法执行公务时应当出示行政执法证件。农业农村、林业草原主管部门依法履行种子监督检查职责时，有权采取下列措施：

(一)进入生产经营场所进行现场检查;

(二)对种子进行取样测试、试验或者检验;

(三)查阅、复制有关合同、票据、账簿、生产经营档案及其他有关资料;

(四)查封、扣押有证据证明违法生产经营的种子,以及用于违法生产经营的工具、设备及运输工具等;

(五)查封违法从事种子生产经营活动的场所。

农业农村、林业草原主管部门依照本法规定行使职权,当事人应当协助、配合,不得拒绝、阻挠。

农业农村、林业草原主管部门所属的综合执法机构或者受其委托的种子管理机构,可以开展种子执法相关工作。

第五十条 种子生产经营者依法自愿成立种子行业协会,加强行业自律管理,维护成员合法权益,为成员和行业发展提供信息交流、技术培训、信用建设、市场营销和咨询等服务。

第五十一条 种子生产经营者可自愿向具有资质的认证机构申请种子质量认证。经认证合格的,可以在包装上使用认证标识。

第五十二条 由于不可抗力原因,为生产需要必须使用低于国家或者地方规定标准的农作物种子的,应当经用种地县级以上地方人民政府批准。

第五十三条 从事品种选育和种子生产经营以及管理的单位和个人应当遵守有关植物检疫法律、行政法规的规定,防止植物危险性病、虫、杂草及其他有害生物的传播和蔓延。

禁止任何单位和个人在种子生产基地从事检疫性有害生物接种试验。

第五十四条 省级以上人民政府农业农村、林业草原主管部门应当在统一的政府信息发布平台上发布品种审定、品种登记、新品种保护、种子生产经营许可、监督管理等信息。

国务院农业农村、林业草原主管部门建立植物品种标准样品库,为种子监督管理提供依据。

第五十五条 农业农村、林业草原主管部门及其工作人员，不得参与和从事种子生产经营活动。

第七章 种子进出口和对外合作

第五十六条 进口种子和出口种子必须实施检疫，防止植物危险性病、虫、杂草及其他有害生物传入境内和传出境外，具体检疫工作按照有关植物进出境检疫法律、行政法规的规定执行。

第五十七条 从事种子进出口业务的，应当具备种子生产经营许可证；其中，从事农作物种子进出口业务的，还应当按照国家有关规定取得种子进出口许可。

从境外引进农作物、林木种子的审定权限，农作物种子的进口审批办法，引进转基因植物品种的管理办法，由国务院规定。

第五十八条 进口种子的质量，应当达到国家标准或者行业标准。没有国家标准或者行业标准的，可以按照合同约定的标准执行。

第五十九条 为境外制种进口种子的，可以不受本法第五十七条第一款的限制，但应当具有对外制种合同，进口的种子只能用于制种，其产品不得在境内销售。

从境外引进农作物或者林木试验用种，应当隔离栽培，收获物也不得作为种子销售。

第六十条 禁止进出口假、劣种子以及属于国家规定不得进出口的种子。

第六十一条 国家建立种业国家安全审查机制。境外机构、个人投资、并购境内种子企业，或者与境内科研院所、种子企业开展技术合作，从事品种研发、种子生产经营的审批管理依照有关法律、行政法规的规定执行。

第八章　扶持措施

第六十二条　国家加大对种业发展的支持。对品种选育、生产、示范推广、种质资源保护、种子储备以及制种大县给予扶持。

国家鼓励推广使用高效、安全制种采种技术和先进适用的制种采种机械，将先进适用的制种采种机械纳入农机具购置补贴范围。

国家积极引导社会资金投资种业。

第六十三条　国家加强种业公益性基础设施建设，保障育种科研设施用地合理需求。

对优势种子繁育基地内的耕地，划入永久基本农田。优势种子繁育基地由国务院农业农村主管部门商所在省、自治区、直辖市人民政府确定。

第六十四条　对从事农作物和林木品种选育、生产的种子企业，按照国家有关规定给予扶持。

第六十五条　国家鼓励和引导金融机构为种子生产经营和收储提供信贷支持。

第六十六条　国家支持保险机构开展种子生产保险。省级以上人民政府可以采取保险费补贴等措施，支持发展种业生产保险。

第六十七条　国家鼓励科研院所及高等院校与种子企业开展育种科技人员交流，支持本单位的科技人员到种子企业从事育种成果转化活动；鼓励育种科研人才创新创业。

第六十八条　国务院农业农村、林业草原主管部门和异地繁育种子所在地的省、自治区、直辖市人民政府应当加强对异地繁育种子工作的管理和协调，交通运输部门应当优先保证种子的运输。

第九章 法律责任

第六十九条 农业农村、林业草原主管部门不依法作出行政许可决定,发现违法行为或者接到对违法行为的举报不予查处,或者有其他未依照本法规定履行职责的行为的,由本级人民政府或者上级人民政府有关部门责令改正,对负有责任的主管人员和其他直接责任人员依法给予处分。

违反本法第五十五条规定,农业农村、林业草原主管部门工作人员从事种子生产经营活动的,依法给予处分。

第七十条 违反本法第十六条规定,品种审定委员会委员和工作人员不依法履行职责,弄虚作假、徇私舞弊的,依法给予处分;自处分决定作出之日起五年内不得从事品种审定工作。

第七十一条 品种测试、试验和种子质量检验机构伪造测试、试验、检验数据或者出具虚假证明的,由县级以上人民政府农业农村、林业草原主管部门责令改正,对单位处五万元以上十万元以下罚款,对直接负责的主管人员和其他直接责任人员处一万元以上五万元以下罚款;有违法所得的,并处没收违法所得;给种子使用者和其他种子生产经营者造成损失的,与种子生产经营者承担连带责任;情节严重的,由省级以上人民政府有关主管部门取消种子质量检验资格。

第七十二条 违反本法第二十八条规定,有侵犯植物新品种权行为的,由当事人协商解决,不愿协商或者协商不成的,植物新品种权所有人或者利害关系人可以请求县级以上人民政府农业农村、林业草原主管部门进行处理,也可以直接向人民法院提起诉讼。

县级以上人民政府农业农村、林业草原主管部门,根据当事人自愿的原则,对侵犯植物新品种权所造成的损害赔偿可以进行调解。调解达成协议的,当事人应当履行;当事人不履行协议或者调解未达成协议的,植物新品种权所有人或者利害关系人可以依法向人民法院提起诉讼。

侵犯植物新品种权的赔偿数额按照权利人因被侵权所受到的实际损失确定;实际损失难以确定的,可以按照侵权人因侵权所获得的利益确定。权利人的损失或者侵权人获得的利益难以确定的,可以参照该植物新品种权许可使用费的倍数合理确定。故意侵犯植物新品种权,情节严重的,可以在按照上述方法确定数额的一倍以上五倍以下确定赔偿数额。

权利人的损失、侵权人获得的利益和植物新品种权许可使用费均难以确定的,人民法院可以根据植物新品种权的类型、侵权行为的性质和情节等因素,确定给予五百万元以下的赔偿。

赔偿数额应当包括权利人为制止侵权行为所支付的合理开支。

县级以上人民政府农业农村、林业草原主管部门处理侵犯植物新品种权案件时,为了维护社会公共利益,责令侵权人停止侵权行为,没收违法所得和种子;货值金额不足五万元的,并处一万元以上二十五万元以下罚款;货值金额五万元以上的,并处货值金额五倍以上十倍以下罚款。

假冒授权品种的,由县级以上人民政府农业农村、林业草原主管部门责令停止假冒行为,没收违法所得和种子;货值金额不足五万元的,并处一万元以上二十五万元以下罚款;货值金额五万元以上的,并处货值金额五倍以上十倍以下罚款。

第七十三条 当事人就植物新品种的申请权和植物新品种权的权属发生争议的,可以向人民法院提起诉讼。

第七十四条 违反本法第四十八条规定,生产经营假种子的,由县级以上人民政府农业农村、林业草原主管部门责令停止生产经营,没收违法所得和种子,吊销种子生产经营许可证;违法生产经营的货值金额不足二万元的,并处二万元以上二十万元以下罚款;货值金额二万元以上的,并处货值金额十倍以上二十倍以下罚款。

因生产经营假种子犯罪被判处有期徒刑以上刑罚的,种子企业或者其他单位的法定代表人、直接负责的主管人员自刑罚执行完毕之日起五年内不得担任种子企业的法定代表人、高级管理人员。

第七十五条 违反本法第四十八条规定,生产经营劣种子的,由县级以上人民政府农业农村、林业草原主管部门责令停止生产经营,没收违法所得和种子;违法生产经营的货值金额不足二万元的,并处一万元以上十万元以下罚款;货值金额二万元以上的,并处货值金额五倍以上十倍以下罚款;情节严重的,吊销种子生产经营许可证。

因生产经营劣种子犯罪被判处有期徒刑以上刑罚的,种子企业或者其他单位的法定代表人、直接负责的主管人员自刑罚执行完毕之日起五年内不得担任种子企业的法定代表人、高级管理人员。

第七十六条 违反本法第三十二条、第三十三条、第三十四条规定,有下列行为之一的,由县级以上人民政府农业农村、林业草原主管部门责令改正,没收违法所得和种子;违法生产经营的货值金额不足一万元的,并处三千元以上三万元以下罚款;货值金额一万元以上的,并处货值金额三倍以上五倍以下罚款;可以吊销种子生产经营许可证:

(一)未取得种子生产经营许可证生产经营种子的;

(二)以欺骗、贿赂等不正当手段取得种子生产经营许可证的;

(三)未按照种子生产经营许可证的规定生产经营种子的;

(四)伪造、变造、买卖、租借种子生产经营许可证的;

(五)不再具有繁殖种子的隔离和培育条件,或者不再具有无检疫性有害生物的种子生产地点或者县级以上人民政府林业草原主管部门确定的采种林,继续从事种子生产的;

(六)未执行种子检验、检疫规程生产种子的。

被吊销种子生产经营许可证的单位,其法定代表人、直接负责的主管人员自处罚决定作出之日起五年内不得担任种子企业的法定代表人、高级管理人员。

第七十七条 违反本法第二十一条、第二十二条、第二十三条规定，有下列行为之一的，由县级以上人民政府农业农村、林业草原主管部门责令停止违法行为，没收违法所得和种子，并处二万元以上二十万元以下罚款：

（一）对应当审定未经审定的农作物品种进行推广、销售的；

（二）作为良种推广、销售应当审定未经审定的林木品种的；

（三）推广、销售应当停止推广、销售的农作物品种或者林木良种的；

（四）对应当登记未经登记的农作物品种进行推广，或者以登记品种的名义进行销售的；

（五）对已撤销登记的农作物品种进行推广，或者以登记品种的名义进行销售的。

违反本法第二十三条、第四十一条规定，对应当审定未经审定或者应当登记未经登记的农作物品种发布广告，或者广告中有关品种的主要性状描述的内容与审定、登记公告不一致的，依照《中华人民共和国广告法》的有关规定追究法律责任。

第七十八条 违反本法第五十七条、第五十九条、第六十条规定，有下列行为之一的，由县级以上人民政府农业农村、林业草原主管部门责令改正，没收违法所得和种子；违法生产经营的货值金额不足一万元的，并处三千元以上三万元以下罚款；货值金额一万元以上的，并处货值金额三倍以上五倍以下罚款；情节严重的，吊销种子生产经营许可证：

（一）未经许可进出口种子的；

（二）为境外制种的种子在境内销售的；

（三）从境外引进农作物或者林木种子进行引种试验的收获物作为种子在境内销售的；

（四）进出口假、劣种子或者属于国家规定不得进出口的种子的。

第七十九条 违反本法第三十六条、第三十八条、第三十九条、第四十条规定,有下列行为之一的,由县级以上人民政府农业农村、林业草原主管部门责令改正,处二千元以上二万元以下罚款:

(一)销售的种子应当包装而没有包装的;

(二)销售的种子没有使用说明或者标签内容不符合规定的;

(三)涂改标签的;

(四)未按规定建立、保存种子生产经营档案的;

(五)种子生产经营者在异地设立分支机构、专门经营不再分装的包装种子或者受委托生产、代销种子,未按规定备案的。

第八十条 违反本法第八条规定,侵占、破坏种质资源,私自采集或者采伐国家重点保护的天然种质资源的,由县级以上人民政府农业农村、林业草原主管部门责令停止违法行为,没收种质资源和违法所得,并处五千元以上五万元以下罚款;造成损失的,依法承担赔偿责任。

第八十一条 违反本法第十一条规定,向境外提供或者从境外引进种质资源,或者与境外机构、个人开展合作研究利用种质资源的,由国务院或者省、自治区、直辖市人民政府的农业农村、林业草原主管部门没收种质资源和违法所得,并处二万元以上二十万元以下罚款。

未取得农业农村、林业草原主管部门的批准文件携带、运输种质资源出境的,海关应当将该种质资源扣留,并移送省、自治区、直辖市人民政府农业农村、林业草原主管部门处理。

第八十二条 违反本法第三十五条规定,抢采掠青、损坏母树或者在劣质林内、劣质母树上采种的,由县级以上人民政府林业草原主管部门责令停止采种行为,没收所采种子,并处所采种子货值金额二倍以上五倍以下罚款。

第八十三条 违反本法第十七条规定,种子企业有造假行为的,由省级以上人民政府农业农村、林业草原主管部门处一百万元以上五百万元以下罚款;不得再依照本法第十七条的规定申请品种审定;给种子使用者和其他种子生产经营者造成损失的,依法承担赔偿责任。

第八十四条 违反本法第四十四条规定,未根据林业草原主管部门制定的计划使用林木良种的,由同级人民政府林业草原主管部门责令限期改正;逾期未改正的,处三千元以上三万元以下罚款。

第八十五条 违反本法第五十三条规定,在种子生产基地进行检疫性有害生物接种试验的,由县级以上人民政府农业农村、林业草原主管部门责令停止试验,处五千元以上五万元以下罚款。

第八十六条 违反本法第四十九条规定,拒绝、阻挠农业农村、林业草原主管部门依法实施监督检查的,处二千元以上五万元以下罚款,可以责令停产停业整顿;构成违反治安管理行为的,由公安机关依法给予治安管理处罚。

第八十七条 违反本法第十三条规定,私自交易育种成果,给本单位造成经济损失的,依法承担赔偿责任。

第八十八条 违反本法第四十三条规定,强迫种子使用者违背自己的意愿购买、使用种子,给使用者造成损失的,应当承担赔偿责任。

第八十九条 违反本法规定,构成犯罪的,依法追究刑事责任。

第十章 附 则

第九十条 本法下列用语的含义是:

(一)种质资源是指选育植物新品种的基础材料,包括各种植物的栽培种、野生种的繁殖材料以及利用上述繁殖材料人工创造的各种植物的遗传材料。

(二)品种是指经过人工选育或者发现并经过改良,形态特征和生物学特性一致,遗传性状相对稳定的植物群体。

(三)主要农作物是指稻、小麦、玉米、棉花、大豆。

（四）主要林木由国务院林业草原主管部门确定并公布；省、自治区、直辖市人民政府林业草原主管部门可以在国务院林业草原主管部门确定的主要林木之外确定其他八种以下的主要林木。

（五）林木良种是指通过审定的主要林木品种，在一定的区域内，其产量、适应性、抗性等方面明显优于当前主栽材料的繁殖材料和种植材料。

（六）新颖性是指申请植物新品种权的品种在申请日前，经申请权人自行或者同意销售、推广其种子，在中国境内未超过一年；在境外，木本或者藤本植物未超过六年，其他植物未超过四年。

本法施行后新列入国家植物品种保护名录的植物的属或者种，从名录公布之日起一年内提出植物新品种权申请的，在境内销售、推广该品种种子未超过四年的，具备新颖性。

除销售、推广行为丧失新颖性外，下列情形视为已丧失新颖性：

1. 品种经省、自治区、直辖市人民政府农业农村、林业草原主管部门依据播种面积确认已经形成事实扩散的；

2. 农作物品种已审定或者登记两年以上未申请植物新品种权的。

（七）特异性是指一个植物品种有一个以上性状明显区别于已知品种。

（八）一致性是指一个植物品种的特性除可预期的自然变异外，群体内个体间相关的特征或者特性表现一致。

（九）稳定性是指一个植物品种经过反复繁殖后或者在特定繁殖周期结束时，其主要性状保持不变。

（十）实质性派生品种是指由原始品种实质性派生，或者由该原始品种的实质性派生品种派生出来的品种，与原始品种有明显区别，并且除派生引起的性状差异外，在表达由原始品种基因型或者基因型组合产生的基本性状方面与原始品种相同。

（十一）已知品种是指已受理申请或者已通过品种审定、品种登记、新品种保护,或者已经销售、推广的植物品种。

(十二)标签是指印制、粘贴、固定或者附着在种子、种子包装物表面的特定图案及文字说明。

第九十一条 国家加强中药材种质资源保护,支持开展中药材育种科学技术研究。

草种、烟草种、中药材种、食用菌菌种的种质资源管理和选育、生产经营、管理等活动,参照本法执行。

第九十二条 本法自2016年1月1日起施行。

农作物种子生产经营许可管理办法
(2022年第二次修订)

(2016年7月8日农业部令2016年第5号公布,2017年11月30日农业部令2017年第8号、2019年4月25日农业农村部令2019年第2号、2020年7月8日农业农村部令2020年第5号、2022年1月7日农业农村部令2022年第1号、2022年1月21日农业农村部令2022年第2号修订)

第一章 总　　则

第一条 为加强农作物种子生产经营许可管理,规范农作物种子生产经营秩序,根据《中华人民共和国种子法》,制定本办法。

第二条 农作物种子生产经营许可证的申请、审核、核发和监管，适用本办法。

第三条 县级以上人民政府农业农村主管部门按照职责分工，负责农作物种子生产经营许可证的受理、审核、核发和监管工作。

第四条 负责审核、核发农作物种子生产经营许可证的农业农村主管部门，应当将农作物种子生产经营许可证的办理条件、程序等在办公场所公开。

第五条 农业农村主管部门应当按照保障农业生产安全、提升农作物品种选育和种子生产经营水平、促进公平竞争、强化事中事后监管的原则，依法加强农作物种子生产经营许可管理。

第二章 申请条件

第六条 申请领取种子生产经营许可证的企业，应当具有与种子生产经营相适应的设施、设备、品种及人员，符合本办法规定的条件。

第七条 申请领取主要农作物常规种子或非主要农作物种子生产经营许可证的企业，应当具备以下条件：

（一）基本设施。生产经营主要农作物常规种子的，具有办公场所150平方米以上、检验室100平方米以上、加工厂房500平方米以上、仓库500平方米以上；生产经营非主要农作物种子的，具有办公场所100平方米以上、检验室50平方米以上、加工厂房100平方米以上、仓库100平方米以上；

（二）检验仪器。具有净度分析台、电子秤、样品粉碎机、烘箱、生物显微镜、电子天平、扦样器、分样器、发芽箱等检验仪器，满足种子质量常规检测需要；

（三）加工设备。具有与其规模相适应的种子加工、包装等设备。其中，生产经营主要农作物常规种子的，应当具有种子加工成套设备，生产经营常规小麦种子的，成套设备总加工能力10吨/小时以上；生产经营常规稻种子的，成套设备总加工能力5吨/小时以上；生产经营常规大豆种子的，成套设备总加工能力3吨/小时以上；生产经营常规棉花种子的，成套设备总加工能力1吨/小时以上；

（四）人员。具有种子生产、加工贮藏和检验专业技术人员各2名以上；

（五）品种。生产经营主要农作物常规种子的，生产经营的品种应当通过审定，并具有1个以上与申请作物类别相应的审定品种；生产经营登记作物种子的，应当具有1个以上的登记品种。生产经营授权品种种子的，应当征得品种权人的书面同意；

（六）生产环境。生产地点无检疫性有害生物，并具有种子生产的隔离和培育条件；

（七）农业农村部规定的其他条件。

第八条 申请领取主要农作物杂交种子及其亲本种子生产经营许可证的企业，应当具备以下条件：

（一）基本设施。具有办公场所200平方米以上、检验室150平方米以上、加工厂房500平方米以上、仓库500平方米以上；

（二）检验仪器。除具备本办法第七条第二项规定的条件外，还应当具有PCR扩增仪及产物检测配套设备、酸度计、高压灭菌锅、磁力搅拌器、恒温水浴锅、高速冷冻离心机、成套移液器等仪器设备，能够开展种子水分、净度、纯度、发芽率四项指标检测及品种分子鉴定；

（三）加工设备。具有种子加工成套设备，生产经营杂交玉米种子的，成套设备总加工能力10吨/小时以上；生产经营杂交稻种子的，成套设备总加工能力5吨/小时以上；生产经营其他主要农作物杂交种子的，成套设备总加工能力1吨/小时以上；

（四）人员。具有种子生产、加工贮藏和检验专业技术人员各5名以上；

（五）品种。生产经营的品种应当通过审定，并具有自育品种或作为第一选育人的审定品种1个以上，或者合作选育的审定品种2个以上，或者受让品种权

的品种3个以上。生产经营授权品种种子的,应当征得品种权人的书面同意;

(六)具有本办法第七条第六项规定的条件;

(七)农业农村部规定的其他条件。

第九条 申请领取实行选育生产经营相结合、有效区域为全国的种子生产经营许可证的企业,应当具备以下条件:

(一)基本设施。具有办公场所500平方米以上,冷藏库200平方米以上。生产经营主要农作物种子或马铃薯种薯的,具有检验室300平方米以上;生产经营其他农作物种子的,具有检验室200平方米以上。生产经营杂交玉米、杂交稻、小麦种子或马铃薯种薯的,具有加工厂房1000平方米以上、仓库2000平方米以上;生产经营棉花、大豆种子的,具有加工厂房500平方米以上、仓库500平方米以上;生产经营其他农作物种子的,具有加工厂房200平方米以上、仓库500平方米以上;

(二)育种机构及测试网络。具有专门的育种机构和相应的育种材料,建有完整的科研育种档案。生产经营杂交玉米、杂交稻种子的,在全国不同生态区有测试点30个以上和相应的播种、收获、考种设施设备;生产经营其他农作物种子的,在全国不同生态区有测试点10个以上和相应的播种、收获、考种设施设备;

(三)育种基地。具有自有或租用(租期不少于5年)的科研育种基地。生产经营杂交玉米、杂交稻种子的,具有分布在不同生态区的育种基地5处以上、总面积200亩以上;生产经营其他农作物种子的,具有分布在不同生态区的育种基地3处以上、总面积100亩以上;

(四)品种。生产经营主要农作物种子的,生产经营的品种应当通过审定,并具有相应作物的作为第一育种者的国家级审定品种3个以上,或者省级审定品种6个以上(至少包含3个省份审定通过),或者国家级审定品种2个和省级审定品种3个以上,或者国家级审定品种1个和省级审定品种5个以上。生产经营杂交稻种子同时生产经营常规稻种子的,除具有杂交稻要求的品种条件外,还应当具有常规稻的作为第一育种者的国家级审定品种1个以上或者省级审定品种3个以上。生产经营非主要农作物种子的,应当具有相应作物的以本企业名义单独申请获得植物新品种权的品种5个以上。生产经营授权品种种子的,应当征得品种权人的书面同意;

(五)生产规模。生产经营杂交玉米种子的,近3年年均种子生产面积2万亩以上;生产经营杂交稻种子的,近3年年均种子生产面积1万亩以上;生产经营其他农作物种子的,近3年年均种子生产的数量不低于该类作物100万亩的大田用种量;

(六)种子经营。具有健全的销售网络和售后服务体系。生产经营杂交玉米种子的,在申请之日前3年内至少有1年,杂交玉米种子销售额2亿元以上或占该类种子全国市场份额的1%以上;生产经营杂交稻种子的,在申请之日前3年内至少有1年,杂交稻种子销售额1.2亿元以上或占该类种子全国市场份额的1%以上;生产经营蔬菜种子的,在申请之日前3年内至少有1年,蔬菜种子销售额8000万元以上或占该类种子全国市场份额的1%以上;生产经营其他农作物种子的,在申请之日前3年内至少有1年,其种子销售额占该类种子全国市场份额的1%以上;

(七)种子加工。具有种子加工成套设备,生产经营杂交玉米、小麦种子的,总加工能力20吨/小时以上;生产经营杂交稻种子的,总加工能力10吨/小时以上(含窝眼清选设备);生产经营大豆种子的,总加工能力5吨/小时以上;生产经营其他农作物种子的,总加工能力1吨/小时以上。生产经营杂交玉米、杂交稻、小麦种子的,还应当具有相应的干燥设备;

(八)人员。生产经营杂交玉米、杂交稻种子的,具有本科以上学历或中级以上职称的专业育种人员10人以上;生产经营其他农作物种子的,具有本科以上学历或中级以上职称的专业育种人员6人以上。生产经营主要农作物种子的,具有专职的种子生产、加工贮藏和检验专业技术人员各5名以上;生产经营非主

要农作物种子的,具有专职的种子生产、加工贮藏和检验专业技术人员各3名以上;

(九)具有本办法第七条第六项、第八条第二项规定的条件;

(十)农业农村部规定的其他条件。

第十条 申请领取转基因农作物种子生产经营许可证的企业,应当具备下列条件:

(一)农业转基因生物安全管理人员2名以上;

(二)种子生产地点、经营区域在农业转基因生物安全证书批准的区域内;

(三)有符合要求的隔离和生产条件;

(四)有相应的农业转基因生物安全管理、防范措施;

(五)农业农村部规定的其他条件。

从事种子进出口业务、转基因农作物种子生产经营的企业和外商投资企业申请领取种子生产经营许可证,除具备本办法规定的相应农作物种子生产经营许可证核发的条件外,还应当符合有关法律、行政法规规定的其他条件。

第十一条 申请领取种子生产经营许可证,应当提交以下材料:

(一)种子生产经营许可证申请表(式样见附件1);

(二)单位性质、股权结构等基本情况,公司章程、营业执照复印件,设立分支机构、委托生产种子、委托代销种子以及以购销方式销售种子等情况说明;

(三)种子生产、加工贮藏、检验专业技术人员和农业转基因生物安全管理人员的基本情况,企业法定代表人和高级管理人员名单及其种业从业简历;

(四)种子检验室、加工厂房、仓库和其他设施的自有产权或自有资产的证明材料;办公场所自有产权证明复印件或租赁合同;种子检验、加工等设备清单和购置发票复印件;相关设施设备的情况说明及实景照片;

(五)品种审定证书复印件;生产经营转基因农作物种子的,提交农业转基因生物安全证书复印件;生产经营授权品种种子的,提交植物新品种权证书复印件及品种权人的书面同意证明；

（六）委托种子生产合同复印件或自行组织种子生产的情况说明和证明材料；

（七）种子生产地点检疫证明；

（八）农业转基因生物安全管理、防范措施和隔离、生产条件的说明；

（九）农业农村部规定的其他材料。

第十二条 申请领取选育生产经营相结合、有效区域为全国的种子生产经营许可证，除提交本办法第十一条所规定的材料外，还应当提交以下材料：

（一）自有科研育种基地证明或租用科研育种基地的合同复印件；

（二）品种试验测试网络和测试点情况说明，以及相应的播种、收获、烘干等设备设施的自有产权证明复印件及实景照片；

（三）育种机构、科研投入及育种材料、科研活动等情况说明和证明材料，育种人员基本情况及其企业缴纳的社保证明复印件；

（四）近三年种子生产地点、面积和基地联系人等情况说明和证明材料；

（五）种子经营量、经营额及其市场份额的情况说明和证明材料；

（六）销售网络和售后服务体系的建设情况。

第三章 受理、审核与核发

第十三条 种子生产经营许可证实行分级审核、核发。

（一）从事主要农作物常规种子生产经营及非主要农作物种子经营的，其种子生产经营许可证由企业所在地县级以上地方农业农村主管部门核发；

（二）从事主要农作物杂交种子及其亲本种子生产经营以及实行选育生产经营相结合、有效区域为全国的种子企业，其种子生产经营许可证由企业所在地县级农业农村主管部门审核，省、自治区、直辖市农业农村主管部门核发；

（三）从事农作物种子进出口业务以及转基因农作物种子生产经营的，其种子生产经营许可证由农业农村部核发。

第十四条 农业农村主管部门对申请人提出的种子生产经营许可申请，应当根据下列情况分别作出处理：

（一）不需要取得种子生产经营许可的，应当即时告知申请人不受理；

（二）不属于本部门职权范围的，应当即时作出不予受理的决定，并告知申请人向有关部门申请；

（三）申请材料存在可以当场更正的错误的，应当允许申请人当场更正；

（四）申请材料不齐全或者不符合法定形式的，应当当场或者在五个工作日内一次告知申请人需要补正的全部内容，逾期不告知的，自收到申请材料之日起即为受理；

（五）申请材料齐全、符合法定形式，或者申请人按照要求提交全部补正申请材料的，应当予以受理。

第十五条 审核机关应当对申请人提交的材料进行审查，并对申请人的办公场所和种子加工、检验、仓储等设施设备进行实地考察，查验相关申请材料原件。

审核机关应当自受理申请之日起二十个工作日内完成审核工作。具备本办法规定条件的，签署审核意见，上报核发机关；审核不予通过的，书面通知申请人并说明理由。

第十六条 核发机关应当自受理申请或收到审核意见之日起二十个工作日内完成核发工作。核发机关认为有必要的，可以进行实地考察并查验原件。符合条件的，发给种子生产经营许可证并予公告；不符合条件的，书面通知申请人并说明理由。

选育生产经营相结合、有效区域为全国的种子生产经营许可证，核发机关应当在核发前在中国种业信息网公示五个工作日。

第四章　许可证管理

第十七条　种子生产经营许可证设主证、副证(式样见附件2)。主证注明许可证编号、企业名称、统一社会信用代码、住所、法定代表人、生产经营范围、生产经营方式、有效区域、有效期至、发证机关、发证日期;副证注明生产种子的作物种类、种子类别、品种名称及审定(登记)编号、种子生产地点等内容。

(一)许可证编号为"__(××××)农种许字(××××)第××××号"。"__"上标注生产经营类型,A为实行选育生产经营相结合,B为主要农作物杂交种子及其亲本种子,C为其他主要农作物种子,D为非主要农作物种子,E为种子进出口,F为外商投资企业,G为转基因农作物种子;第一个括号内为发证机关所在地简称,格式为"省地县";第二个括号内为首次发证时的年号;"第××××号"为四位顺序号;

(二)生产经营范围按生产经营种子的作物名称填写,蔬菜、花卉、麻类按作物类别填写;

(三)生产经营方式按生产、加工、包装、批发、零售或进出口填写;

(四)有效区域。实行选育生产经营相结合的种子生产经营许可证的有效区域为全国。其他种子生产经营许可证的有效区域由发证机关在其管辖范围内确定;

(五)生产地点为种子生产所在地,主要农作物杂交种子标注至县级行政区域,其他作物标注至省级行政区域。

种子生产经营许可证加注许可信息代码。许可信息代码应当包括种子生产经营许可相关内容,由发证机关打印许可证书时自动生成。

第十八条　种子生产经营许可证载明的有效区域是指企业设立分支机构的区域。

种子生产地点不受种子生产经营许可证载明的有效区域限制，由发证机关根据申请人提交的种子生产合同复印件及无检疫性有害生物证明确定。

种子销售活动不受种子生产经营许可证载明的有效区域限制，但种子的终端销售地应当在品种审定、品种登记或标签标注的适宜区域内。

第十九条 种子生产经营许可证有效期为五年。转基因农作物种子生产经营许可证有效期不得超出农业转基因生物安全证书规定的有效期限。

在有效期内变更主证载明事项的，应当向原发证机关申请变更并提交相应材料，原发证机关应当依法进行审查，办理变更手续。

在有效期内变更副证载明的生产种子的品种、地点等事项的，应当在播种三十日前向原发证机关申请变更并提交相应材料，申请材料齐全且符合法定形式的，原发证机关应当当场予以变更登记。

种子生产经营许可证期满后继续从事种子生产经营的，企业应当在期满六个月前重新提出申请。

第二十条 在种子生产经营许可证有效期内，有下列情形之一的，发证机关应当注销许可证，并予以公告：

（一）企业停止生产经营活动一年以上的；

（二）企业不再具备本办法规定的许可条件，经限期整改仍达不到要求的。

第五章 监督检查

第二十一条 有下列情形之一的，不需要办理种子生产经营许可证：

（一）农民个人自繁自用常规种子有剩余，在当地集贸市场上出售、串换的；

（二）在种子生产经营许可证载明的有效区域设立分支机构的；

（三）专门经营不再分装的包装种子的；

（四）受具有种子生产经营许可证的企业书面委托生产、代销其种子的。

前款第一项所称农民，是指以家庭联产承包责任制的形式签订农村土地承包合同的农民；所称当地集贸市场，是指农民所在的乡(镇)区域。农民个人出售、串换的种子数量不应超过其家庭联产承包土地的年度用种量。违反本款规定出售、串换种子的，视为无证生产经营种子。

第二十二条 种子生产经营者在种子生产经营许可证载明有效区域设立的分支机构，应当在取得或变更分支机构营业执照后十五个工作日内向当地县级农业农村主管部门备案。备案时应当提交分支机构的营业执照复印件、设立企业的种子生产经营许可证复印件以及分支机构名称、住所、负责人、联系方式等材料(式样见附件3)。

第二十三条 专门经营不再分装的包装种子或者受具有种子生产经营许可证的企业书面委托代销其种子的，应当在种子销售前向当地县级农业农村主管部门备案，并建立种子销售台账。备案时应当提交种子销售者的营业执照复印件、种子购销凭证或委托代销合同复印件，以及种子销售者名称、住所、经营方式、负责人、联系方式、销售地点、品种名称、种子数量等材料(式样见附件4)。种子销售台账应当如实记录销售种子的品种名称、种子数量、种子来源和种子去向。

第二十四条 受具有种子生产经营许可证的企业书面委托生产其种子的，应当在种子播种前向当地县级农业农村主管部门备案。受委托生产转基因农作物种子的，应当有专门的管理人员和经营档案，有相应的安全管理、防范措施及国务院农业农村主管部门规定的其他条件。备案时应当提交委托企业的种子生产经营许可证复印件、委托生产合同，以及种子生产者名称、住所、负责人、联系方式、品种名称、生产地点、生产面积等材料(式样见附件5)。受托生产杂交玉米、杂交稻种子的，还应当提交与生产所在地农户、农民合作组织或村委会的生产协议。受委托生产转基因种子的，还应当提交转基因生物安全证书复印件。

第二十五条 种子生产经营者应当建立包括种子田间生产、加工包装、销售

流通等环节形成的原始记载或凭证的种子生产经营档案,具体内容如下:

(一)田间生产方面:技术负责人,作物类别、品种名称、亲本(原种)名称、亲本(原种)来源,生产地点、生产面积、播种日期、隔离措施、产地检疫、收获日期、种子产量等。委托种子生产的,还应当包括种子委托生产合同。

(二)加工包装方面:技术负责人,品种名称、生产地点,加工时间、加工地点、包装规格、种子批次、标签标注,入库时间、种子数量、质量检验报告等。

(三)流通销售方面:经办人,种子销售对象姓名及地址、品种名称、包装规格、销售数量、销售时间、销售票据。批量购销的,还应包括种子购销合同。

种子生产经营者应当至少保存种子生产经营档案五年,确保档案记载信息连续、完整、真实,保证可追溯。档案材料含有复印件的,应当注明复印时间并经相关责任人签章。

第二十六条 种子生产经营者应当按批次保存所生产经营的种子样品,样品至少保存该类作物两个生产周期。

第二十七条 申请人故意隐瞒有关情况或者提供虚假材料申请种子生产经营许可证的,农业农村主管部门应当不予许可,并将申请人的不良行为记录在案,纳入征信系统。申请人在一年内不得再次申请种子生产经营许可证。

申请人以欺骗、贿赂等不正当手段取得种子生产经营许可证的,农业农村主管部门应当撤销种子生产经营许可证,并将申请人的不良行为记录在案,纳入征信系统。申请人在三年内不得再次申请种子生产经营许可证。

第二十八条 农业农村主管部门应当对种子生产经营行为进行监督检查,发现不符合本办法的违法行为,按照《中华人民共和国种子法》有关规定进行处理。

核发、撤销、吊销、注销种子生产经营许可证的有关信息,农业农村主管部门应当依法予以公布,并在中国种业信息网上及时更新信息。

对管理过程中获知的种子生产经营者的商业秘密,农业农村主管部门及其工作人员应当依法保密。

第二十九条 上级农业农村主管部门应当对下级农业农村主管部门的种子生产经营许可行为进行监督检查。有下列情形的,责令改正,对直接负责的主管人员和其他直接责任人依法给予行政处分;涉嫌犯罪的,及时将案件移送司法机关,依法追究刑事责任:

(一)未按核发权限发放种子生产经营许可证的;

(二)擅自降低核发标准发放种子生产经营许可证的;

(三)其他未依法核发种子生产经营许可证的。

第六章 附 则

第三十条 本办法所称种子生产经营,是指种植、采收、干燥、清选、分级、包衣、包装、标识、贮藏、销售及进出口种子的活动;种子生产是指繁(制)种的种植、采收的田间活动。

第三十一条 本办法所称种子加工成套设备,是指主机和配套系统相互匹配并固定安装在加工厂房内,实现种子精选、包衣、计量和包装基本功能的加工系统。主机主要包括风筛清选机(风选部分应具有前后吸风道,双沉降室;筛选部分应具有三层以上筛片)、比重式清选机和电脑计量包装设备;配套系统主要包括输送系统、储存系统、除尘系统、除杂系统和电控系统。

第三十二条 本办法规定的科研育种、生产、加工、检验、贮藏等设施设备,应为申请企业自有产权或自有资产,或者为其绝对控股子公司的自有产权或自有资产。办公场所应在种子生产经营许可证核发机关所辖行政区域,可以租赁。对申请企业绝对控股子公司的自有品种可以视为申请企业的自有品种。申请企业的绝对控股子公司不可重复利用上述办证条件申请办理种子生产经营许可证。

第三十三条 本办法所称不再分装的包装种子，是指按有关规定和标准包装的、不再分拆的最小包装种子。分装种子的，应当取得种子生产经营许可证，保证种子包装的完整性，并对其所分装种子负责。

有性繁殖作物的籽粒、果实，包括颖果、荚果、蒴果、核果等以及马铃薯微型脱毒种薯应当包装。无性繁殖的器官和组织、种苗以及不宜包装的非籽粒种子可以不包装。

种子包装应当符合有关国家标准或者行业标准。

第三十四条 申请领取鲜食、爆裂玉米的种子生产经营许可证的，按非主要农作物种子的许可条件办理。

第三十五条 生产经营无性繁殖的器官和组织、种苗、种薯以及不宜包装的非籽粒种子的，应当具有相适应的设施、设备、品种及人员，具体办法由省级农业农村主管部门制定，报农业农村部备案。

第三十六条 没有设立农业农村主管部门的行政区域，种子生产经营许可证由上级行政区域农业农村主管部门审核、核发。

第三十七条 种子生产经营许可证由农业农村部统一印制，相关表格格式由农业农村部统一制定。种子生产经营许可证的申请、受理、审核、核发和打印，以及种子生产经营备案管理，在中国种业信息网统一进行。

第三十八条 本办法自2016年8月15日起施行。农业部2011年8月22日公布、2015年4月29日修订的《农作物种子生产经营许可管理办法》（农业部令2011年第3号）和2001年2月26日公布的《农作物商品种子加工包装规定》（农业部令第50号）同时废止。

本办法施行之日前已取得的农作物种子生产、经营许可证有效期不变，有效期在本办法发布之日至2016年8月15日届满的企业，其原有种子生产、经营许可证的有效期自动延展至2016年12月31日。

本办法施行之日前已取得农作物种子生产、经营许可证且在有效期内，申请变更许可证载明事项的,按本办法第十三条规定程序办理。

中华人民共和国
农业机械化促进法(2018年修正)

(2004年6月25日第十届全国人民代表大会常务委员会第十次会议通过 根据2018年10月26日第十三届全国人民代表大会常务委员会第六次会议《关于修改〈中华人民共和国野生动物保护法〉等十五部法律的决定》修正)

目 录

第一章 总 则
第二章 科研开发
第三章 质量保障
第四章 推广使用
第五章 社会化服务
第六章 扶持措施
第七章 法律责任
第八章 附 则

第一章 总 则

第一条 为了鼓励、扶持农民和农业生产经营组织使用先进适用的农业机械,促进农业机械化,建设现代农业,制定本法。

第二条 本法所称农业机械化,是指运用先进适用的农业机械装备农业,改善农业生产经营条件,不断提高农业的生产技术水平和经济效益、生态效益的过程。

本法所称农业机械,是指用于农业生产及其产品初加工等相关农事活动的机械、设备。

第三条 县级以上人民政府应当把推进农业机械化纳入国民经济和社会发展计划,采取财政支持和实施国家规定的税收优惠政策以及金融扶持等措施,逐步提高对农业机械化的资金投入,充分发挥市场机制的作用,按照因地制宜、经济有效、保障安全、保护环境的原则,促进农业机械化的发展。

第四条 国家引导、支持农民和农业生产经营组织自主选择先进适用的农业机械。任何单位和个人不得强迫农民和农业生产经营组织购买其指定的农业机械产品。

第五条 国家采取措施,开展农业机械化科技知识的宣传和教育,培养农业机械化专业人才,推进农业机械化信息服务,提高农业机械化水平。

第六条 国务院农业行政主管部门和其他负责农业机械化有关工作的部门,按照各自的职责分工,密切配合,共同做好农业机械化促进工作。

县级以上地方人民政府主管农业机械化工作的部门和其他有关部门,按照各自的职责分工,密切配合,共同做好本行政区域的农业机械化促进工作。

第二章 科研开发

第七条 省级以上人民政府及其有关部门应当组织有关单位采取技术攻

关、试验、示范等措施,促进基础性、关键性、公益性农业机械科学研究和先进适用的农业机械的推广应用。

第八条 国家支持有关科研机构和院校加强农业机械化科学技术研究,根据不同的农业生产条件和农民需求,研究开发先进适用的农业机械;支持农业机械科研、教学与生产、推广相结合,促进农业机械与农业生产技术的发展要求相适应。

第九条 国家支持农业机械生产者开发先进适用的农业机械,采用先进技术、先进工艺和先进材料,提高农业机械产品的质量和技术水平,降低生产成本,提供系列化、标准化、多功能和质量优良、节约能源、价格合理的农业机械产品。

第十条 国家支持引进、利用先进的农业机械、关键零配件和技术,鼓励引进外资从事农业机械的研究、开发、生产和经营。

第三章 质量保障

第十一条 国家加强农业机械化标准体系建设,制定和完善农业机械产品质量、维修质量和作业质量等标准。对农业机械产品涉及人身安全、农产品质量安全和环境保护的技术要求,应当按照有关法律、行政法规的规定制定强制执行的技术规范。

第十二条 市场监督管理部门应当依法组织对农业机械产品质量的监督抽查,加强对农业机械产品市场的监督管理工作。

国务院农业行政主管部门和省级人民政府主管农业机械化工作的部门根据农业机械使用者的投诉情况和农业生产的实际需要,可以组织对在用的特定种类农业机械产品的适用性、安全性、可靠性和售后服务状况进行调查,并公布调查结果。

第十三条 农业机械生产者、销售者应当对其生产、销售的农业机械产品质量负责，并按照国家有关规定承担零配件供应和培训等售后服务责任。

农业机械生产者应当按照国家标准、行业标准和保障人身安全的要求，在其生产的农业机械产品上设置必要的安全防护装置、警示标志和中文警示说明。

第十四条　农业机械产品不符合质量要求的，农业机械生产者、销售者应当负责修理、更换、退货；给农业机械使用者造成农业生产损失或者其他损失的，应当依法赔偿损失。农业机械使用者有权要求农业机械销售者先予赔偿。农业机械销售者赔偿后，属于农业机械生产者的责任的，农业机械销售者有权向农业机械生产者追偿。

因农业机械存在缺陷造成人身伤害、财产损失的，农业机械生产者、销售者应当依法赔偿损失。

第十五条　列入依法必须经过认证的产品目录的农业机械产品，未经认证并标注认证标志，禁止出厂、销售和进口。

禁止生产、销售不符合国家技术规范强制性要求的农业机械产品。

禁止利用残次零配件和报废机具的部件拼装农业机械产品。

第四章　推广使用

第十六条　国家支持向农民和农业生产经营组织推广先进适用的农业机械产品。推广农业机械产品，应当适应当地农业发展的需要，并依照农业技术推广法的规定，在推广地区经过试验证明具有先进性和适用性。

农业机械生产者或者销售者，可以委托农业机械试验鉴定机构，对其定型生产或者销售的农业机械产品进行适用性、安全性和可靠性检测，作出技术评价。农业机械试验鉴定机构应当公布具有适用性、安全性和可靠性的农业机械产品的检测结果，为农民和农业生产经营组织选购先进适用的农业机械提供信息。

第十七条　县级以上人民政府可以根据实际情况，在不同的农业区域建立农业机械化示范基地，并鼓励农业机械生产者、经营者等建立农业机械示范点，引导农民和农业生产经营组织使用先进适用的农业机械。

第十八条 国务院农业行政主管部门会同国务院财政部门、经济综合宏观调控部门，根据促进农业结构调整、保护自然资源与生态环境、推广农业新技术与加快农机具更新的原则，确定、公布国家支持推广的先进适用的农业机械产品目录，并定期调整。省级人民政府主管农业机械化工作的部门会同同级财政部门、经济综合宏观调控部门根据上述原则，确定、公布省级人民政府支持推广的先进适用的农业机械产品目录，并定期调整。

列入前款目录的产品，应当由农业机械生产者自愿提出申请，并通过农业机械试验鉴定机构进行的先进性、适用性、安全性和可靠性鉴定。

第十九条 国家鼓励和支持农民合作使用农业机械，提高农业机械利用率和作业效率，降低作业成本。

国家支持和保护农民在坚持家庭承包经营的基础上，自愿组织区域化、标准化种植，提高农业机械的作业水平。任何单位和个人不得以区域化、标准化种植为借口，侵犯农民的土地承包经营权。

第二十条 国务院农业行政主管部门和县级以上地方人民政府主管农业机械化工作的部门，应当按照安全生产、预防为主的方针，加强对农业机械安全使用的宣传、教育和管理。

农业机械使用者作业时，应当按照安全操作规程操作农业机械，在有危险的部位和作业现场设置防护装置或者警示标志。

第五章 社会化服务

第二十一条 农民、农业机械作业组织可以按照双方自愿、平等协商的原则，为本地或者外地的农民和农业生产经营组织提供各项有偿农业机械作业服务。有偿农业机械作业应当符合国家或者地方规定的农业机械作业质量标准。

国家鼓励跨行政区域开展农业机械作业服务。各级人民政府及其有关部门应当支持农业机械跨行政区域作业,维护作业秩序,提供便利和服务,并依法实施安全监督管理。

第二十二条　各级人民政府应当采取措施,鼓励和扶持发展多种形式的农业机械服务组织,推进农业机械化信息网络建设,完善农业机械化服务体系。农业机械服务组织应当根据农民、农业生产经营组织的需求,提供农业机械示范推广、实用技术培训、维修、信息、中介等社会化服务。

第二十三条　国家设立的基层农业机械技术推广机构应当以试验示范基地为依托,为农民和农业生产经营组织无偿提供公益性农业机械技术的推广、培训等服务。

第二十四条　从事农业机械维修,应当具备与维修业务相适应的仪器、设备和具有农业机械维修职业技能的技术人员,保证维修质量。维修质量不合格的,维修者应当免费重新修理;造成人身伤害或者财产损失的,维修者应当依法承担赔偿责任。

第二十五条　农业机械生产者、经营者、维修者可以依照法律、行政法规的规定,自愿成立行业协会,实行行业自律,为会员提供服务,维护会员的合法权益。

第六章　扶持措施

第二十六条　国家采取措施,鼓励和支持农业机械生产者增加新产品、新技术、新工艺的研究开发投入,并对农业机械的科研开发和制造实施税收优惠政策。

中央和地方财政预算安排的科技开发资金应当对农业机械工业的技术创新

给予支持。

第二十七条 中央财政、省级财政应当分别安排专项资金,对农民和农业生产经营组织购买国家支持推广的先进适用的农业机械给予补贴。补贴资金的使用应当遵循公开、公正、及时、有效的原则,可以向农民和农业生产经营组织发放,也可以采用贴息方式支持金融机构向农民和农业生产经营组织购买先进适用的农业机械提供贷款。具体办法由国务院规定。

第二十八条 从事农业机械生产作业服务的收入,按照国家规定给予税收优惠。

国家根据农业和农村经济发展的需要,对农业机械的农业生产作业用燃油安排财政补贴。燃油补贴应当向直接从事农业机械作业的农民和农业生产经营组织发放。具体办法由国务院规定。

第二十九条 地方各级人民政府应当采取措施加强农村机耕道路等农业机械化基础设施的建设和维护,为农业机械化创造条件。

县级以上地方人民政府主管农业机械化工作的部门应当建立农业机械化信息搜集、整理、发布制度,为农民和农业生产经营组织免费提供信息服务。

第七章 法律责任

第三十条 违反本法第十五条规定的,依照产品质量法的有关规定予以处罚;构成犯罪的,依法追究刑事责任。

第三十一条 农业机械驾驶、操作人员违反国家规定的安全操作规程,违章作业的,责令改正,依照有关法律、行政法规的规定予以处罚;构成犯罪的,依法追究刑事责任。

第三十二条 农业机械试验鉴定机构在鉴定工作中不按照规定为农业机械生产者、销售者进行鉴定,或者伪造鉴定结果、出具虚假证明,给农业机械使用者造成损失的,依法承担赔偿责任。

第三十三条　国务院农业行政主管部门和县级以上地方人民政府主管农业机械化工作的部门违反本法规定,强制或者变相强制农业机械生产者、销售者对其生产、销售的农业机械产品进行鉴定的,由上级主管机关或者监察机关责令限期改正,并对直接负责的主管人员和其他直接责任人员给予行政处分。

第三十四条　违反本法第二十七条、第二十八条规定,截留、挪用有关补贴资金的,由上级主管机关责令限期归还被截留、挪用的资金,没收非法所得,并由上级主管机关、监察机关或者所在单位对直接负责的主管人员和其他直接责任人员给予行政处分;构成犯罪的,依法追究刑事责任。

第八章　附　　则

第三十五条　本法自2004年11月1日起施行。

农业机械安全监督管理条例(2019年修订)

(2009年9月17日中华人民共和国国务院令第563号公布　根据2016年2月6日《国务院关于修改部分行政法规的决定》第一次修订　根据2019年3月2日《国务院关于修改部分行政法规的决定》第二次修订)

第一章　总　　则

第一条　为了加强农业机械安全监督管理,预防和减少农业机械事故,保障人民生命和财产安全,制定本条例。

第二条 在中华人民共和国境内从事农业机械的生产、销售、维修、使用操作以及安全监督管理等活动,应当遵守本条例。

本条例所称农业机械,是指用于农业生产及其产品初加工等相关农事活动的机械、设备。

第三条 农业机械安全监督管理应当遵循以人为本、预防事故、保障安全、促进发展的原则。

第四条 县级以上人民政府应当加强对农业机械安全监督管理工作的领导,完善农业机械安全监督管理体系,增加对农民购买农业机械的补贴,保障农业机械安全的财政投入,建立健全农业机械安全生产责任制。

第五条 国务院有关部门和地方各级人民政府、有关部门应当加强农业机械安全法律、法规、标准和知识的宣传教育。

农业生产经营组织、农业机械所有人应当对农业机械操作人员及相关人员进行农业机械安全使用教育,提高其安全意识。

第六条 国家鼓励和支持开发、生产、推广、应用先进适用、安全可靠、节能环保的农业机械,建立健全农业机械安全技术标准和安全操作规程。

第七条 国家鼓励农业机械操作人员、维修技术人员参加职业技能培训和依法成立安全互助组织,提高农业机械安全操作水平。

第八条 国家建立落后农业机械淘汰制度和危及人身财产安全的农业机械报废制度,并对淘汰和报废的农业机械依法实行回收。

第九条 国务院农业机械化主管部门、工业主管部门、市场监督管理部门等有关部门依照本条例和国务院规定的职责,负责农业机械安全监督管理工作。

县级以上地方人民政府农业机械化主管部门、工业主管部门和市场监督管理部门等有关部门按照各自职责,负责本行政区域的农业机械安全监督管理工作。

第二章 生产、销售和维修

第十条 国务院工业主管部门负责制定并组织实施农业机械工业产业政策和有关规划。

国务院标准化主管部门负责制定发布农业机械安全技术国家标准,并根据实际情况及时修订。农业机械安全技术标准是强制执行的标准。

第十一条 农业机械生产者应当依据农业机械工业产业政策和有关规划,按照农业机械安全技术标准组织生产,并建立健全质量保障控制体系。

对依法实行工业产品生产许可证管理的农业机械,其生产者应当取得相应资质,并按照许可的范围和条件组织生产。

第十二条 农业机械生产者应当按照农业机械安全技术标准对生产的农业机械进行检验;农业机械经检验合格并附具详尽的安全操作说明书和标注安全警示标志后,方可出厂销售;依法必须进行认证的农业机械,在出厂前应当标注认证标志。

上道路行驶的拖拉机,依法必须经过认证的,在出厂前应当标注认证标志,并符合机动车国家安全技术标准。

农业机械生产者应当建立产品出厂记录制度,如实记录农业机械的名称、规格、数量、生产日期、生产批号、检验合格证号、购货者名称及联系方式、销售日期等内容。出厂记录保存期限不得少于3年。

第十三条 进口的农业机械应当符合我国农业机械安全技术标准,并依法由出入境检验检疫机构检验合格。依法必须进行认证的农业机械,还应当由出入境检验检疫机构进行入境验证。

第十四条 农业机械销售者对购进的农业机械应当查验产品合格证明。对依法实行工业产品生产许可证管理、依法必须进行认证的农业机械,还应当验明相应的证明文件或者标志。

农业机械销售者应当建立销售记录制度，如实记录农业机械的名称、规格、生产批号、供货者名称及联系方式、销售流向等内容。销售记录保存期限不得少于3年。

农业机械销售者应当向购买者说明农业机械操作方法和安全注意事项，并依法开具销售发票。

第十五条 农业机械生产者、销售者应当建立健全农业机械销售服务体系，依法承担产品质量责任。

第十六条 农业机械生产者、销售者发现其生产、销售的农业机械存在设计、制造等缺陷，可能对人身财产安全造成损害的，应当立即停止生产、销售，及时报告当地市场监督管理部门，通知农业机械使用者停止使用。农业机械生产者应当及时召回存在设计、制造等缺陷的农业机械。

农业机械生产者、销售者不履行本条第一款义务的，市场监督管理部门可以责令生产者召回农业机械，责令销售者停止销售农业机械。

第十七条 禁止生产、销售下列农业机械：

（一）不符合农业机械安全技术标准的；

（二）依法实行工业产品生产许可证管理而未取得许可证的；

（三）依法必须进行认证而未经认证的；

（四）利用残次零配件或者报废农业机械的发动机、方向机、变速器、车架等部件拼装的；

（五）国家明令淘汰的。

第十八条 从事农业机械维修经营，应当有必要的维修场地，有必要的维修设施、设备和检测仪器，有相应的维修技术人员，有安全防护和环境保护措施。

第十九条 农业机械维修经营者应当遵守国家有关维修质量安全技术规范和维修质量保证期的规定，确保维修质量。

从事农业机械维修不得有下列行为：

(一)使用不符合农业机械安全技术标准的零配件；

(二)拼装、改装农业机械整机；

(三)承揽维修已经达到报废条件的农业机械；

(四)法律、法规和国务院农业机械化主管部门规定的其他禁止性行为。

第三章　使用操作

第二十条　农业机械操作人员可以参加农业机械操作人员的技能培训，可以向有关农业机械化主管部门、人力资源和社会保障部门申请职业技能鉴定，获取相应等级的国家职业资格证书。

第二十一条　拖拉机、联合收割机投入使用前，其所有人应当按照国务院农业机械化主管部门的规定，持本人身份证明和机具来源证明，向所在地县级人民政府农业机械化主管部门申请登记。拖拉机、联合收割机经安全检验合格的，农业机械化主管部门应当在2个工作日内予以登记并核发相应的证书和牌照。

拖拉机、联合收割机使用期间登记事项发生变更的，其所有人应当按照国务院农业机械化主管部门的规定申请变更登记。

第二十二条　拖拉机、联合收割机操作人员经过培训后，应当按照国务院农业机械化主管部门的规定，参加县级人民政府农业机械化主管部门组织的考试。考试合格的，农业机械化主管部门应当在2个工作日内核发相应的操作证件。

拖拉机、联合收割机操作证件有效期为6年；有效期满，拖拉机、联合收割机操作人员可以向原发证机关申请续展。未满18周岁不得操作拖拉机、联合收割机。操作人员年满70周岁的，县级人民政府农业机械化主管部门应当注销其操作证件。

第二十三条　拖拉机、联合收割机应当悬挂牌照。拖拉机上道路行驶，联合收割机因转场作业、维修、安全检验等需要转移的，其操作人员应当携带操作证件。

拖拉机、联合收割机操作人员不得有下列行为：

（一）操作与本人操作证件规定不相符的拖拉机、联合收割机；

（二）操作未按照规定登记、检验或者检验不合格、安全设施不全、机件失效的拖拉机、联合收割机；

（三）使用国家管制的精神药品、麻醉品后操作拖拉机、联合收割机；

（四）患有妨碍安全操作的疾病操作拖拉机、联合收割机；

（五）国务院农业机械化主管部门规定的其他禁止行为。

禁止使用拖拉机、联合收割机违反规定载人。

第二十四条 农业机械操作人员作业前，应当对农业机械进行安全查验；作业时，应当遵守国务院农业机械化主管部门和省、自治区、直辖市人民政府农业机械化主管部门制定的安全操作规程。

第四章 事故处理

第二十五条 县级以上地方人民政府农业机械化主管部门负责农业机械事故责任的认定和调解处理。

本条例所称农业机械事故，是指农业机械在作业或者转移等过程中造成人身伤亡、财产损失的事件。

农业机械在道路上发生的交通事故，由公安机关交通管理部门依照道路交通安全法律、法规处理；拖拉机在道路以外通行时发生的事故，公安机关交通管理部门接到报案的，参照道路交通安全法律、法规处理。农业机械事故造成公路及其附属设施损坏的，由交通主管部门依照公路法律、法规处理。

第二十六条 在道路以外发生的农业机械事故，操作人员和现场其他人员应当立即停止作业或者停止农业机械的转移,保护现场,造成人员伤害的,应当向事故发生地农业机械化主管部门报告;造成人员死亡的,还应当向事故发生地公安机关报告。造成人身伤害的,应当立即采取措施,抢救受伤人员。因抢救受伤人员变动现场的,应当标明位置。

接到报告的农业机械化主管部门和公安机关应当立即派人赶赴现场进行勘验、检查,收集证据,组织抢救受伤人员,尽快恢复正常的生产秩序。

第二十七条 对经过现场勘验、检查的农业机械事故,农业机械化主管部门应当在10个工作日内制作完成农业机械事故认定书;需要进行农业机械鉴定的,应当自收到农业机械鉴定机构出具的鉴定结论之日起5个工作日内制作农业机械事故认定书。

农业机械事故认定书应当载明农业机械事故的基本事实、成因和当事人的责任,并在制作完成农业机械事故认定书之日起3个工作日内送达当事人。

第二十八条 当事人对农业机械事故损害赔偿有争议,请求调解的,应当自收到事故认定书之日起10个工作日内向农业机械化主管部门书面提出调解申请。

调解达成协议的,农业机械化主管部门应当制作调解书送交各方当事人。调解书经各方当事人共同签字后生效。调解不能达成协议或者当事人向人民法院提起诉讼的,农业机械化主管部门应当终止调解并书面通知当事人。调解达成协议后当事人反悔的,可以向人民法院提起诉讼。

第二十九条 农业机械化主管部门应当为当事人处理农业机械事故损害赔偿等后续事宜提供帮助和便利。因农业机械产品质量原因导致事故的,农业机械化主管部门应当依法出具有关证明材料。

农业机械化主管部门应当定期将农业机械事故统计情况及说明材料报送上级农业机械化主管部门并抄送同级安全生产监督管理部门。

农业机械事故构成生产安全事故的,应当依照相关法律、行政法规的规定调查处理并追究责任。

第五章 服务与监督

第三十条 县级以上地方人民政府农业机械化主管部门应当定期对危及人身财产安全的农业机械进行免费实地安全检验。但是道路交通安全法律对拖拉机的安全检验另有规定的，从其规定。

拖拉机、联合收割机的安全检验为每年1次。

实施安全技术检验的机构应当对检验结果承担法律责任。

第三十一条 农业机械化主管部门在安全检验中发现农业机械存在事故隐患的，应当告知其所有人停止使用并及时排除隐患。

实施安全检验的农业机械化主管部门应当对安全检验情况进行汇总，建立农业机械安全监督管理档案。

第三十二条 联合收割机跨行政区域作业前，当地县级人民政府农业机械化主管部门应当会同有关部门，对跨行政区域作业的联合收割机进行必要的安全检查，并对操作人员进行安全教育。

第三十三条 国务院农业机械化主管部门应当定期对农业机械安全使用状况进行分析评估，发布相关信息。

第三十四条 国务院工业主管部门应当定期对农业机械生产行业运行态势进行监测和分析，并按照先进适用、安全可靠、节能环保的要求，会同国务院农业机械化主管部门、市场监督管理部门等有关部门制定、公布国家明令淘汰的农业机械产品目录。

第三十五条 危及人身财产安全的农业机械达到报废条件的，应当停止使用，予以报废。农业机械的报废条件由国务院农业机械化主管部门会同国务院市场监督管理部门、工业主管部门规定。

县级人民政府农业机械化主管部门对达到报废条件的危及人身财产安全的农业机械,应当书面告知其所有人。

第三十六条 国家对达到报废条件或者正在使用的国家已经明令淘汰的农业机械实行回收。农业机械回收办法由国务院农业机械化主管部门会同国务院财政部门、商务主管部门制定。

第三十七条 回收的农业机械由县级人民政府农业机械化主管部门监督回收单位进行解体或者销毁。

第三十八条 使用操作过程中发现农业机械存在产品质量、维修质量问题的,当事人可以向县级以上地方人民政府农业机械化主管部门或者市场监督管理部门投诉。接到投诉的部门对属于职责范围内的事项,应当依法及时处理;对不属于职责范围内的事项,应当及时移交有权处理的部门,有权处理的部门应当立即处理,不得推诿。

县级以上地方人民政府农业机械化主管部门和市场监督管理部门应当定期汇总农业机械产品质量、维修质量投诉情况并逐级上报。

第三十九条 国务院农业机械化主管部门和省、自治区、直辖市人民政府农业机械化主管部门应当根据投诉情况和农业安全生产需要,组织开展在用的特定种类农业机械的安全鉴定和重点检查,并公布结果。

第四十条 农业机械安全监督管理执法人员在农田、场院等场所进行农业机械安全监督检查时,可以采取下列措施:

(一)向有关单位和个人了解情况,查阅、复制有关资料;

(二)查验拖拉机、联合收割机证书、牌照及有关操作证件;

(三)检查危及人身财产安全的农业机械的安全状况,对存在重大事故隐患的农业机械,责令当事人立即停止作业或者停止农业机械的转移,并进行维修;

(四)责令农业机械操作人员改正违规操作行为。

第四十一条 发生农业机械事故后企图逃逸的、拒不停止存在重大事故隐患农业机械的作业或者转移的,县级以上地方人民政府农业机械化主管部门可以扣押有关农业机械及证书、牌照、操作证件。案件处理完毕或者农业机械事故肇事方提供担保的,县级以上地方人民政府农业机械化主管部门应当及时退还被扣押的农业机械及证书、牌照、操作证件。存在重大事故隐患的农业机械,其所有人或者使用人排除隐患前不得继续使用。

第四十二条 农业机械安全监督管理执法人员进行安全监督检查时,应当佩戴统一标志,出示行政执法证件。农业机械安全监督检查、事故勘察车辆应当在车身喷涂统一标识。

第四十三条 农业机械化主管部门不得为农业机械指定维修经营者。

第四十四条 农业机械化主管部门应当定期向同级公安机关交通管理部门通报拖拉机登记、检验以及有关证书、牌照、操作证件发放情况。公安机关交通管理部门应当定期向同级农业机械化主管部门通报农业机械在道路上发生的交通事故及处理情况。

第六章　法律责任

第四十五条 县级以上地方人民政府农业机械化主管部门、工业主管部门、市场监督管理部门及其工作人员有下列行为之一的,对直接负责的主管人员和其他直接责任人员,依法给予处分,构成犯罪的,依法追究刑事责任:

(一)不依法对拖拉机、联合收割机实施安全检验、登记,或者不依法核发拖拉机、联合收割机证书、牌照的;

(二)对未经考试合格者核发拖拉机、联合收割机操作证件,或者对经考试合格者拒不核发拖拉机、联合收割机操作证件的;

(三)不依法处理农业机械事故,或者不依法出具农业机械事故认定书和其他证明材料的;

（四）在农业机械生产、销售等过程中不依法履行监督管理职责的；

（五）其他未依照本条例的规定履行职责的行为。

第四十六条　生产、销售利用残次零配件或者报废农业机械的发动机、方向机、变速器、车架等部件拼装的农业机械的，由县级以上人民政府市场监督管理部门责令停止生产、销售，没收违法所得和违法生产、销售的农业机械，并处违法产品货值金额1倍以上3倍以下罚款；情节严重的，吊销营业执照。

农业机械生产者、销售者违反工业产品生产许可证管理、认证认可管理、安全技术标准管理以及产品质量管理的，依照有关法律、行政法规处罚。

第四十七条　农业机械销售者未依照本条例的规定建立、保存销售记录的，由县级以上人民政府市场监督管理部门责令改正，给予警告；拒不改正的，处1000元以上1万元以下罚款，并责令停业整顿；情节严重的，吊销营业执照。

第四十八条　从事农业机械维修经营不符合本条例第十八条规定的，由县级以上地方人民政府农业机械化主管部门责令改正；拒不改正的，处5000元以上1万元以下罚款。

第四十九条　农业机械维修经营者使用不符合农业机械安全技术标准的配件维修农业机械，或者拼装、改装农业机械整机，或者承揽维修已经达到报废条件的农业机械的，由县级以上地方人民政府农业机械化主管部门责令改正，没收违法所得，并处违法经营额1倍以上2倍以下罚款；拒不改正的，处违法经营额2倍以上5倍以下罚款。

第五十条　未按照规定办理登记手续并取得相应的证书和牌照，擅自将拖拉机、联合收割机投入使用，或者未按照规定办理变更登记手续的，由县级以上地方人民政府农业机械化主管部门责令限期补办相关手续；逾期不补办的，责令停止使用；拒不停止使用的，扣押拖拉机、联合收割机，并处200元以上2000元以下罚款。

当事人补办相关手续的，应当及时退还扣押的拖拉机、联合收割机。

第五十一条 伪造、变造或者使用伪造、变造的拖拉机、联合收割机证书和牌照的,或者使用其他拖拉机、联合收割机的证书和牌照的,由县级以上地方人民政府农业机械化主管部门收缴伪造、变造或者使用的证书和牌照,对违法行为人予以批评教育,并处200元以上2000元以下罚款。

第五十二条 未取得拖拉机、联合收割机操作证件而操作拖拉机、联合收割机的,由县级以上地方人民政府农业机械化主管部门责令改正,处100元以上500元以下罚款。

第五十三条 拖拉机、联合收割机操作人员操作与本人操作证件规定不相符的拖拉机、联合收割机,或者操作未按照规定登记、检验或者检验不合格、安全设施不全、机件失效的拖拉机、联合收割机,或者使用国家管制的精神药品、麻醉品后操作拖拉机、联合收割机,或者患有妨碍安全操作的疾病操作拖拉机、联合收割机的,由县级以上地方人民政府农业机械化主管部门对违法行为人予以批评教育,责令改正;拒不改正的,处100元以上500元以下罚款;情节严重的,吊销有关人员的操作证件。

第五十四条 使用拖拉机、联合收割机违反规定载人的,由县级以上地方人民政府农业机械化主管部门对违法行为人予以批评教育,责令改正;拒不改正的,扣押拖拉机、联合收割机的证书、牌照;情节严重的,吊销有关人员的操作证件。非法从事经营性道路旅客运输的,由交通主管部门依照道路运输管理法律、行政法规处罚。

当事人改正违法行为的,应当及时退还扣押的拖拉机、联合收割机的证书、牌照。

第五十五条 经检验、检查发现农业机械存在事故隐患,经农业机械化主管部门告知拒不排除并继续使用的,由县级以上地方人民政府农业机械化主管部门对违法行为人予以批评教育,责令改正;拒不改正的,责令停止使用;拒不停止使用的,扣押存在事故隐患的农业机械。

事故隐患排除后，应当及时退还扣押的农业机械。

第五十六条 违反本条例规定，造成他人人身伤亡或者财产损失的，依法承担民事责任；构成违反治安管理行为的，依法给予治安管理处罚；构成犯罪的，依法追究刑事责任。

第七章 附 则

第五十七条 本条例所称危及人身财产安全的农业机械，是指对人身财产安全可能造成损害的农业机械，包括拖拉机、联合收割机、机动植保机械、机动脱粒机、饲料粉碎机、插秧机、铡草机等。

第五十八条 本条例规定的农业机械证书、牌照、操作证件，由国务院农业机械化主管部门会同国务院有关部门统一规定式样，由国务院农业机械化主管部门监制。

第五十九条 拖拉机操作证件考试收费、安全技术检验收费和牌证的工本费，应当严格执行国务院价格主管部门核定的收费标准。

第六十条 本条例自2009年11月1日起施行。

中华人民共和国农业技术推广法(2012年修正)

(1993年7月2日第八届全国人民代表大会常务委员会第二次会议通过　根据2012年8月31日第十一届全国人民代表大会常务委员会第二十八次会议《关于修改〈中华人民共和国农业技术推广法〉的决定》修正)

目　录

第一章　总　　则
第二章　农业技术推广体系
第三章　农业技术的推广与应用
第四章　农业技术推广的保障措施
第五章　法律责任
第六章　附　　则

第一章　总　　则

第一条　为了加强农业技术推广工作,促使农业科研成果和实用技术尽快应用于农业生产,增强科技支撑保障能力,促进农业和农村经济可持续发展,实现农业现代化，制定本法。

第二条　本法所称农业技术，是指应用于种植业、林业、畜牧业、渔业的科研成果和实用技术，包括：

（一）良种繁育、栽培、肥料施用和养殖技术；

（二）植物病虫害、动物疫病和其他有害生物防治技术；

（三）农产品收获、加工、包装、贮藏、运输技术；

（四）农业投入品安全使用、农产品质量安全技术；

（五）农田水利、农村供排水、土壤改良与水土保持技术；

（六）农业机械化、农用航空、农业气象和农业信息技术；

（七）农业防灾减灾、农业资源与农业生态安全和农村能源开发利用技术；

（八）其他农业技术。

本法所称农业技术推广，是指通过试验、示范、培训、指导以及咨询服务等，把农业技术普及应用于农业产前、产中、产后全过程的活动。

第三条　国家扶持农业技术推广事业，加快农业技术的普及应用，发展高产、优质、高效、生态、安全农业。

第四条　农业技术推广应当遵循下列原则：

（一）有利于农业、农村经济可持续发展和增加农民收入；

（二）尊重农业劳动者和农业生产经营组织的意愿；

（三）因地制宜，经过试验、示范；

（四）公益性推广与经营性推广分类管理；

（五）兼顾经济效益、社会效益，注重生态效益。

第五条　国家鼓励和支持科技人员开发、推广应用先进的农业技术，鼓励和支持农业劳动者和农业生产经营组织应用先进的农业技术。

国家鼓励运用现代信息技术等先进传播手段，普及农业科学技术知识，创新农业技术推广方式方法，提高推广效率。

第六条 国家鼓励和支持引进国外先进的农业技术,促进农业技术推广的国际合作与交流。

第七条 各级人民政府应当加强对农业技术推广工作的领导,组织有关部门和单位采取措施,提高农业技术推广服务水平,促进农业技术推广事业的发展。

第八条 对在农业技术推广工作中做出贡献的单位和个人,给予奖励。

第九条 国务院农业、林业、水利等部门(以下统称农业技术推广部门)按照各自的职责,负责全国范围内有关的农业技术推广工作。县级以上地方各级人民政府农业技术推广部门在同级人民政府的领导下,按照各自的职责,负责本行政区域内有关的农业技术推广工作。同级人民政府科学技术部门对农业技术推广工作进行指导。同级人民政府其他有关部门按照各自的职责,负责农业技术推广的有关工作。

第二章　农业技术推广体系

第十条 农业技术推广,实行国家农业技术推广机构与农业科研单位、有关学校、农民专业合作社、涉农企业、群众性科技组织、农民技术人员等相结合的推广体系。

国家鼓励和支持供销合作社、其他企业事业单位、社会团体以及社会各界的科技人员,开展农业技术推广服务。

第十一条 各级国家农业技术推广机构属于公共服务机构,履行下列公益性职责:

(一)各级人民政府确定的关键农业技术的引进、试验、示范;

(二)植物病虫害、动物疫病及农业灾害的监测、预报和预防;

(三)农产品生产过程中的检验、检测、监测咨询技术服务;

(四)农业资源、森林资源、农业生态安全和农业投入品使用的监测服务;

(五)水资源管理、防汛抗旱和农田水利建设技术服务;

(六)农业公共信息和农业技术宣传教育、培训服务;

(七)法律、法规规定的其他职责。

第十二条 根据科学合理、集中力量的原则以及县域农业特色、森林资源、水系和水利设施分布等情况,因地制宜设置县、乡镇或者区域国家农业技术推广机构。

乡镇国家农业技术推广机构,可以实行县级人民政府农业技术推广部门管理为主或者乡镇人民政府管理为主、县级人民政府农业技术推广部门业务指导的体制,具体由省、自治区、直辖市人民政府确定。

第十三条 国家农业技术推广机构的人员编制应当根据所服务区域的种养规模、服务范围和工作任务等合理确定,保证公益性职责的履行。

国家农业技术推广机构的岗位设置应当以专业技术岗位为主。乡镇国家农业技术推广机构的岗位应当全部为专业技术岗位,县级国家农业技术推广机构的专业技术岗位不得低于机构岗位总量的百分之八十,其他国家农业技术推广机构的专业技术岗位不得低于机构岗位总量的百分之七十。

第十四条 国家农业技术推广机构的专业技术人员应当具有相应的专业技术水平,符合岗位职责要求。

国家农业技术推广机构聘用的新进专业技术人员,应当具有大专以上有关专业学历,并通过县级以上人民政府有关部门组织的专业技术水平考核。自治县、民族乡和国家确定的连片特困地区,经省、自治区、直辖市人民政府有关部门批准,可以聘用具有中专有关专业学历的人员或者其他具有相应专业技术水平的人员。

国家鼓励和支持高等学校毕业生和科技人员到基层从事农业技术推广工作。各级人民政府应当采取措施,吸引人才,充实和加强基层农业技术推广队伍。

第十五条 国家鼓励和支持村农业技术服务站点和农民技术人员开展农业技术推广。对农民技术人员协助开展公益性农业技术推广活动,按照规定给予补助。

农民技术人员经考核符合条件的,可以按照有关规定授予相应的技术职称,并发给证书。

国家农业技术推广机构应当加强对村农业技术服务站点和农民技术人员的指导。

村民委员会和村集体经济组织,应当推动、帮助村农业技术服务站点和农民技术人员开展工作。

第十六条 农业科研单位和有关学校应当适应农村经济建设发展的需要,开展农业技术开发和推广工作,加快先进技术在农业生产中的普及应用。

农业科研单位和有关学校应当将其科技人员从事农业技术推广工作的实绩作为工作考核和职称评定的重要内容。

第十七条 国家鼓励农场、林场、牧场、渔场、水利工程管理单位面向社会开展农业技术推广服务。

第十八条 国家鼓励和支持发展农村专业技术协会等群众性科技组织,发挥其在农业技术推广中的作用。

第三章　农业技术的推广与应用

第十九条 重大农业技术的推广应当列入国家和地方相关发展规划、计划,由农业技术推广部门会同科学技术等相关部门按照各自的职责,相互配合,组织实施。

第二十条 农业科研单位和有关学校应当把农业生产中需要解决的技术问

题列为研究课题,其科研成果可以通过有关农业技术推广单位进行推广或者直接向农业劳动者和农业生产经营组织推广。

国家引导农业科研单位和有关学校开展公益性农业技术推广服务。

第二十一条　向农业劳动者和农业生产经营组织推广的农业技术,必须在推广地区经过试验证明具有先进性、适用性和安全性。

第二十二条　国家鼓励和支持农业劳动者和农业生产经营组织参与农业技术推广。

农业劳动者和农业生产经营组织在生产中应用先进的农业技术,有关部门和单位应当在技术培训、资金、物资和销售等方面给予扶持。

农业劳动者和农业生产经营组织根据自愿的原则应用农业技术,任何单位或者个人不得强迫。

推广农业技术,应当选择有条件的农户、区域或者工程项目,进行应用示范。

第二十三条　县、乡镇国家农业技术推广机构应当组织农业劳动者学习农业科学技术知识,提高其应用农业技术的能力。

教育、人力资源和社会保障、农业、林业、水利、科学技术等部门应当支持农业科研单位、有关学校开展有关农业技术推广的职业技术教育和技术培训,提高农业技术推广人员和农业劳动者的技术素质。

国家鼓励社会力量开展农业技术培训。

第二十四条　各级国家农业技术推广机构应当认真履行本法第十一条规定的公益性职责,向农业劳动者和农业生产经营组织推广农业技术,实行无偿服务。

国家农业技术推广机构以外的单位及科技人员以技术转让、技术服务、技术承包、技术咨询和技术入股等形式提供农业技术的,可以实行有偿服务,其合法收入和植物新品种、农业技术专利等知识产权受法律保护。进行农业技术转让、技术服务、技术承包、技术咨询和技术入股,当事人各方应当订立合同,约定各自的权利和义务。

第二十五条 国家鼓励和支持农民专业合作社、涉农企业,采取多种形式,为农民应用先进农业技术提供有关的技术服务。

第二十六条 国家鼓励和支持以大宗农产品和优势特色农产品生产为重点的农业示范区建设,发挥示范区对农业技术推广的引领作用,促进农业产业化发展和现代农业建设。

第二十七条 各级人民政府可以采取购买服务等方式,引导社会力量参与公益性农业技术推广服务。

第四章 农业技术推广的保障措施

第二十八条 国家逐步提高对农业技术推广的投入。各级人民政府在财政预算内应当保障用于农业技术推广的资金,并按规定使该资金逐年增长。

各级人民政府通过财政拨款以及从农业发展基金中提取一定比例的资金的渠道,筹集农业技术推广专项资金,用于实施农业技术推广项目。中央财政对重大农业技术推广给予补助。

县、乡镇国家农业技术推广机构的工作经费根据当地服务规模和绩效确定,由各级财政共同承担。

任何单位或者个人不得截留或者挪用用于农业技术推广的资金。

第二十九条 各级人民政府应当采取措施,保障和改善县、乡镇国家农业技术推广机构的专业技术人员的工作条件、生活条件和待遇,并按照国家规定给予补贴,保持国家农业技术推广队伍的稳定。

对在县、乡镇、村从事农业技术推广工作的专业技术人员的职称评定,应当以考核其推广工作的业务技术水平和实绩为主。

第三十条 各级人民政府应当采取措施,保障国家农业技术推广机构获得必需的试验示范场所、办公场所、推广和培训设施设备等工作条件。

地方各级人民政府应当保障国家农业技术推广机构的试验示范场所、生产资料和其他财产不受侵害。

第三十一条 农业技术推广部门和县级以上国家农业技术推广机构,应当有计划地对农业技术推广人员进行技术培训,组织专业进修,使其不断更新知识、提高业务水平。

第三十二条 县级以上农业技术推广部门、乡镇人民政府应当对其管理的国家农业技术推广机构履行公益性职责的情况进行监督、考评。

各级农业技术推广部门和国家农业技术推广机构,应当建立国家农业技术推广机构的专业技术人员工作责任制度和考评制度。

县级人民政府农业技术推广部门管理为主的乡镇国家农业技术推广机构的人员,其业务考核、岗位聘用以及晋升,应当充分听取所服务区域的乡镇人民政府和服务对象的意见。

乡镇人民政府管理为主、县级人民政府农业技术推广部门业务指导的乡镇国家农业技术推广机构的人员,其业务考核、岗位聘用以及晋升,应当充分听取所在地的县级人民政府农业技术推广部门和服务对象的意见。

第三十三条 从事农业技术推广服务的,可以享受国家规定的税收、信贷等方面的优惠。

第五章 法律责任

第三十四条 各级人民政府有关部门及其工作人员未依照本法规定履行职责的,对直接负责的主管人员和其他直接责任人员依法给予处分。

第三十五条 国家农业技术推广机构及其工作人员未依照本法规定履行职责的,由主管机关责令限期改正,通报批评;对直接负责的主管人员和其他直接责任人员依法给予处分。

第三十六条 违反本法规定,向农业劳动者、农业生产经营组织推广未经试验证明具有先进性、适用性或者安全性的农业技术,造成损失的,应当承担赔偿责任。

第三十七条 违反本法规定,强迫农业劳动者、农业生产经营组织应用农业技术,造成损失的,依法承担赔偿责任。

第三十八条 违反本法规定,截留或者挪用用于农业技术推广的资金的,对直接负责的主管人员和其他直接责任人员依法给予处分;构成犯罪的,依法追究刑事责任。

第六章 附 则

第三十九条 本法自公布之日起施行。

农业农村部办公厅、公安部办公厅关于进一步加强拖拉机安全管理工作的通知

(农办机〔2021〕1号)

各省、自治区、直辖市及计划单列市农业农村(农牧)厅(局、委)、公安厅(局),新疆生产建设兵团农业农村局、公安局:

近年来,随着农村地区各类机动车辆快速增长,农村道路交通安全事故防控压力增大,涉及拖拉机的事故时有发生。为贯彻落实党中央、国务院关于安全生

产的决策部署,深刻汲取云南省临沧市临翔区“1·08”、海南省东方市“1·12”和四川省金堂县“1·28”事故教训,深化安全生产专项整治三年行动,切实加强拖拉机安全管理工作,现将有关事项通知如下。

一、强化源头管理,夯实安全基础

拖拉机安全技术状态、驾驶操作人员技能水平和农村道路设施是影响农村道路交通安全和农机安全生产的重要因素。各地农业农村部门要严格拖拉机注册登记,对不符合国家标准的拖拉机一律不予注册登记。要逐步建立手扶变型运输机等只有运输功能、无农田作业功能的拖拉机退出机制,引导企业升级转型,2022年年底前停止注册登记。把好安全技术检验关,严格检验标准,对反光标识、转向、制动、照明及信号等进行重点检查。实施拖拉机“亮尾工程”,拖拉机运输机组应灯光齐全并粘贴反光标识,未粘贴反光标识的不予注册登记、不予通过检验;鼓励其他上道路行驶的农业机械粘贴反光标识或插挂反光警示旗。强化驾驶员培训与考试,拓宽培训渠道,规范考试程序,严格考试标准,切实提高拖拉机驾驶操作人员的安全生产意识和技能。各地公安交管部门要会同农业农村部门加大农村公路、机耕道路等事故易发、多发路段的隐患排查,及时向当地党委政府报告,协调有关部门落实治理措施,完善安全管理设施,消除安全隐患。

二、推动报废淘汰,加快“变拖”清零

变型拖拉机是企业非法生产销售、地方以拖拉机名义注册登记的机动车,不符合国家安全生产强制标准,安全隐患大,引发交通事故多。各地农业农村部门、公安交管部门要持续开展变型拖拉机专项整治,按照严于低速载货汽车的强制报废年限规定,依据各地制定的存量变型拖拉机清零进度表(见附件),多方争取政策加大报废力度,严格做到期满报废,确保2025年全部清零。各地农业农村部门要集中排查登记档案,严格查处本地停止核发“变拖”牌证以来为新生产的变型拖拉机注册登记的违规行为。加强省际协查配合,对排查出的外省籍牌照变型拖拉机,要及时联系有关省份鉴别真伪。检查中发现仍在生产销售变型拖拉机的，要及时向市场监管部门通报，积极协助查处违法生产销售行为。坚持清零和禁行相结合，已清零地区公安交管部门要结合实际采取禁行措施，学习借鉴江苏等地经验，划定限行区域和路段，严格查处变型拖拉机违法上路行驶。

三、强化执法检查，下沉监管重心

拖拉机无牌行驶、无证驾驶、违法载人、拼装改装、逾期未检验、逾期未报废等仍是我国农村道路交通和农机安全的重要隐患。各地农业农村部门要加强农机安全执法，组织执法人员深入农田、场院和农机合作社等场所开展安全检查和隐患排查。要认真落实《农业机械报废更新补贴实施指导意见》，大力推动安全性能不符合要求的老旧拖拉机报废更新。各地公安交管部门要联合农业农村部门，在“三夏”“三秋”和节假日等重点时期，在城乡结合部以及通往农田、建筑工地、农贸市场等的主要路段，严格查处拖拉机违法违规行为。积极推行农机安全生产“网格化”监管，配齐乡镇农机安全监理员、村级农机安全协管员，推进“乡村农机两员”与“警保两站两员”有机结合，实行“一站多能、一人多岗”，将力量向基层延伸下沉，解决农村交通和农机安全监管“最后一公里”缺位问题。

四、强化应急处置，加强宣传教育

做好事故应急处置，运用事故案例加强安全宣传教育，提高农民群众安全意识和素质，是保障农村道路交通和农机安全的重要措施。发生拖拉机道路交通事故后，各地公安交管部门要及时将事故情况通报当地农业农村部门，农业农村部门要积极配合做好事故调查工作，较大以上事故按规定及时报告。各地农业农村部门和公安交管部门要经常性联合开展“送安全知识下乡”活动，推动“美丽乡村行”交通安全巡回宣传，普及道路交通安全和农机安全生产法律、法规及农机安全生产知识，运用典型事故案例进行警示教育，提高农民机手和广大农民群众懂法、守法和安全生产意识。深入开展全国“安全生产月”“全国交通安全日”和“安全宣传咨询日”活动，创制一批形式新颖、内容丰富的农机安全宣传作品，提升安全宣传效果。充分利用各类媒体加大宣传力度，营造良好安全生产氛围，促进从“要我安全”到“我要安全”的转变。

五、创新工作机制，推进便民服务

拖拉机在农村地区量大、面广、分散，使用季节性强，安全管理难度大。各地农业农村部门要创新工作方式方法，积极争取支持，加强拖拉机安全管理信息化建设，寓管理于服务之中，提高拖拉机安全管理水平。贯彻落实《国务院办公厅关于全面推行证明事项和涉企经营许可事项告知承诺制的指导意见》（国办发〔2020〕42号），对符合安全技术条件、因购机发票丢失无法提供来历证明的拖拉机，通过实施告知承诺制纳入牌证管理，提高拖拉机注册登记率。要结合实际创新农机安全技术检验方式和途径，积极探索由乡镇承担安全检验、政府购买服务等形式，推进拖拉机就地进行安全技术检验，提高拖拉机检验率。积极争取支持，加大对拖拉机驾驶培训的补贴力度，引导农民依法考取拖拉机驾驶证，提高持证率。

拖拉机行驶既涉及农业生产安全，也涉及道路交通安全，加强拖拉机安全管理是农业农村部门和公安交管部门的共同职责。各地农业农村部门和公安交管部门要高度重视拖拉机安全管理工作，加强组织领导，建立健全定期会商安全形势、联合执法和信息交换等工作机制，共同做好农村道路交通安全管理工作，促进农村社会和谐稳定，为实施乡村振兴战略、实现农业农村现代化作出积极贡献。

中华人民共和国
道路交通安全法(2021年修正)

(2003年10月28日第十届全国人民代表大会常务委员会第五次会议通过　根据2007年12月29日第十届全国人民代表大会常务委员会第三十一次会议《关于修改〈中华人民共和国道路交通安全法〉的决定》第一次修正　根据2011年4月22日第十一届全国人民代表大会常务委员会第二十次会议《关于修改〈中华人民共和国道路交通安全法〉的决定》第二次修正　根据2021年4月29日第十三届全国人民代表大会常务委员会第二十八次会议《关于修改〈中华人民共和国道路交通安全法〉等八部法律的决定》第三次修正)

目　　录

第一章　总　　则
第二章　车辆和驾驶人
　　第一节　机动车、非机动车
　　第二节　机动车驾驶人
第三章　道路通行条件

第四章 道路通行规定
第一节 一般规定
第二节 机动车通行规定
第三节 非机动车通行规定
第四节 行人和乘车人通行规定
第五节 高速公路的特别规定
第五章 交通事故处理
第六章 执法监督
第七章 法律责任
第八章 附 则

第一章 总 则

第一条 为了维护道路交通秩序,预防和减少交通事故,保护人身安全,保护公民、法人和其他组织的财产安全及其他合法权益,提高通行效率,制定本法。

第二条 中华人民共和国境内的车辆驾驶人、行人、乘车人以及与道路交通活动有关的单位和个人,都应当遵守本法。

第三条 道路交通安全工作,应当遵循依法管理、方便群众的原则,保障道路交通有序、安全、畅通。

第四条 各级人民政府应当保障道路交通安全管理工作与经济建设和社会发展相适应。

县级以上地方各级人民政府应当适应道路交通发展的需要,依据道路交通安全法律、法规和国家有关政策,制定道路交通安全管理规划,并组织实施。

第五条 国务院公安部门负责全国道路交通安全管理工作。县级以上地方各级人民政府公安机关交通管理部门负责本行政区域内的道路交通安全管理工作。

县级以上各级人民政府交通、建设管理部门依据各自职责，负责有关的道路交通工作。

第六条 各级人民政府应当经常进行道路交通安全教育，提高公民的道路交通安全意识。

公安机关交通管理部门及其交通警察执行职务时，应当加强道路交通安全法律、法规的宣传，并模范遵守道路交通安全法律、法规。

机关、部队、企业事业单位、社会团体以及其他组织，应当对本单位的人员进行道路交通安全教育。

教育行政部门、学校应当将道路交通安全教育纳入法制教育的内容。

新闻、出版、广播、电视等有关单位，有进行道路交通安全教育的义务。

第七条 对道路交通安全管理工作，应当加强科学研究，推广、使用先进的管理方法、技术、设备。

第二章 车辆和驾驶人

第一节 机动车、非机动车

第八条 国家对机动车实行登记制度。机动车经公安机关交通管理部门登记后，方可上道路行驶。尚未登记的机动车，需要临时上道路行驶的，应当取得临时通行牌证。

第九条 申请机动车登记，应当提交以下证明、凭证：

（一）机动车所有人的身份证明；

（二）机动车来历证明；

（三）机动车整车出厂合格证明或者进口机动车进口凭证；

(四)车辆购置税的完税证明或者免税凭证;

(五)法律、行政法规规定应当在机动车登记时提交的其他证明、凭证。

公安机关交通管理部门应当自受理申请之日起五个工作日内完成机动车登记审查工作,对符合前款规定条件的,应当发放机动车登记证书、号牌和行驶证;对不符合前款规定条件的,应当向申请人说明不予登记的理由。

公安机关交通管理部门以外的任何单位或者个人不得发放机动车号牌或者要求机动车悬挂其他号牌,本法另有规定的除外。

机动车登记证书、号牌、行驶证的式样由国务院公安部门规定并监制。

第十条 准予登记的机动车应当符合机动车国家安全技术标准。申请机动车登记时,应当接受对该机动车的安全技术检验。但是,经国家机动车产品主管部门依据机动车国家安全技术标准认定的企业生产的机动车型,该车型的新车在出厂时经检验符合机动车国家安全技术标准,获得检验合格证的,免予安全技术检验。

第十一条 驾驶机动车上道路行驶,应当悬挂机动车号牌,放置检验合格标志、保险标志,并随车携带机动车行驶证。

机动车号牌应当按照规定悬挂并保持清晰、完整,不得故意遮挡、污损。

任何单位和个人不得收缴、扣留机动车号牌。

第十二条 有下列情形之一的,应当办理相应的登记:

(一)机动车所有权发生转移的;

(二)机动车登记内容变更的;

(三)机动车用作抵押的;

(四)机动车报废的。

第十三条 对登记后上道路行驶的机动车,应当依照法律、行政法规的规定,根据车辆用途、载客载货数量、使用年限等不同情况,定期进行安全技术检验。对提供机动车行驶证和机动车第三者责任强制保险单的,机动车安全技术检验机构应当予以检验,任何单位不得附加其他条件。对符合机动车国家安全技术标准的,公安机关交通管理部门应当发给检验合格标志。

对机动车的安全技术检验实行社会化。具体办法由国务院规定。

机动车安全技术检验实行社会化的地方,任何单位不得要求机动车到指定的场所进行检验。

公安机关交通管理部门、机动车安全技术检验机构不得要求机动车到指定的场所进行维修、保养。

机动车安全技术检验机构对机动车检验收取费用,应当严格执行国务院价格主管部门核定的收费标准。

第十四条 国家实行机动车强制报废制度,根据机动车的安全技术状况和不同用途,规定不同的报废标准。

应当报废的机动车必须及时办理注销登记。

达到报废标准的机动车不得上道路行驶。报废的大型客、货车及其他营运车辆应当在公安机关交通管理部门的监督下解体。

第十五条 警车、消防车、救护车、工程救险车应当按照规定喷涂标志图案,安装警报器、标志灯具。其他机动车不得喷涂、安装、使用上述车辆专用的或者与其相类似的标志图案、警报器或者标志灯具。

警车、消防车、救护车、工程救险车应当严格按照规定的用途和条件使用。

公路监督检查的专用车辆,应当依照公路法的规定,设置统一的标志和示警灯。

第十六条 任何单位或者个人不得有下列行为:

(一)拼装机动车或者擅自改变机动车已登记的结构、构造或者特征;

(二)改变机动车型号、发动机号、车架号或者车辆识别代号;

(三)伪造、变造或者使用伪造、变造的机动车登记证书、号牌、行驶证、检验合格标志、保险标志;

(四)使用其他机动车的登记证书、号牌、行驶证、检验合格标志、保险标志。

第十七条 国家实行机动车第三者责任强制保险制度,设立道路交通事故社会救助基金。具体办法由国务院规定。

第十八条 依法应当登记的非机动车,经公安机关交通管理部门登记后,方可上道路行驶。

依法应当登记的非机动车的种类,由省、自治区、直辖市人民政府根据当地实际情况规定。

非机动车的外形尺寸、质量、制动器、车铃和夜间反光装置,应当符合非机动车安全技术标准。

第二节 机动车驾驶人

第十九条 驾驶机动车,应当依法取得机动车驾驶证。

申请机动车驾驶证,应当符合国务院公安部门规定的驾驶许可条件;经考试合格后,由公安机关交通管理部门发给相应类别的机动车驾驶证。

持有境外机动车驾驶证的人,符合国务院公安部门规定的驾驶许可条件,经公安机关交通管理部门考核合格的,可以发给中国的机动车驾驶证。

驾驶人应当按照驾驶证载明的准驾车型驾驶机动车;驾驶机动车时,应当随身携带机动车驾驶证。

公安机关交通管理部门以外的任何单位或者个人,不得收缴、扣留机动车驾驶证。

第二十条 机动车的驾驶培训实行社会化,由交通运输主管部门对驾驶培训学校、驾驶培训班实行备案管理,并对驾驶培训活动加强监督,其中专门的拖拉机驾驶培训学校、驾驶培训班由农业(农业机械)主管部门实行监督管理。

驾驶培训学校、驾驶培训班应当严格按照国家有关规定,对学员进行道路交通安全法律、法规、驾驶技能的培训，确保培训质量。

任何国家机关以及驾驶培训和考试主管部门不得举办或者参与举办驾驶培训学校、驾驶培训班。

第二十一条 驾驶人驾驶机动车上道路行驶前，应当对机动车的安全技术性能进行认真检查；不得驾驶安全设施不全或者机件不符合技术标准等具有安全隐患的机动车。

第二十二条 机动车驾驶人应当遵守道路交通安全法律、法规的规定，按照操作规范安全驾驶、文明驾驶。

饮酒、服用国家管制的精神药品或者麻醉药品，或者患有妨碍安全驾驶机动车的疾病，或者过度疲劳影响安全驾驶的，不得驾驶机动车。

任何人不得强迫、指使、纵容驾驶人违反道路交通安全法律、法规和机动车安全驾驶要求驾驶机动车。

第二十三条 公安机关交通管理部门依照法律、行政法规的规定，定期对机动车驾驶证实施审验。

第二十四条 公安机关交通管理部门对机动车驾驶人违反道路交通安全法律、法规的行为，除依法给予行政处罚外，实行累积记分制度。公安机关交通管理部门对累积记分达到规定分值的机动车驾驶人，扣留机动车驾驶证，对其进行道路交通安全法律、法规教育，重新考试；考试合格的，发还其机动车驾驶证。

对遵守道路交通安全法律、法规，在一年内无累积记分的机动车驾驶人，可以延长机动车驾驶证的审验期。具体办法由国务院公安部门规定。

第三章 道路通行条件

第二十五条 全国实行统一的道路交通信号。

交通信号包括交通信号灯、交通标志、交通标线和交通警察的指挥。

交通信号灯、交通标志、交通标线的设置应当符合道路交通安全、畅通的要求和国家标准,并保持清晰、醒目、准确、完好。

根据通行需要,应当及时增设、调换、更新道路交通信号。增设、调换、更新限制性的道路交通信号,应当提前向社会公告,广泛进行宣传。

第二十六条 交通信号灯由红灯、绿灯、黄灯组成。红灯表示禁止通行,绿灯表示准许通行,黄灯表示警示。

第二十七条 铁路与道路平面交叉的道口,应当设置警示灯、警示标志或者安全防护设施。无人看守的铁路道口,应当在距道口一定距离处设置警示标志。

第二十八条 任何单位和个人不得擅自设置、移动、占用、损毁交通信号灯、交通标志、交通标线。

道路两侧及隔离带上种植的树木或者其他植物,设置的广告牌、管线等,应当与交通设施保持必要的距离,不得遮挡路灯、交通信号灯、交通标志,不得妨碍安全视距,不得影响通行。

第二十九条 道路、停车场和道路配套设施的规划、设计、建设,应当符合道路交通安全、畅通的要求,并根据交通需求及时调整。

公安机关交通管理部门发现已经投入使用的道路存在交通事故频发路段,或者停车场、道路配套设施存在交通安全严重隐患的,应当及时向当地人民政府报告,并提出防范交通事故、消除隐患的建议,当地人民政府应当及时作出处理决定。

第三十条 道路出现坍塌、坑漕、水毁、隆起等损毁或者交通信号灯、交通标志、交通标线等交通设施损毁、灭失的,道路、交通设施的养护部门或者管理部门应当设置警示标志并及时修复。

公安机关交通管理部门发现前款情形,危及交通安全,尚未设置警示标志的,应当及时采取安全措施,疏导交通,并通知道路、交通设施的养护部门或者管理部门。

第三十一条 未经许可，任何单位和个人不得占用道路从事非交通活动。

第三十二条 因工程建设需要占用、挖掘道路，或者跨越、穿越道路架设、增设管线设施，应当事先征得道路主管部门的同意；影响交通安全的，还应当征得公安机关交通管理部门的同意。

施工作业单位应当在经批准的路段和时间内施工作业，并在距离施工作业地点来车方向安全距离处设置明显的安全警示标志，采取防护措施；施工作业完毕，应当迅速清除道路上的障碍物，消除安全隐患，经道路主管部门和公安机关交通管理部门验收合格，符合通行要求后，方可恢复通行。

对未中断交通的施工作业道路，公安机关交通管理部门应当加强交通安全监督检查，维护道路交通秩序。

第三十三条 新建、改建、扩建的公共建筑、商业街区、居住区、大(中)型建筑等，应当配建、增建停车场；停车泊位不足的，应当及时改建或者扩建；投入使用的停车场不得擅自停止使用或者改作他用。

在城市道路范围内，在不影响行人、车辆通行的情况下，政府有关部门可以施划停车泊位。

第三十四条 学校、幼儿园、医院、养老院门前的道路没有行人过街设施的，应当施划人行横道线，设置提示标志。

城市主要道路的人行道，应当按照规划设置盲道。盲道的设置应当符合国家标准。

第四章 道路通行规定

第一节 一般规定

第三十五条 机动车、非机动车实行右侧通行。

第三十六条　根据道路条件和通行需要，道路划分为机动车道、非机动车道和人行道的，机动车、非机动车、行人实行分道通行。没有划分机动车道、非机动车道和人行道的，机动车在道路中间通行，非机动车和行人在道路两侧通行。

第三十七条　道路划设专用车道的，在专用车道内，只准许规定的车辆通行，其他车辆不得进入专用车道内行驶。

第三十八条　车辆、行人应当按照交通信号通行；遇有交通警察现场指挥时，应当按照交通警察的指挥通行；在没有交通信号的道路上，应当在确保安全、畅通的原则下通行。

第三十九条　公安机关交通管理部门根据道路和交通流量的具体情况，可以对机动车、非机动车、行人采取疏导、限制通行、禁止通行等措施。遇有大型群众性活动、大范围施工等情况，需要采取限制交通的措施，或者作出与公众的道路交通活动直接有关的决定，应当提前向社会公告。

第四十条　遇有自然灾害、恶劣气象条件或者重大交通事故等严重影响交通安全的情形，采取其他措施难以保证交通安全时，公安机关交通管理部门可以实行交通管制。

第四十一条　有关道路通行的其他具体规定，由国务院规定。

第二节　机动车通行规定

第四十二条　机动车上道路行驶，不得超过限速标志标明的最高时速。在没有限速标志的路段，应当保持安全车速。

夜间行驶或者在容易发生危险的路段行驶，以及遇有沙尘、冰雹、雨、雪、雾、结冰等气象条件时，应当降低行驶速度。

第四十三条　同车道行驶的机动车，后车应当与前车保持足以采取紧急制动措施的安全距离。有下列情形之一的，不得超车：

（一）前车正在左转弯、掉头、超车的；

（二）与对面来车有会车可能的；

（三）前车为执行紧急任务的警车、消防车、救护车、工程救险车的；

（四）行经铁路道口、交叉路口、窄桥、弯道、陡坡、隧道、人行横道、市区交通流量大的路段等没有超车条件的。

第四十四条 机动车通过交叉路口，应当按照交通信号灯、交通标志、交通标线或者交通警察的指挥通过；通过没有交通信号灯、交通标志、交通标线或者交通警察指挥的交叉路口时，应当减速慢行，并让行人和优先通行的车辆先行。

第四十五条 机动车遇有前方车辆停车排队等候或者缓慢行驶时，不得借道超车或者占用对面车道，不得穿插等候的车辆。

在车道减少的路段、路口，或者在没有交通信号灯、交通标志、交通标线或者交通警察指挥的交叉路口遇到停车排队等候或者缓慢行驶时，机动车应当依次交替通行。

第四十六条 机动车通过铁路道口时，应当按照交通信号或者管理人员的指挥通行；没有交通信号或者管理人员的，应当减速或者停车，在确认安全后通过。

第四十七条 机动车行经人行横道时，应当减速行驶；遇行人正在通过人行横道，应当停车让行。

机动车行经没有交通信号的道路时，遇行人横过道路，应当避让。

第四十八条 机动车载物应当符合核定的载质量，严禁超载；载物的长、宽、高不得违反装载要求，不得遗洒、飘散载运物。

机动车运载超限的不可解体的物品，影响交通安全的，应当按照公安机关交通管理部门指定的时间、路线、速度行驶，悬挂明显标志。在公路上运载超限的不可解体的物品，并应当依照公路法的规定执行。

机动车载运爆炸物品、易燃易爆化学物品以及剧毒、放射性等危险物品，应当经公安机关批准后，按指定的时间、路线、速度行驶，悬挂警示标志并采取必要的安全措施。

第四十九条 机动车载人不得超过核定的人数，客运机动车不得违反规定载货。

第五十条 禁止货运机动车载客。

货运机动车需要附载作业人员的，应当设置保护作业人员的安全措施。

第五十一条 机动车行驶时，驾驶人、乘坐人员应当按规定使用安全带，摩托车驾驶人及乘坐人员应当按规定戴安全头盔。

第五十二条 机动车在道路上发生故障，需要停车排除故障时，驾驶人应当立即开启危险报警闪光灯，将机动车移至不妨碍交通的地方停放；难以移动的，应当持续开启危险报警闪光灯，并在来车方向设置警告标志等措施扩大示警距离，必要时迅速报警。

第五十三条 警车、消防车、救护车、工程救险车执行紧急任务时，可以使用警报器、标志灯具；在确保安全的前提下，不受行驶路线、行驶方向、行驶速度和信号灯的限制，其他车辆和行人应当让行。

警车、消防车、救护车、工程救险车非执行紧急任务时，不得使用警报器、标志灯具，不享有前款规定的道路优先通行权。

第五十四条 道路养护车辆、工程作业车进行作业时，在不影响过往车辆通行的前提下，其行驶路线和方向不受交通标志、标线限制，过往车辆和人员应当注意避让。

洒水车、清扫车等机动车应当按照安全作业标准作业；在不影响其他车辆通行的情况下，可以不受车辆分道行驶的限制，但是不得逆向行驶。

第五十五条 高速公路、大中城市中心城区内的道路，禁止拖拉机通行。其他禁止拖拉机通行的道路，由省、自治区、直辖市人民政府根据当地实际情况规定。

在允许拖拉机通行的道路上，拖拉机可以从事货运，但是不得用于载人。

第五十六条 机动车应当在规定地点停放。禁止在人行道上停放机动车；但是，依照本法第三十三条规定施划的停车泊位除外。

在道路上临时停车的，不得妨碍其他车辆和行人通行。

第三节 非机动车通行规定

第五十七条 驾驶非机动车在道路上行驶应当遵守有关交通安全的规定。非机动车应当在非机动车道内行驶；在没有非机动车道的道路上，应当靠车行道的右侧行驶。

第五十八条 残疾人机动轮椅车、电动自行车在非机动车道内行驶时，最高时速不得超过十五公里。

第五十九条 非机动车应当在规定地点停放。未设停放地点的，非机动车停放不得妨碍其他车辆和行人通行。

第六十条 驾驭畜力车，应当使用驯服的牲畜；驾驭畜力车横过道路时，驾驭人应当下车牵引牲畜；驾驭人离开车辆时，应当拴系牲畜。

第四节 行人和乘车人通行规定

第六十一条 行人应当在人行道内行走，没有人行道的靠路边行走。

第六十二条 行人通过路口或者横过道路，应当走人行横道或者过街设施；通过有交通信号灯的人行横道，应当按照交通信号灯指示通行；通过没有交通信号灯、人行横道的路口，或者在没有过街设施的路段横过道路，应当在确认安全后通过。

第六十三条 行人不得跨越、倚坐道路隔离设施，不得扒车、强行拦车或者实施妨碍道路交通安全的其他行为。

第六十四条 学龄前儿童以及不能辨认或者不能控制自己行为的精神疾病患者、智力障碍者在道路上通行,应当由其监护人、监护人委托的人或者对其负有管理、保护职责的人带领。

盲人在道路上通行,应当使用盲杖或者采取其他导盲手段,车辆应当避让盲人。

第六十五条 行人通过铁路道口时,应当按照交通信号或者管理人员的指挥通行;没有交通信号和管理人员的,应当在确认无火车驶临后,迅速通过。

第六十六条 乘车人不得携带易燃易爆等危险物品,不得向车外抛洒物品,不得有影响驾驶人安全驾驶的行为。

第五节 高速公路的特别规定

第六十七条 行人、非机动车、拖拉机、轮式专用机械车、铰接式客车、全挂拖斗车以及其他设计最高时速低于七十公里的机动车,不得进入高速公路。高速公路限速标志标明的最高时速不得超过一百二十公里。

第六十八条 机动车在高速公路上发生故障时,应当依照本法第五十二条的有关规定办理;但是,警告标志应当设置在故障车来车方向一百五十米以外,车上人员应当迅速转移到右侧路肩上或者应急车道内,并且迅速报警。

机动车在高速公路上发生故障或者交通事故,无法正常行驶的,应当由救援车、清障车拖曳、牵引。

第六十九条 任何单位、个人不得在高速公路上拦截检查行驶的车辆,公安机关的人民警察依法执行紧急公务除外。

第五章 交通事故处理

第七十条 在道路上发生交通事故,车辆驾驶人应当立即停车,保护现场;

造成人身伤亡的，车辆驾驶人应当立即抢救受伤人员，并迅速报告执勤的交通警察或者公安机关交通管理部门。因抢救受伤人员变动现场的，应当标明位置。乘车人、过往车辆驾驶人、过往行人应当予以协助。

在道路上发生交通事故，未造成人身伤亡，当事人对事实及成因无争议的，可以即行撤离现场，恢复交通，自行协商处理损害赔偿事宜；不即行撤离现场的，应当迅速报告执勤的交通警察或者公安机关交通管理部门。

在道路上发生交通事故，仅造成轻微财产损失，并且基本事实清楚的，当事人应当先撤离现场再进行协商处理。

第七十一条 车辆发生交通事故后逃逸的，事故现场目击人员和其他知情人员应当向公安机关交通管理部门或者交通警察举报。举报属实的，公安机关交通管理部门应当给予奖励。

第七十二条 公安机关交通管理部门接到交通事故报警后，应当立即派交通警察赶赴现场，先组织抢救受伤人员，并采取措施，尽快恢复交通。

交通警察应当对交通事故现场进行勘验、检查，收集证据；因收集证据的需要，可以扣留事故车辆，但是应当妥善保管，以备核查。

对当事人的生理、精神状况等专业性较强的检验，公安机关交通管理部门应当委托专门机构进行鉴定。鉴定结论应当由鉴定人签名。

第七十三条 公安机关交通管理部门应当根据交通事故现场勘验、检查、调查情况和有关的检验、鉴定结论，及时制作交通事故认定书，作为处理交通事故的证据。交通事故认定书应当载明交通事故的基本事实、成因和当事人的责任，并送达当事人。

第七十四条 对交通事故损害赔偿的争议，当事人可以请求公安机关交通管理部门调解，也可以直接向人民法院提起民事诉讼。

经公安机关交通管理部门调解，当事人未达成协议或者调解书生效后不履行的，当事人可以向人民法院提起民事诉讼。

第七十五条　医疗机构对交通事故中的受伤人员应当及时抢救，不得因抢救费用未及时支付而拖延救治。肇事车辆参加机动车第三者责任强制保险的，由保险公司在责任限额范围内支付抢救费用；抢救费用超过责任限额的，未参加机动车第三者责任强制保险或者肇事后逃逸的，由道路交通事故社会救助基金先行垫付部分或者全部抢救费用，道路交通事故社会救助基金管理机构有权向交通事故责任人追偿。

第七十六条　机动车发生交通事故造成人身伤亡、财产损失的，由保险公司在机动车第三者责任强制保险责任限额范围内予以赔偿；不足的部分，按照下列规定承担赔偿责任：

（一）机动车之间发生交通事故的，由有过错的一方承担赔偿责任；双方都有过错的，按照各自过错的比例分担责任。

（二）机动车与非机动车驾驶人、行人之间发生交通事故，非机动车驾驶人、行人没有过错的，由机动车一方承担赔偿责任；有证据证明非机动车驾驶人、行人有过错的，根据过错程度适当减轻机动车一方的赔偿责任；机动车一方没有过错的，承担不超过百分之十的赔偿责任。

交通事故的损失是由非机动车驾驶人、行人故意碰撞机动车造成的，机动车一方不承担赔偿责任。

第七十七条　车辆在道路以外通行时发生的事故，公安机关交通管理部门接到报案的，参照本法有关规定办理。

第六章　执法监督

第七十八条　公安机关交通管理部门应当加强对交通警察的管理，提高交通警察的素质和管理道路交通的水平。

公安机关交通管理部门应当对交通警察进行法制和交通安全管理业务培

训、考核。交通警察经考核不合格的，不得上岗执行职务。

第七十九条 公安机关交通管理部门及其交通警察实施道路交通安全管理，应当依据法定的职权和程序，简化办事手续，做到公正、严格、文明、高效。

第八十条 交通警察执行职务时，应当按照规定着装，佩带人民警察标志，持有人民警察证件，保持警容严整，举止端庄，指挥规范。

第八十一条 依照本法发放牌证等收取工本费，应当严格执行国务院价格主管部门核定的收费标准，并全部上缴国库。

第八十二条 公安机关交通管理部门依法实施罚款的行政处罚，应当依照有关法律、行政法规的规定，实施罚款决定与罚款收缴分离；收缴的罚款以及依法没收的违法所得，应当全部上缴国库。

第八十三条 交通警察调查处理道路交通安全违法行为和交通事故，有下列情形之一的，应当回避：

（一）是本案的当事人或者当事人的近亲属；

（二）本人或者其近亲属与本案有利害关系；

（三）与本案当事人有其他关系，可能影响案件的公正处理。

第八十四条 公安机关交通管理部门及其交通警察的行政执法活动，应当接受行政监察机关依法实施的监督。

公安机关督察部门应当对公安机关交通管理部门及其交通警察执行法律、法规和遵守纪律的情况依法进行监督。

上级公安机关交通管理部门应当对下级公安机关交通管理部门的执法活动进行监督。

第八十五条 公安机关交通管理部门及其交通警察执行职务，应当自觉接受社会和公民的监督。

任何单位和个人都有权对公安机关交通管理部门及其交通警察不严格执法以及违法违纪行为进行检举、控告。收到检举、控告的机关，应当依据职责及时查处。

第八十六条 任何单位不得给公安机关交通管理部门下达或者变相下达罚款指标;公安机关交通管理部门不得以罚款数额作为考核交通警察的标准。

公安机关交通管理部门及其交通警察对超越法律、法规规定的指令,有权拒绝执行,并同时向上级机关报告。

第七章 法律责任

第八十七条 公安机关交通管理部门及其交通警察对道路交通安全违法行为,应当及时纠正。

公安机关交通管理部门及其交通警察应当依据事实和本法的有关规定对道路交通安全违法行为予以处罚。对于情节轻微,未影响道路通行的,指出违法行为,给予口头警告后放行。

第八十八条 对道路交通安全违法行为的处罚种类包括:警告、罚款、暂扣或者吊销机动车驾驶证、拘留。

第八十九条 行人、乘车人、非机动车驾驶人违反道路交通安全法律、法规关于道路通行规定的,处警告或者五元以上五十元以下罚款;非机动车驾驶人拒绝接受罚款处罚的,可以扣留其非机动车。

第九十条 机动车驾驶人违反道路交通安全法律、法规关于道路通行规定的,处警告或者二十元以上二百元以下罚款。本法另有规定的,依照规定处罚。

第九十一条 饮酒后驾驶机动车的,处暂扣六个月机动车驾驶证,并处一千元以上二千元以下罚款。因饮酒后驾驶机动车被处罚,再次饮酒后驾驶机动车的,处十日以下拘留,并处一千元以上二千元以下罚款,吊销机动车驾驶证。

醉酒驾驶机动车的,由公安机关交通管理部门约束至酒醒,吊销机动车驾驶证,依法追究刑事责任;五年内不得重新取得机动车驾驶证。

饮酒后驾驶营运机动车的，处十五日拘留，并处五千元罚款，吊销机动车驾驶证，五年内不得重新取得机动车驾驶证。

醉酒驾驶营运机动车的，由公安机关交通管理部门约束至酒醒，吊销机动车驾驶证，依法追究刑事责任；十年内不得重新取得机动车驾驶证，重新取得机动车驾驶证后，不得驾驶营运机动车。

饮酒后或者醉酒驾驶机动车发生重大交通事故，构成犯罪的，依法追究刑事责任，并由公安机关交通管理部门吊销机动车驾驶证，终生不得重新取得机动车驾驶证。

第九十二条 公路客运车辆载客超过额定乘员的，处二百元以上五百元以下罚款；超过额定乘员百分之二十或者违反规定载货的，处五百元以上二千元以下罚款。

货运机动车超过核定载质量的，处二百元以上五百元以下罚款；超过核定载质量百分之三十或者违反规定载客的，处五百元以上二千元以下罚款。

有前两款行为的，由公安机关交通管理部门扣留机动车至违法状态消除。

运输单位的车辆有本条第一款、第二款规定的情形，经处罚不改的，对直接负责的主管人员处二千元以上五千元以下罚款。

第九十三条 对违反道路交通安全法律、法规关于机动车停放、临时停车规定的，可以指出违法行为，并予以口头警告，令其立即驶离。

机动车驾驶人不在现场或者虽在现场但拒绝立即驶离，妨碍其他车辆、行人通行的，处二十元以上二百元以下罚款，并可以将该机动车拖移至不妨碍交通的地点或者公安机关交通管理部门指定的地点停放。公安机关交通管理部门拖车不得向当事人收取费用，并应当及时告知当事人停放地点。

因采取不正确的方法拖车造成机动车损坏的，应当依法承担补偿责任。

第九十四条 机动车安全技术检验机构实施机动车安全技术检验超过国务院价格主管部门核定的收费标准收取费用的，退还多收取的费用，并由价格主管部门依照《中华人民共和国价格法》的有关规定给予处罚。

机动车安全技术检验机构不按照机动车国家安全技术标准进行检验，出具虚假检验结果的，由公安机关交通管理部门处所收检验费用五倍以上十倍以下罚款，并依法撤销其检验资格；构成犯罪的，依法追究刑事责任。

第九十五条　上道路行驶的机动车未悬挂机动车号牌，未放置检验合格标志、保险标志，或者未随车携带行驶证、驾驶证的，公安机关交通管理部门应当扣留机动车，通知当事人提供相应的牌证、标志或者补办相应手续，并可以依照本法第九十条的规定予以处罚。当事人提供相应的牌证、标志或者补办相应手续的，应当及时退还机动车。

故意遮挡、污损或者不按规定安装机动车号牌的，依照本法第九十条的规定予以处罚。

第九十六条　伪造、变造或者使用伪造、变造的机动车登记证书、号牌、行驶证、驾驶证的，由公安机关交通管理部门予以收缴，扣留该机动车，处十五日以下拘留，并处二千元以上五千元以下罚款；构成犯罪的，依法追究刑事责任。

伪造、变造或者使用伪造、变造的检验合格标志、保险标志的，由公安机关交通管理部门予以收缴，扣留该机动车，处十日以下拘留，并处一千元以上三千元以下罚款；构成犯罪的，依法追究刑事责任。

使用其他车辆的机动车登记证书、号牌、行驶证、检验合格标志、保险标志的，由公安机关交通管理部门予以收缴，扣留该机动车，处二千元以上五千元以下罚款。

当事人提供相应的合法证明或者补办相应手续的，应当及时退还机动车。

第九十七条　非法安装警报器、标志灯具的，由公安机关交通管理部门强制拆除，予以收缴，并处二百元以上二千元以下罚款。

第九十八条　机动车所有人、管理人未按照国家规定投保机动车第三者责任强制保险的，由公安机关交通管理部门扣留车辆至依照规定投保后，并处依照规定投保最低责任限额应缴纳的保险费的二倍罚款。

依照前款缴纳的罚款全部纳入道路交通事故社会救助基金。具体办法由国务院规定。

第九十九条 有下列行为之一的,由公安机关交通管理部门处二百元以上二千元以下罚款:

(一)未取得机动车驾驶证、机动车驾驶证被吊销或者机动车驾驶证被暂扣期间驾驶机动车的;

(二)将机动车交由未取得机动车驾驶证或者机动车驾驶证被吊销、暂扣的人驾驶的;

(三)造成交通事故后逃逸,尚不构成犯罪的;

(四)机动车行驶超过规定时速百分之五十的;

(五)强迫机动车驾驶人违反道路交通安全法律、法规和机动车安全驾驶要求驾驶机动车,造成交通事故,尚不构成犯罪的;

(六)违反交通管制的规定强行通行,不听劝阻的;

(七)故意损毁、移动、涂改交通设施,造成危害后果,尚不构成犯罪的;

(八)非法拦截、扣留机动车辆,不听劝阻,造成交通严重阻塞或者较大财产损失的。

行为人有前款第二项、第四项情形之一的,可以并处吊销机动车驾驶证;有第一项、第三项、第五项至第八项情形之一的,可以并处十五日以下拘留。

第一百条 驾驶拼装的机动车或者已达到报废标准的机动车上道路行驶的,公安机关交通管理部门应当予以收缴,强制报废。

对驾驶前款所列机动车上道路行驶的驾驶人,处二百元以上二千元以下罚款,并吊销机动车驾驶证。

出售已达到报废标准的机动车的,没收违法所得,处销售金额等额的罚款,对该机动车依照本条第一款的规定处理。

第一百零一条 违反道路交通安全法律、法规的规定,发生重大交通事故,构成犯罪的,依法追究刑事责任,并由公安机关交通管理部门吊销机动车驾驶证。

造成交通事故后逃逸的,由公安机关交通管理部门吊销机动车驾驶证,且终生不得重新取得机动车驾驶证。

第一百零二条 对六个月内发生二次以上特大交通事故负有主要责任或者全部责任的专业运输单位,由公安机关交通管理部门责令消除安全隐患,未消除安全隐患的机动车,禁止上道路行驶。

第一百零三条 国家机动车产品主管部门未按照机动车国家安全技术标准严格审查,许可不合格机动车型投入生产的,对负有责任的主管人员和其他直接责任人员给予降级或者撤职的行政处分。

机动车生产企业经国家机动车产品主管部门许可生产的机动车型,不执行机动车国家安全技术标准或者不严格进行机动车成品质量检验,致使质量不合格的机动车出厂销售的,由质量技术监督部门依照《中华人民共和国产品质量法》的有关规定给予处罚。

擅自生产、销售未经国家机动车产品主管部门许可生产的机动车型的,没收非法生产、销售的机动车成品及配件,可以并处非法产品价值三倍以上五倍以下罚款;有营业执照的,由工商行政管理部门吊销营业执照,没有营业执照的,予以查封。

生产、销售拼装的机动车或者生产、销售擅自改装的机动车的,依照本条第三款的规定处罚。

有本条第二款、第三款、第四款所列违法行为,生产或者销售不符合机动车国家安全技术标准的机动车,构成犯罪的,依法追究刑事责任。

第一百零四条 未经批准,擅自挖掘道路、占用道路施工或者从事其他影响道路交通安全活动的,由道路主管部门责令停止违法行为,并恢复原状,可以依法给予罚款;致使通行的人员、车辆及其他财产遭受损失的,依法承担赔偿责任。

有前款行为,影响道路交通安全活动的,公安机关交通管理部门可以责令停止违法行为,迅速恢复交通。

第一百零五条 道路施工作业或者道路出现损毁,未及时设置警示标志、未采取防护措施,或者应当设置交通信号灯、交通标志、交通标线而没有设置或者应当及时变更交通信号灯、交通标志、交通标线而没有及时变更,致使通行的人员、车辆及其他财产遭受损失的,负有相关职责的单位应当依法承担赔偿责任。

第一百零六条 在道路两侧及隔离带上种植树木、其他植物或者设置广告牌、管线等,遮挡路灯、交通信号灯、交通标志,妨碍安全视距的,由公安机关交通管理部门责令行为人排除妨碍;拒不执行的,处二百元以上二千元以下罚款,并强制排除妨碍,所需费用由行为人负担。

第一百零七条 对道路交通违法行为人予以警告、二百元以下罚款,交通警察可以当场作出行政处罚决定,并出具行政处罚决定书。

行政处罚决定书应当载明当事人的违法事实、行政处罚的依据、处罚内容、时间、地点以及处罚机关名称,并由执法人员签名或者盖章。

第一百零八条 当事人应当自收到罚款的行政处罚决定书之日起十五日内,到指定的银行缴纳罚款。

对行人、乘车人和非机动车驾驶人的罚款,当事人无异议的,可以当场予以收缴罚款。

罚款应当开具省、自治区、直辖市财政部门统一制发的罚款收据;不出具财政部门统一制发的罚款收据的,当事人有权拒绝缴纳罚款。

第一百零九条 当事人逾期不履行行政处罚决定的,作出行政处罚决定的行政机关可以采取下列措施:

(一)到期不缴纳罚款的,每日按罚款数额的百分之三加处罚款;

(二)申请人民法院强制执行。

第一百一十条　执行职务的交通警察认为应当对道路交通违法行为人给予暂扣或者吊销机动车驾驶证处罚的,可以先予扣留机动车驾驶证,并在二十四小时内将案件移交公安机关交通管理部门处理。

道路交通违法行为人应当在十五日内到公安机关交通管理部门接受处理。无正当理由逾期未接受处理的,吊销机动车驾驶证。

公安机关交通管理部门暂扣或者吊销机动车驾驶证的,应当出具行政处罚决定书。

第一百一十一条　对违反本法规定予以拘留的行政处罚,由县、市公安局、公安分局或者相当于县一级的公安机关裁决。

第一百一十二条　公安机关交通管理部门扣留机动车、非机动车,应当当场出具凭证,并告知当事人在规定期限内到公安机关交通管理部门接受处理。

公安机关交通管理部门对被扣留的车辆应当妥善保管,不得使用。

逾期不来接受处理,并且经公告三个月仍不来接受处理的,对扣留的车辆依法处理。

第一百一十三条　暂扣机动车驾驶证的期限从处罚决定生效之日起计算;处罚决定生效前先予扣留机动车驾驶证的,扣留一日折抵暂扣期限一日。

吊销机动车驾驶证后重新申请领取机动车驾驶证的期限,按照机动车驾驶证管理规定办理。

第一百一十四条　公安机关交通管理部门根据交通技术监控记录资料,可以对违法的机动车所有人或者管理人依法予以处罚。对能够确定驾驶人的,可以依照本法的规定依法予以处罚。

第一百一十五条　交通警察有下列行为之一的,依法给予行政处分:

(一)为不符合法定条件的机动车发放机动车登记证书、号牌、行驶证、检验合格标志的;

(二)批准不符合法定条件的机动车安装、使用警车、消防车、救护车、工程救

险车的警报器、标志灯具,喷涂标志图案的;

(三)为不符合驾驶许可条件、未经考试或者考试不合格人员发放机动车驾驶证的;

(四)不执行罚款决定与罚款收缴分离制度或者不按规定将依法收取的费用、收缴的罚款及没收的违法所得全部上缴国库的;

(五)举办或者参与举办驾驶学校或者驾驶培训班、机动车修理厂或者收费停车场等经营活动的;

(六)利用职务上的便利收受他人财物或者谋取其他利益的;

(七)违法扣留车辆、机动车行驶证、驾驶证、车辆号牌的;

(八)使用依法扣留的车辆的;

(九)当场收取罚款不开具罚款收据或者不如实填写罚款额的;

(十)徇私舞弊,不公正处理交通事故的;

(十一)故意刁难,拖延办理机动车牌证的;

(十二)非执行紧急任务时使用警报器、标志灯具的;

(十三)违反规定拦截、检查正常行驶的车辆的;

(十四)非执行紧急公务时拦截搭乘机动车的;

(十五)不履行法定职责的。

公安机关交通管理部门有前款所列行为之一的,对直接负责的主管人员和其他直接责任人员给予相应的行政处分。

第一百一十六条 依照本法第一百一十五条的规定,给予交通警察行政处分的,在作出行政处分决定前,可以停止其执行职务;必要时,可以予以禁闭。

依照本法第一百一十五条的规定,交通警察受到降级或者撤职行政处分的,可以予以辞退。

交通警察受到开除处分或者被辞退的,应当取消警衔;受到撤职以下行政处分的交通警察,应当降低警衔。

第一百一十七条 交通警察利用职权非法占有公共财物，索取、收受贿赂，或者滥用职权、玩忽职守，构成犯罪的，依法追究刑事责任。

第一百一十八条 公安机关交通管理部门及其交通警察有本法第一百一十五条所列行为之一，给当事人造成损失的，应当依法承担赔偿责任。

第八章 附 则

第一百一十九条 本法中下列用语的含义：

（一）“道路”，是指公路、城市道路和虽在单位管辖范围但允许社会机动车通行的地方，包括广场、公共停车场等用于公众通行的场所。

（二）“车辆”，是指机动车和非机动车。

（三）“机动车”，是指以动力装置驱动或者牵引，上道路行驶的供人员乘用或者用于运送物品以及进行工程专项作业的轮式车辆。

（四）“非机动车”，是指以人力或者畜力驱动，上道路行驶的交通工具，以及虽有动力装置驱动但设计最高时速、空车质量、外形尺寸符合有关国家标准的残疾人机动轮椅车、电动自行车等交通工具。

（五）“交通事故”，是指车辆在道路上因过错或者意外造成的人身伤亡或者财产损失的事件。

第一百二十条 中国人民解放军和中国人民武装警察部队在编机动车牌证、在编机动车检验以及机动车驾驶人考核工作，由中国人民解放军、中国人民武装警察部队有关部门负责。

第一百二十一条 对上道路行驶的拖拉机，由农业（农业机械）主管部门行使本法第八条、第九条、第十三条、第十九条、第二十三条规定的公安机关交通管理部门的管理职权。

农业（农业机械）主管部门依照前款规定行使职权，应当遵守本法有关规定，并接受公安机关交通管理部门的监督；对违反规定的，依照本法有关规定追究法律责任。

本法施行前由农业(农业机械)主管部门发放的机动车牌证，在本法施行后继续有效。

第一百二十二条 国家对入境的境外机动车的道路交通安全实施统一管理。

第一百二十三条 省、自治区、直辖市人民代表大会常务委员会可以根据本地区的实际情况，在本法规定的罚款幅度内，规定具体的执行标准。

第一百二十四条 本法自2004年5月1日起施行。

拖拉机和联合收割机登记规定(节录)

(中华人民共和国农业部令2018年第2号)

第二十三条 有下列情形之一的，应当向登记地的农机监理机构申请注销登记，填写申请表，提交身份证明，并交回号牌、行驶证、登记证书。

(一)报废的；

(二)灭失的；

(三)所有人因其他原因申请注销的。

农机监理机构应当自受理之日起1日内办理注销登记，收回号牌、行驶证和登记证书。无法收回的，由农机监理机构公告作废。

第七章 其他规定

第二十七条 已注册登记的拖拉机、联合收割机被盗抢，所有人应当在向公安机关报案的同时,向登记地农机监理机构申请封存档案。农机监理机构应当受理申请,在计算机管理系统内记录被盗抢信息,封存档案,停止办理该拖拉机、联合收割机的各项登记。被盗抢拖拉机、联合收割机发还后,所有人应当向登记地农机监理机构申请解除封存,农机监理机构应当受理申请,恢复办理各项登记。

在被盗抢期间,发动机号码、底盘号/机架号、挂车架号码或者机身颜色被改变的,农机监理机构应当凭有关技术鉴定证明办理变更。

第二十八条 登记的拖拉机、联合收割机应当每年进行1次安全检验。

农药管理条例(2022年修订)

(1997年5月8日中华人民共和国国务院令第216号发布 根据2001年11月29日《国务院关于修改〈农药管理条例〉的决定》第一次修订 2017年2月8日国务院第164次常务会议修订通过 根据2022年3月29日《国务院关于修改和废止部分行政法规的决定》第二次修订)

第一章 总 则

第一条 为了加强农药管理,保证农药质量,保障农产品质量安全和人畜安全,保护农业、林业生产和生态环境,制定本条例。

第二条 本条例所称农药,是指用于预防、控制危害农业、林业的病、虫、草、鼠和其他有害生物以及有目的地调节植物、昆虫生长的化学合成或者来源于生物、其他天然物质的一种物质或者几种物质的混合物及其制剂。

前款规定的农药包括用于不同目的、场所的下列各类：

(一)预防、控制危害农业、林业的病、虫(包括昆虫、蜱、螨)、草、鼠、软体动物和其他有害生物；

(二)预防、控制仓储以及加工场所的病、虫、鼠和其他有害生物；

(三)调节植物、昆虫生长；

(四)农业、林业产品防腐或者保鲜；

(五)预防、控制蚊、蝇、蜚蠊、鼠和其他有害生物；

(六)预防、控制危害河流堤坝、铁路、码头、机场、建筑物和其他场所的有害生物。

第三条 国务院农业主管部门负责全国的农药监督管理工作。

县级以上地方人民政府农业主管部门负责本行政区域的农药监督管理工作。

县级以上人民政府其他有关部门在各自职责范围内负责有关的农药监督管理工作。

第四条 县级以上地方人民政府应当加强对农药监督管理工作的组织领导,将农药监督管理经费列入本级政府预算,保障农药监督管理工作的开展。

第五条 农药生产企业、农药经营者应当对其生产、经营的农药的安全性、有效性负责,自觉接受政府监管和社会监督。

农药生产企业、农药经营者应当加强行业自律,规范生产、经营行为。

第六条 国家鼓励和支持研制、生产、使用安全、高效、经济的农药,推进农药专业化使用,促进农药产业升级。

对在农药研制、推广和监督管理等工作中作出突出贡献的单位和个人,按照国家有关规定予以表彰或者奖励。

第二章 农药登记

第七条 国家实行农药登记制度。农药生产企业、向中国出口农药的企业应当依照本条例的规定申请农药登记，新农药研制者可以依照本条例的规定申请农药登记。

国务院农业主管部门所属的负责农药检定工作的机构负责农药登记具体工作。省、自治区、直辖市人民政府农业主管部门所属的负责农药检定工作的机构协助做好本行政区域的农药登记具体工作。

第八条 国务院农业主管部门组织成立农药登记评审委员会，负责农药登记评审。

农药登记评审委员会由下列人员组成：

（一）国务院农业、林业、卫生、环境保护、粮食、工业行业管理、安全生产监督管理等有关部门和供销合作总社等单位推荐的农药产品化学、药效、毒理、残留、环境、质量标准和检测等方面的专家；

（二）国家食品安全风险评估专家委员会的有关专家；

（三）国务院农业、林业、卫生、环境保护、粮食、工业行业管理、安全生产监督管理等有关部门和供销合作总社等单位的代表。

农药登记评审规则由国务院农业主管部门制定。

第九条 申请农药登记的，应当进行登记试验。

农药的登记试验应当报所在地省、自治区、直辖市人民政府农业主管部门备案。

第十条 登记试验应当由国务院农业主管部门认定的登记试验单位按照国务院农业主管部门的规定进行。

与已取得中国农药登记的农药组成成分、使用范围和使用方法相同的农药，免予残留、环境试验，但已取得中国农药登记的农药依照本条例第十五条的规定在登记资料保护期内的，应当经农药登记证持有人授权同意。

登记试验单位应当对登记试验报告的真实性负责。

第十一条 登记试验结束后，申请人应当向所在地省、自治区、直辖市人民政府农业主管部门提出农药登记申请，并提交登记试验报告、标签样张和农药产品质量标准及其检验方法等申请资料；申请新农药登记的，还应当提供农药标准品。

省、自治区、直辖市人民政府农业主管部门应当自受理申请之日起20个工作日内提出初审意见，并报送国务院农业主管部门。

向中国出口农药的企业申请农药登记的，应当持本条第一款规定的资料、农药标准品以及在有关国家(地区)登记、使用的证明材料，向国务院农业主管部门提出申请。

第十二条 国务院农业主管部门受理申请或者收到省、自治区、直辖市人民政府农业主管部门报送的申请资料后，应当组织审查和登记评审，并自收到评审意见之日起20个工作日内作出审批决定，符合条件的，核发农药登记证；不符合条件的，书面通知申请人并说明理由。

第十三条 农药登记证应当载明农药名称、剂型、有效成分及其含量、毒性、使用范围、使用方法和剂量、登记证持有人、登记证号以及有效期等事项。

农药登记证有效期为5年。有效期届满，需要继续生产农药或者向中国出口农药的，农药登记证持有人应当在有效期届满90日前向国务院农业主管部门申请延续。

农药登记证载明事项发生变化的，农药登记证持有人应当按照国务院农业主管部门的规定申请变更农药登记证。

国务院农业主管部门应当及时公告农药登记证核发、延续、变更情况以及有关的农药产品质量标准号、残留限量规定、检验方法、经核准的标签等信息。

第十四条　新农药研制者可以转让其已取得登记的新农药的登记资料；农药生产企业可以向具有相应生产能力的农药生产企业转让其已取得登记的农药的登记资料。

第十五条　国家对取得首次登记的、含有新化合物的农药的申请人提交的其自己所取得且未披露的试验数据和其他数据实施保护。

自登记之日起6年内，对其他申请人未经已取得登记的申请人同意，使用前款规定的数据申请农药登记的，登记机关不予登记；但是，其他申请人提交其自己所取得的数据的除外。

除下列情况外，登记机关不得披露本条第一款规定的数据：

（一）公共利益需要；

（二）已采取措施确保该类信息不会被不正当地进行商业使用。

第三章　农药生产

第十六条　农药生产应当符合国家产业政策。国家鼓励和支持农药生产企业采用先进技术和先进管理规范，提高农药的安全性、有效性。

第十七条　国家实行农药生产许可制度。农药生产企业应当具备下列条件，并按照国务院农业主管部门的规定向省、自治区、直辖市人民政府农业主管部门申请农药生产许可证：

（一）有与所申请生产农药相适应的技术人员；

（二）有与所申请生产农药相适应的厂房、设施；

（三）有对所申请生产农药进行质量管理和质量检验的人员、仪器和设备；

（四）有保证所申请生产农药质量的规章制度。

省、自治区、直辖市人民政府农业主管部门应当自受理申请之日起20个工作日内作出审批决定，必要时应当进行实地核查。符合条件的，核发农药生产许可证;不符合条件的,书面通知申请人并说明理由。

安全生产、环境保护等法律、行政法规对企业生产条件有其他规定的,农药生产企业还应当遵守其规定。

第十八条 农药生产许可证应当载明农药生产企业名称、住所、法定代表人(负责人)、生产范围、生产地址以及有效期等事项。

农药生产许可证有效期为5年。有效期届满,需要继续生产农药的,农药生产企业应当在有效期届满90日前向省、自治区、直辖市人民政府农业主管部门申请延续。

农药生产许可证载明事项发生变化的,农药生产企业应当按照国务院农业主管部门的规定申请变更农药生产许可证。

第十九条 委托加工、分装农药的,委托人应当取得相应的农药登记证,受托人应当取得农药生产许可证。

委托人应当对委托加工、分装的农药质量负责。

第二十条 农药生产企业采购原材料,应当查验产品质量检验合格证和有关许可证明文件,不得采购、使用未依法附具产品质量检验合格证、未依法取得有关许可证明文件的原材料。

农药生产企业应当建立原材料进货记录制度,如实记录原材料的名称、有关许可证明文件编号、规格、数量、供货人名称及其联系方式、进货日期等内容。原材料进货记录应当保存2年以上。

第二十一条 农药生产企业应当严格按照产品质量标准进行生产,确保农药产品与登记农药一致。农药出厂销售,应当经质量检验合格并附具产品质量检验合格证。

农药生产企业应当建立农药出厂销售记录制度,如实记录农药的名称、规格、数量、生产日期和批号、产品质量检验信息、购货人名称及其联系方式、销售日期等内容。农药出厂销售记录应当保存2年以上。

第二十二条　农药包装应当符合国家有关规定，并印制或者贴有标签。国家鼓励农药生产企业使用可回收的农药包装材料。

农药标签应当按照国务院农业主管部门的规定，以中文标注农药的名称、剂型、有效成分及其含量、毒性及其标识、使用范围、使用方法和剂量、使用技术要求和注意事项、生产日期、可追溯电子信息码等内容。

剧毒、高毒农药以及使用技术要求严格的其他农药等限制使用农药的标签还应当标注“限制使用”字样，并注明使用的特别限制和特殊要求。用于食用农产品的农药的标签还应当标注安全间隔期。

第二十三条　农药生产企业不得擅自改变经核准的农药的标签内容，不得在农药的标签中标注虚假、误导使用者的内容。

农药包装过小，标签不能标注全部内容的，应当同时附具说明书，说明书的内容应当与经核准的标签内容一致。

第四章　农药经营

第二十四条　国家实行农药经营许可制度，但经营卫生用农药的除外。农药经营者应当具备下列条件，并按照国务院农业主管部门的规定向县级以上地方人民政府农业主管部门申请农药经营许可证：

（一）有具备农药和病虫害防治专业知识，熟悉农药管理规定，能够指导安全合理使用农药的经营人员；

（二）有与其他商品以及饮用水水源、生活区域等有效隔离的营业场所和仓储场所，并配备与所申请经营农药相适应的防护设施；

（三）有与所申请经营农药相适应的质量管理、台账记录、安全防护、应急处置、仓储管理等制度。

经营限制使用农药的，还应当配备相应的用药指导和病虫害防治专业技术人员，并按照所在地省、自治区、直辖市人民政府农业主管部门的规定实行定点经营。

县级以上地方人民政府农业主管部门应当自受理申请之日起20个工作日内作出审批决定。符合条件的，核发农药经营许可证；不符合条件的，书面通知申请人并说明理由。

第二十五条 农药经营许可证应当载明农药经营者名称、住所、负责人、经营范围以及有效期等事项。

农药经营许可证有效期为5年。有效期届满，需要继续经营农药的，农药经营者应当在有效期届满90日前向发证机关申请延续。

农药经营许可证载明事项发生变化的，农药经营者应当按照国务院农业主管部门的规定申请变更农药经营许可证。

取得农药经营许可证的农药经营者设立分支机构的，应当依法申请变更农药经营许可证，并向分支机构所在地县级以上地方人民政府农业主管部门备案，其分支机构免予办理农药经营许可证。农药经营者应当对其分支机构的经营活动负责。

第二十六条 农药经营者采购农药应当查验产品包装、标签、产品质量检验合格证以及有关许可证明文件，不得向未取得农药生产许可证的农药生产企业或者未取得农药经营许可证的其他农药经营者采购农药。

农药经营者应当建立采购台账，如实记录农药的名称、有关许可证明文件编号、规格、数量、生产企业和供货人名称及其联系方式、进货日期等内容。采购台账应当保存2年以上。

第二十七条 农药经营者应当建立销售台账，如实记录销售农药的名称、规格、数量、生产企业、购买人、销售日期等内容。销售台账应当保存2年以上。

农药经营者应当向购买人询问病虫害发生情况并科学推荐农药，必要时应当实地查看病虫害发生情况，并正确说明农药的使用范围、使用方法和剂量、使用技术要求和注意事项，不得误导购买人。

经营卫生用农药的，不适用本条第一款、第二款的规定。

第二十八条　农药经营者不得加工、分装农药，不得在农药中添加任何物质，不得采购、销售包装和标签不符合规定，未附具产品质量检验合格证，未取得有关许可证明文件的农药。

经营卫生用农药的，应当将卫生用农药与其他商品分柜销售；经营其他农药的，不得在农药经营场所内经营食品、食用农产品、饲料等。

第二十九条　境外企业不得直接在中国销售农药。境外企业在中国销售农药的，应当依法在中国设立销售机构或者委托符合条件的中国代理机构销售。

向中国出口的农药应当附具中文标签、说明书，符合产品质量标准，并经出入境检验检疫部门依法检验合格。禁止进口未取得农药登记证的农药。

办理农药进出口海关申报手续，应当按照海关总署的规定出示相关证明文件。

第五章　农药使用

第三十条　县级以上人民政府农业主管部门应当加强农药使用指导、服务工作，建立健全农药安全、合理使用制度，并按照预防为主、综合防治的要求，组织推广农药科学使用技术，规范农药使用行为。林业、粮食、卫生等部门应当加强对林业、储粮、卫生用农药安全、合理使用的技术指导，环境保护主管部门应当加强对农药使用过程中环境保护和污染防治的技术指导。

第三十一条　县级人民政府农业主管部门应当组织植物保护、农业技术推广等机构向农药使用者提供免费技术培训，提高农药安全、合理使用水平。

国家鼓励农业科研单位、有关学校、农民专业合作社、供销合作社、农业社会化服务组织和专业人员为农药使用者提供技术服务。

第三十二条 国家通过推广生物防治、物理防治、先进施药器械等措施，逐步减少农药使用量。

县级人民政府应当制定并组织实施本行政区域的农药减量计划；对实施农药减量计划、自愿减少农药使用量的农药使用者，给予鼓励和扶持。

县级人民政府农业主管部门应当鼓励和扶持设立专业化病虫害防治服务组织，并对专业化病虫害防治和限制使用农药的配药、用药进行指导、规范和管理，提高病虫害防治水平。

县级人民政府农业主管部门应当指导农药使用者有计划地轮换使用农药，减缓危害农业、林业的病、虫、草、鼠和其他有害生物的抗药性。

乡、镇人民政府应当协助开展农药使用指导、服务工作。

第三十三条 农药使用者应当遵守国家有关农药安全、合理使用制度，妥善保管农药，并在配药、用药过程中采取必要的防护措施，避免发生农药使用事故。

限制使用农药的经营者应当为农药使用者提供用药指导，并逐步提供统一用药服务。

第三十四条 农药使用者应当严格按照农药的标签标注的使用范围、使用方法和剂量、使用技术要求和注意事项使用农药，不得扩大使用范围、加大用药剂量或者改变使用方法。

农药使用者不得使用禁用的农药。

标签标注安全间隔期的农药，在农产品收获前应当按照安全间隔期的要求停止使用。

剧毒、高毒农药不得用于防治卫生害虫，不得用于蔬菜、瓜果、茶叶、菌类、中草药材的生产，不得用于水生植物的病虫害防治。

第三十五条 农药使用者应当保护环境，保护有益生物和珍稀物种，不得在饮用水水源保护区、河道内丢弃农药、农药包装物或者清洗施药器械。

严禁在饮用水水源保护区内使用农药，严禁使用农药毒鱼、虾、鸟、兽等。

第三十六条 农产品生产企业、食品和食用农产品仓储企业、专业化病虫害防治服务组织和从事农产品生产的农民专业合作社等应当建立农药使用记录，如实记录使用农药的时间、地点、对象以及农药名称、用量、生产企业等。农药使用记录应当保存2年以上。

国家鼓励其他农药使用者建立农药使用记录。

第三十七条 国家鼓励农药使用者妥善收集农药包装物等废弃物；农药生产企业、农药经营者应当回收农药废弃物，防止农药污染环境和农药中毒事故的发生。具体办法由国务院环境保护主管部门会同国务院农业主管部门、国务院财政部门等部门制定。

第三十八条 发生农药使用事故，农药使用者、农药生产企业、农药经营者和其他有关人员应当及时报告当地农业主管部门。

接到报告的农业主管部门应当立即采取措施，防止事故扩大，同时通知有关部门采取相应措施。造成农药中毒事故的，由农业主管部门和公安机关依照职责权限组织调查处理，卫生主管部门应当按照国家有关规定立即对受到伤害的人员组织医疗救治；造成环境污染事故的，由环境保护等有关部门依法组织调查处理；造成储粮药剂使用事故和农作物药害事故的，分别由粮食、农业等部门组织技术鉴定和调查处理。

第三十九条 因防治突发重大病虫害等紧急需要，国务院农业主管部门可以决定临时生产、使用规定数量的未取得登记或者禁用、限制使用的农药，必要时应当会同国务院对外贸易主管部门决定临时限制出口或者临时进口规定数量、品种的农药。

前款规定的农药，应当在使用地县级人民政府农业主管部门的监督和指导下使用。

第六章 监督管理

第四十条 县级以上人民政府农业主管部门应当定期调查统计农药生产、销售、使用情况,并及时通报本级人民政府有关部门。

县级以上地方人民政府农业主管部门应当建立农药生产、经营诚信档案并予以公布;发现违法生产、经营农药的行为涉嫌犯罪的,应当依法移送公安机关查处。

第四十一条 县级以上人民政府农业主管部门履行农药监督管理职责,可以依法采取下列措施:

(一)进入农药生产、经营、使用场所实施现场检查;

(二)对生产、经营、使用的农药实施抽查检测;

(三)向有关人员调查了解有关情况;

(四)查阅、复制合同、票据、账簿以及其他有关资料;

(五)查封、扣押违法生产、经营、使用的农药,以及用于违法生产、经营、使用农药的工具、设备、原材料等;

(六)查封违法生产、经营、使用农药的场所。

第四十二条 国家建立农药召回制度。农药生产企业发现其生产的农药对农业、林业、人畜安全、农产品质量安全、生态环境等有严重危害或者较大风险的,应当立即停止生产,通知有关经营者和使用者,向所在地农业主管部门报告,主动召回产品,并记录通知和召回情况。

农药经营者发现其经营的农药有前款规定的情形的,应当立即停止销售,通知有关生产企业、供货人和购买人,向所在地农业主管部门报告,并记录停止销售和通知情况。

农药使用者发现其使用的农药有本条第一款规定的情形的,应当立即停止使用,通知经营者,并向所在地农业主管部门报告。

第四十三条 国务院农业主管部门和省、自治区、直辖市人民政府农业主管部门应当组织负责农药检定工作的机构、植物保护机构对已登记农药的安全性和有效性进行监测。

发现已登记农药对农业、林业、人畜安全、农产品质量安全、生态环境等有严重危害或者较大风险的,国务院农业主管部门应当组织农药登记评审委员会进行评审,根据评审结果撤销、变更相应的农药登记证,必要时应当决定禁用或者限制使用并予以公告。

第四十四条 有下列情形之一的,认定为假农药:

(一)以非农药冒充农药;

(二)以此种农药冒充他种农药;

(三)农药所含有效成分种类与农药的标签、说明书标注的有效成分不符。

禁用的农药,未依法取得农药登记证而生产、进口的农药,以及未附具标签的农药,按照假农药处理。

第四十五条 有下列情形之一的,认定为劣质农药:

(一)不符合农药产品质量标准;

(二)混有导致药害等有害成分。

超过农药质量保证期的农药,按照劣质农药处理。

第四十六条 假农药、劣质农药和回收的农药废弃物等应当交由具有危险废物经营资质的单位集中处置,处置费用由相应的农药生产企业、农药经营者承担;农药生产企业、农药经营者不明确的,处置费用由所在地县级人民政府财政列支。

第四十七条 禁止伪造、变造、转让、出租、出借农药登记证、农药生产许可证、农药经营许可证等许可证明文件。

第四十八条 县级以上人民政府农业主管部门及其工作人员和负责农药检

定工作的机构及其工作人员，不得参与农药生产、经营活动。

第七章 法律责任

第四十九条 县级以上人民政府农业主管部门及其工作人员有下列行为之一的，由本级人民政府责令改正；对负有责任的领导人员和直接责任人员，依法给予处分；负有责任的领导人员和直接责任人员构成犯罪的，依法追究刑事责任：

（一）不履行监督管理职责，所辖行政区域的违法农药生产、经营活动造成重大损失或者恶劣社会影响；

（二）对不符合条件的申请人准予许可或者对符合条件的申请人拒不准予许可；

（三）参与农药生产、经营活动；

（四）有其他徇私舞弊、滥用职权、玩忽职守行为。

第五十条 农药登记评审委员会组成人员在农药登记评审中谋取不正当利益的，由国务院农业主管部门从农药登记评审委员会除名；属于国家工作人员的，依法给予处分；构成犯罪的，依法追究刑事责任。

第五十一条 登记试验单位出具虚假登记试验报告的，由省、自治区、直辖市人民政府农业主管部门没收违法所得，并处5万元以上10万元以下罚款；由国务院农业主管部门从登记试验单位中除名，5年内不再受理其登记试验单位认定申请；构成犯罪的，依法追究刑事责任。

第五十二条 未取得农药生产许可证生产农药或者生产假农药的，由县级以上地方人民政府农业主管部门责令停止生产，没收违法所得、违法生产的产品和用于违法生产的工具、设备、原材料等，违法生产的产品货值金额不足1万元的，并处5万元以上10万元以下罚款，货值金额1万元以上的，并处货值金额10倍以上20倍以下罚款，由发证机关吊销农药生产许可证和相应的农药登记证；

构成犯罪的,依法追究刑事责任。

取得农药生产许可证的农药生产企业不再符合规定条件继续生产农药的,由县级以上地方人民政府农业主管部门责令限期整改;逾期拒不整改或者整改后仍不符合规定条件的,由发证机关吊销农药生产许可证。

农药生产企业生产劣质农药的,由县级以上地方人民政府农业主管部门责令停止生产,没收违法所得、违法生产的产品和用于违法生产的工具、设备、原材料等,违法生产的产品货值金额不足1万元的,并处1万元以上5万元以下罚款,货值金额1万元以上的,并处货值金额5倍以上10倍以下罚款;情节严重的,由发证机关吊销农药生产许可证和相应的农药登记证;构成犯罪的,依法追究刑事责任。

委托未取得农药生产许可证的受托人加工、分装农药,或者委托加工、分装假农药、劣质农药的,对委托人和受托人均依照本条第一款、第三款的规定处罚。

第五十三条 农药生产企业有下列行为之一的,由县级以上地方人民政府农业主管部门责令改正,没收违法所得、违法生产的产品和用于违法生产的原材料等,违法生产的产品货值金额不足1万元的,并处1万元以上2万元以下罚款,货值金额1万元以上的,并处货值金额2倍以上5倍以下罚款;拒不改正或者情节严重的,由发证机关吊销农药生产许可证和相应的农药登记证:

(一)采购、使用未依法附具产品质量检验合格证、未依法取得有关许可证明文件的原材料;

(二)出厂销售未经质量检验合格并附具产品质量检验合格证的农药;

(三)生产的农药包装、标签、说明书不符合规定;

(四)不召回依法应当召回的农药。

第五十四条 农药生产企业不执行原材料进货、农药出厂销售记录制度,或者不履行农药废弃物回收义务的,由县级以上地方人民政府农业主管部门责令改正，处1万元以上5万元以下罚款；拒不改正或者情节严重的，由发证机关吊销农药生产许可证和相应的农药登记证。

第五十五条 农药经营者有下列行为之一的，由县级以上地方人民政府农业主管部门责令停止经营，没收违法所得、违法经营的农药和用于违法经营的工具、设备等，违法经营的农药货值金额不足1万元的，并处5000元以上5万元以下罚款，货值金额1万元以上的，并处货值金额5倍以上10倍以下罚款；构成犯罪的，依法追究刑事责任：

（一）违反本条例规定，未取得农药经营许可证经营农药；

（二）经营假农药；

（三）在农药中添加物质。

有前款第二项、第三项规定的行为，情节严重的，还应当由发证机关吊销农药经营许可证。

取得农药经营许可证的农药经营者不再符合规定条件继续经营农药的，由县级以上地方人民政府农业主管部门责令限期整改；逾期拒不整改或者整改后仍不符合规定条件的，由发证机关吊销农药经营许可证。

第五十六条 农药经营者经营劣质农药的，由县级以上地方人民政府农业主管部门责令停止经营，没收违法所得、违法经营的农药和用于违法经营的工具、设备等，违法经营的农药货值金额不足1万元的，并处2000元以上2万元以下罚款，货值金额1万元以上的，并处货值金额2倍以上5倍以下罚款；情节严重的，由发证机关吊销农药经营许可证；构成犯罪的，依法追究刑事责任。

第五十七条 农药经营者有下列行为之一的，由县级以上地方人民政府农业主管部门责令改正，没收违法所得和违法经营的农药，并处5000元以上5万元以下罚款；拒不改正或者情节严重的，由发证机关吊销农药经营许可证：

（一）设立分支机构未依法变更农药经营许可证，或者未向分支机构所在地县级以上地方人民政府农业主管部门备案；

(二)向未取得农药生产许可证的农药生产企业或者未取得农药经营许可证的其他农药经营者采购农药；

(三)采购、销售未附具产品质量检验合格证或者包装、标签不符合规定的农药；

(四)不停止销售依法应当召回的农药。

第五十八条 农药经营者有下列行为之一的，由县级以上地方人民政府农业主管部门责令改正；拒不改正或者情节严重的，处2000元以上2万元以下罚款，并由发证机关吊销农药经营许可证：

(一)不执行农药采购台账、销售台账制度；

(二)在卫生用农药以外的农药经营场所内经营食品、食用农产品、饲料等；

(三)未将卫生用农药与其他商品分柜销售；

(四)不履行农药废弃物回收义务。

第五十九条 境外企业直接在中国销售农药的，由县级以上地方人民政府农业主管部门责令停止销售，没收违法所得、违法经营的农药和用于违法经营的工具、设备等，违法经营的农药货值金额不足5万元的，并处5万元以上50万元以下罚款，货值金额5万元以上的，并处货值金额10倍以上20倍以下罚款，由发证机关吊销农药登记证。

取得农药登记证的境外企业向中国出口劣质农药情节严重或者出口假农药的，由国务院农业主管部门吊销相应的农药登记证。

第六十条 农药使用者有下列行为之一的，由县级人民政府农业主管部门责令改正，农药使用者为农产品生产企业、食品和食用农产品仓储企业、专业化病虫害防治服务组织和从事农产品生产的农民专业合作社等单位的，处5万元以上10万元以下罚款，农药使用者为个人的，处1万元以下罚款；构成犯罪的，依法追究刑事责任：

（一）不按照农药的标签标注的使用范围、使用方法和剂量、使用技术要求和注意事项、安全间隔期使用农药；

（二）使用禁用的农药；

（三）将剧毒、高毒农药用于防治卫生害虫，用于蔬菜、瓜果、茶叶、菌类、中草药材生产或者用于水生植物的病虫害防治；

（四）在饮用水水源保护区内使用农药；

（五）使用农药毒鱼、虾、鸟、兽等；

（六）在饮用水水源保护区、河道内丢弃农药、农药包装物或者清洗施药器械。

有前款第二项规定的行为的，县级人民政府农业主管部门还应当没收禁用的农药。

第六十一条 农产品生产企业、食品和食用农产品仓储企业、专业化病虫害防治服务组织和从事农产品生产的农民专业合作社等不执行农药使用记录制度的，由县级人民政府农业主管部门责令改正；拒不改正或者情节严重的，处2000元以上2万元以下罚款。

第六十二条 伪造、变造、转让、出租、出借农药登记证、农药生产许可证、农药经营许可证等许可证明文件的，由发证机关收缴或者予以吊销，没收违法所得，并处1万元以上5万元以下罚款；构成犯罪的，依法追究刑事责任。

第六十三条 未取得农药生产许可证生产农药，未取得农药经营许可证经营农药，或者被吊销农药登记证、农药生产许可证、农药经营许可证的，其直接负责的主管人员10年内不得从事农药生产、经营活动。

农药生产企业、农药经营者招用前款规定的人员从事农药生产、经营活动的，由发证机关吊销农药生产许可证、农药经营许可证。

被吊销农药登记证的，国务院农业主管部门5年内不再受理其农药登记申请。

第六十四条 生产、经营的农药造成农药使用者人身、财产损害的，农药使用者可以向农药生产企业要求赔偿，也可以向农药经营者要求赔偿。属于农药生产企业责任的，农药经营者赔偿后有权向农药生产企业追偿；属于农药经营者责任的，农药生产企业赔偿后有权向农药经营者追偿。

第八章 附 则

第六十五条 申请农药登记的，申请人应当按照自愿有偿的原则，与登记试验单位协商确定登记试验费用。

第六十六条 本条例自2017年6月1日起施行。

基本农田保护条例(2011年修订)

（1998年12月27日中华人民共和国国务院令第257号发布 根据2011年1月8日国务院令第588号《国务院关于废止和修改部分行政法规的决定》修订）

第一章 总 则

第一条 为了对基本农田实行特殊保护，促进农业生产和社会经济的可持续发展，根据《中华人民共和国农业法》和《中华人民共和国土地管理法》，制定本条例。

第二条 国家实行基本农田保护制度。

本条例所称基本农田,是指按照一定时期人口和社会经济发展对农产品的需求,依据土地利用总体规划确定的不得占用的耕地。

本条例所称基本农田保护区,是指为对基本农田实行特殊保护而依据土地利用总体规划和依照法定程序确定的特定保护区域。

第三条 基本农田保护实行全面规划、合理利用、用养结合、严格保护的方针。

第四条 县级以上地方各级人民政府应当将基本农田保护工作纳入国民经济和社会发展计划,作为政府领导任期目标责任制的一项内容,并由上一级人民政府监督实施。

第五条 任何单位和个人都有保护基本农田的义务,并有权检举、控告侵占、破坏基本农田和其他违反本条例的行为。

第六条 国务院土地行政主管部门和农业行政主管部门按照国务院规定的职责分工,依照本条例负责全国的基本农田保护管理工作。

县级以上地方各级人民政府土地行政主管部门和农业行政主管部门按照本级人民政府规定的职责分工,依照本条例负责本行政区域内的基本农田保护管理工作。

乡(镇)人民政府负责本行政区域内的基本农田保护管理工作。

第七条 国家对在基本农田保护工作中取得显著成绩的单位和个人,给予奖励。

第二章 划 定

第八条 各级人民政府在编制土地利用总体规划时,应当将基本农田保护作为规划的一项内容,明确基本农田保护的布局安排、数量指标和质量要求。

县级和乡(镇)土地利用总体规划应当确定基本农田保护区。

第九条 省、自治区、直辖市划定的基本农田应当占本行政区域内耕地总面积的80%以上,具体数量指标根据全国土地利用总体规划逐级分解下达。

第十条 下列耕地应当划入基本农田保护区,严格管理:

(一)经国务院有关主管部门或者县级以上地方人民政府批准确定的粮、棉、油生产基地内的耕地;

(二)有良好的水利与水土保持设施的耕地,正在实施改造计划以及可以改造的中、低产田;

(三)蔬菜生产基地;

(四)农业科研、教学试验田。

根据土地利用总体规划,铁路、公路等交通沿线,城市和村庄、集镇建设用地区周边的耕地,应当优先划入基本农田保护区;需要退耕还林、还牧、还湖的耕地,不应当划入基本农田保护区。

第十一条 基本农田保护区以乡(镇)为单位划区定界,由县级人民政府土地行政主管部门会同同级农业行政主管部门组织实施。

划定的基本农田保护区,由县级人民政府设立保护标志,予以公告,由县级人民政府土地行政主管部门建立档案,并抄送同级农业行政主管部门。任何单位和个人不得破坏或者擅自改变基本农田保护区的保护标志。

基本农田划区定界后,由省、自治区、直辖市人民政府组织土地行政主管部门和农业行政主管部门验收确认,或者由省、自治区人民政府授权设区的市、自治州人民政府组织土地行政主管部门和农业行政主管部门验收确认。

第十二条 划定基本农田保护区时,不得改变土地承包者的承包经营权。

第十三条 划定基本农田保护区的技术规程,由国务院土地行政主管部门会同国务院农业行政主管部门制定。

第三章　保　　护

第十四条　地方各级人民政府应当采取措施，确保土地利用总体规划确定的本行政区域内基本农田的数量不减少。

第十五条　基本农田保护区经依法划定后，任何单位和个人不得改变或者占用。国家能源、交通、水利、军事设施等重点建设项目选址确实无法避开基本农田保护区，需要占用基本农田，涉及农用地转用或者征收土地的，必须经国务院批准。

第十六条　经国务院批准占用基本农田的，当地人民政府应当按照国务院的批准文件修改土地利用总体规划，并补充划入数量和质量相当的基本农田。占用单位应当按照占多少、垦多少的原则，负责开垦与所占基本农田的数量与质量相当的耕地；没有条件开垦或者开垦的耕地不符合要求的，应当按照省、自治区、直辖市的规定缴纳耕地开垦费，专款用于开垦新的耕地。

占用基本农田的单位应当按照县级以上地方人民政府的要求，将所占用基本农田耕作层的土壤用于新开垦耕地、劣质地或者其他耕地的土壤改良。

第十七条　禁止任何单位和个人在基本农田保护区内建窑、建房、建坟、挖砂、采石、采矿、取土、堆放固体废弃物或者进行其他破坏基本农田的活动。

禁止任何单位和个人占用基本农田发展林果业和挖塘养鱼。

第十八条　禁止任何单位和个人闲置、荒芜基本农田。经国务院批准的重点建设项目占用基本农田的，满1年不使用而又可以耕种并收获的，应当由原耕种该幅基本农田的集体或者个人恢复耕种，也可以由用地单位组织耕种；1年以上未动工建设的，应当按照省、自治区、直辖市的规定缴纳闲置费；连续2年未使用的，经国务院批准，由县级以上人民政府无偿收回用地单位的土地使用权；该幅土地原为农民集体所有的，应当交由原农村集体经济组织恢复耕种，重新划入基本农田保护区。

承包经营基本农田的单位或者个人连续2年弃耕抛荒的,原发包单位应当终止承包合同,收回发包的基本农田。

第十九条　国家提倡和鼓励农业生产者对其经营的基本农田施用有机肥料,合理施用化肥和农药。利用基本农田从事农业生产的单位和个人应当保持和培肥地力。

第二十条　县级人民政府应当根据当地实际情况制定基本农田地力分等定级办法,由农业行政主管部门会同土地行政主管部门组织实施,对基本农田地力分等定级,并建立档案。

第二十一条　农村集体经济组织或者村民委员会应当定期评定基本农田地力等级。

第二十二条　县级以上地方各级人民政府农业行政主管部门应当逐步建立基本农田地力与施肥效益长期定位监测网点,定期向本级人民政府提出基本农田地力变化状况报告以及相应的地力保护措施,并为农业生产者提供施肥指导服务。

第二十三条　县级以上人民政府农业行政主管部门应当会同同级环境保护行政主管部门对基本农田环境污染进行监测和评价,并定期向本级人民政府提出环境质量与发展趋势的报告。

第二十四条　经国务院批准占用基本农田兴建国家重点建设项目的,必须遵守国家有关建设项目环境保护管理的规定。在建设项目环境影响报告书中,应当有基本农田环境保护方案。

第二十五条　向基本农田保护区提供肥料和作为肥料的城市垃圾、污泥的,应当符合国家有关标准。

第二十六条　因发生事故或者其他突然性事件,造成或者可能造成基本农田环境污染事故的,当事人必须立即采取措施处理,并向当地环境保护行政主管部门和农业行政主管部门报告,接受调查处理。

第四章 监督管理

第二十七条 在建立基本农田保护区的地方,县级以上地方人民政府应当与下一级人民政府签订基本农田保护责任书;乡(镇)人民政府应当根据与县级人民政府签订的基本农田保护责任书的要求,与农村集体经济组织或者村民委员会签订基本农田保护责任书。

基本农田保护责任书应当包括下列内容:

(一)基本农田的范围、面积、地块;

(二)基本农田的地力等级;

(三)保护措施;

(四)当事人的权利与义务;

(五)奖励与处罚。

第二十八条 县级以上地方人民政府应当建立基本农田保护监督检查制度,定期组织土地行政主管部门、农业行政主管部门以及其他有关部门对基本农田保护情况进行检查,将检查情况书面报告上一级人民政府。被检查的单位和个人应当如实提供有关情况和资料,不得拒绝。

第二十九条 县级以上地方人民政府土地行政主管部门、农业行政主管部门对本行政区域内发生的破坏基本农田的行为,有权责令纠正。

第五章 法律责任

第三十条 违反本条例规定,有下列行为之一的,依照《中华人民共和国土地管理法》和《中华人民共和国土地管理法实施条例》的有关规定,从重给予处罚:

(一)未经批准或者采取欺骗手段骗取批准,非法占用基本农田的;

(二)超过批准数量,非法占用基本农田的;

(三)非法批准占用基本农田的;

(四)买卖或者以其他形式非法转让基本农田的。

第三十一条 违反本条例规定,应当将耕地划入基本农田保护区而不划入的,由上一级人民政府责令限期改正;拒不改正的,对直接负责的主管人员和其他直接责任人员依法给予行政处分或者纪律处分。

第三十二条 违反本条例规定,破坏或者擅自改变基本农田保护区标志的,由县级以上地方人民政府土地行政主管部门或者农业行政主管部门责令恢复原状,可以处1000元以下罚款。

第三十三条 违反本条例规定,占用基本农田建窑、建房、建坟、挖砂、采石、采矿、取土、堆放固体废弃物或者从事其他活动破坏基本农田,毁坏种植条件的,由县级以上人民政府土地行政主管部门责令改正或者治理,恢复原种植条件,处占用基本农田的耕地开垦费1倍以上2倍以下的罚款;构成犯罪的,依法追究刑事责任。

第三十四条 侵占、挪用基本农田的耕地开垦费,构成犯罪的,依法追究刑事责任;尚不构成犯罪的,依法给予行政处分或者纪律处分。

第六章 附 则

第三十五条 省、自治区、直辖市人民政府可以根据当地实际情况,将其他农业生产用地划为保护区。保护区内的其他农业生产用地的保护和管理,可以参照本条例执行。

第三十六条 本条例自1999年1月1日起施行。1994年8月18日国务院发布的《基本农田保护条例》同时废止。

中华人民共和国土地管理法(2019年修正)节录

第三十七条 非农业建设必须节约使用土地,可以利用荒地的,不得占用耕地;可以利用劣地的,不得占用好地。

禁止占用耕地建窑、建坟或者擅自在耕地上建房、挖砂、采石、采矿、取土等。

禁止占用永久基本农田发展林果业和挖塘养鱼。

第七十五条 违反本法规定,占用耕地建窑、建坟或者擅自在耕地上建房、挖砂、采石、采矿、取土等,破坏种植条件的,或者因开发土地造成土地荒漠化、盐渍化的,由县级以上人民政府自然资源主管部门、农业农村主管部门等按照职责责令限期改正或者治理,可以并处罚款;构成犯罪的,依法追究刑事责任。

国务院办公厅关于防止耕地“非粮化”稳定粮食生产的意见

(国办发〔2020〕44号)

各省、自治区、直辖市人民政府,国务院各部委、各直属机构:

近年来,我国农业结构不断优化,区域布局趋于合理,粮食生产连年丰收,有力保障了国家粮食安全，为稳定经济社会发展大局提供坚实支撑。与此同时，部分地区也出现耕地"非粮化"倾向，一些地方把农业结构调整简单理解为压减粮食生产，一些经营主体违规在永久基本农田上种树挖塘，一些工商资本大规模流转耕地改种非粮作物等，这些问题如果任其发展，将影响国家粮食安全。各地区各部门要坚持以习近平新时代中国特色社会主义思想为指导，增强"四个意识"、坚定"四个自信"、做到"两个维护"，认真落实党中央、国务院决策部署，采取有力举措防止耕地"非粮化"，切实稳定粮食生产，牢牢守住国家粮食安全的生命线。经国务院同意，现提出以下意见。

一、充分认识防止耕地"非粮化"稳定粮食生产的重要性紧迫性

（一）坚持把确保国家粮食安全作为"三农"工作的首要任务。随着我国人口增长、消费结构不断升级和资源环境承载能力趋紧，粮食产需仍将维持紧平衡态势。新冠肺炎疫情全球大流行，国际农产品市场供给不确定性增加，必须以稳定国内粮食生产来应对国际形势变化带来的不确定性。各地区各部门要始终绷紧国家粮食安全这根弦，把稳定粮食生产作为农业供给侧结构性改革的前提，着力稳政策、稳面积、稳产量，坚持耕地管控、建设、激励多措并举，不断巩固提升粮食综合生产能力，确保谷物基本自给、口粮绝对安全，切实把握国家粮食安全主动权。

（二）坚持科学合理利用耕地资源。耕地是粮食生产的根基。我国耕地总量少，质量总体不高，后备资源不足，水热资源空间分布不匹配，确保国家粮食安全，必须处理好发展粮食生产和发挥比较效益的关系，不能单纯以经济效益决定耕地用途，必须将有限的耕地资源优先用于粮食生产。各地区各部门要认真落实重要农产品保障战略，进一步优化区域布局和生产结构，实施最严格的耕地保护制度，科学合理利用耕地资源，防止耕地"非粮化"，切实提高保障国家粮食安全和重要农产品有效供给水平。

（三）坚持共同扛起保障国家粮食安全的责任。我国人多地少的基本国情决定了必须举全国之力解决14亿人口的吃饭大事。各地区都有保障国家粮食安全的责任和义务，粮食主产区要努力发挥优势，巩固提升粮食综合生产能力，继续为全国作贡献；产销平衡区和主销区要保持应有的自给率，确保粮食种植面积不减少、产能有提升、产量不下降，共同维护好国家粮食安全。

二、坚持问题导向，坚决防止耕地"非粮化"倾向

（四）明确耕地利用优先序。对耕地实行特殊保护和用途管制，严格控制耕地转为林地、园地等其他类型农用地。永久基本农田是依法划定的优质耕地，要重点用于发展粮食生产，特别是保障稻谷、小麦、玉米三大谷物的种植面积。一般耕地应主要用于粮食和棉、油、糖、蔬菜等农产品及饲草饲料生产。耕地在优先满足粮食和食用农产品生产基础上，适度用于非食用农产品生产，对市场明显过剩的非食用农产品，要加以引导，防止无序发展。

（五）加强粮食生产功能区监管。各地区要把粮食生产功能区落实到地块，引导种植目标作物，保障粮食种植面积。组织开展粮食生产功能区划定情况"回头看"，对粮食种植面积大但划定面积少的进行补划，对耕地性质发生改变、不符合划定标准的予以剔除并及时补划。引导作物一年两熟以上的粮食生产功能区至少生产一季粮食，种植非粮作物的要在一季后能够恢复粮食生产。不得擅自调整粮食生产功能区，不得违规在粮食生产功能区内建设种植和养殖设施，不得违规将粮食生产功能区纳入退耕还林还草范围，不得在粮食生产功能区内超标准建设农田林网。

（六）稳定非主产区粮食种植面积。粮食产销平衡区和主销区要按照重要农产品区域布局及分品种生产供给方案要求，制定具体实施方案并抓好落实，扭转粮食种植面积下滑势头。产销平衡区要着力建成一批旱涝保收、高产稳产的口粮田，保证粮食基本自给。主销区要明确粮食种植面积底线，稳定和提高粮食自给率。

（七）有序引导工商资本下乡。鼓励和引导工商资本到农村从事良种繁育、粮食加工流通和粮食生产专业化社会化服务等。尽快修订农村土地经营权流转管理办法,督促各地区抓紧建立健全工商资本流转土地资格审查和项目审核制度,强化租赁农地监测监管,对工商资本违反相关产业发展规划大规模流转耕地不种粮的“非粮化”行为,一经发现要坚决予以纠正,并立即停止其享受相关扶持政策。

(八)严禁违规占用永久基本农田种树挖塘。贯彻土地管理法、基本农田保护条例有关规定,落实耕地保护目标和永久基本农田保护任务。严格规范永久基本农田上农业生产经营活动,禁止占用永久基本农田从事林果业以及挖塘养鱼、非法取土等破坏耕作层的行为,禁止闲置、荒芜永久基本农田。利用永久基本农田发展稻渔、稻虾、稻蟹等综合立体种养,应当以不破坏永久基本农田为前提,沟坑占比要符合稻渔综合种养技术规范通则标准。推动制订和完善相关法律法规,明确对占用永久基本农田从事林果业、挖塘养鱼等的处罚措施。

三、强化激励约束,落实粮食生产责任

(九)严格落实粮食安全省长责任制。各省、自治区、直辖市人民政府要切实承担起保障本地区粮食安全的主体责任,稳定粮食种植面积,将粮食生产目标任务分解到市县。要坚决遏制住耕地“非粮化”增量,同时对存量问题摸清情况,从实际出发,分类稳妥处置,不搞“一刀切”。国家发展改革委、农业农村部、国家粮食和储备局等部门要将防止耕地“非粮化”作为粮食安全省长责任制考核重要内容,提高粮食种植面积、产量和高标准农田建设等考核指标权重,细化对粮食主产区、产销平衡区和主销区的考核要求。严格考核并强化结果运用,对成绩突出的省份进行表扬,对落实不力的省份进行通报约谈,并与相关支持政策和资金相衔接。

(十)完善粮食生产支持政策。落实产粮大县奖励政策,健全粮食主产区利益补偿机制,着力保护和调动地方各级政府重农抓粮、农民务农种粮的积极性。将省域内高标准农田建设产生的新增耕地指标调剂收益优先用于农田建设再投入和债券偿还、贴息等。加大粮食生产功能区政策支持力度，相关农业资金向粮食生产功能区倾斜，优先支持粮食生产功能区内目标作物种植，加快把粮食生产功能区建成“一季千斤、两季一吨”的高标准粮田。加强对种粮主体的政策激励，支持家庭农场、农民合作社发展粮食适度规模经营，大力推进代耕代种、统防统治、土地托管等农业生产社会化服务，提高种粮规模效益。完善小麦稻谷最低收购价政策，继续实施稻谷补贴和玉米大豆生产者补贴，继续推进三大粮食作物完全成本保险和收入保险试点。积极开展粮食生产薄弱环节机械化技术试验示范，着力解决水稻机插、玉米籽粒机收等瓶颈问题，加快丘陵山区农田宜机化改造。支持建设粮食产后烘干、加工设施，延长产业链条，提高粮食经营效益。

（十一）加强耕地种粮情况监测。农业农村部、自然资源部要综合运用卫星遥感等现代信息技术，每半年开展一次全国耕地种粮情况监测评价，建立耕地“非粮化”情况通报机制。各地区要对本区域耕地种粮情况进行动态监测评价，发现问题及时整改，重大情况及时报告。定期对粮食生产功能区内目标作物种植情况进行监测评价，实行信息化、精细化管理，及时更新电子地图和数据库。

（十二）加强组织领导。各省、自治区、直辖市人民政府要按照本意见要求，抓紧制定工作方案，完善相关政策措施，稳妥有序抓好贯彻落实，于2020年年底前将有关落实情况报国务院，并抄送农业农村部、自然资源部。各有关部门要按照职责分工，切实做好相关工作。农业农村部、自然资源部要会同有关部门做好对本意见执行情况的监督检查。

国务院办公厅

2020年11月4日

中华人民共和国农村土地承包法
(2018年修正)

(2002年8月29日第九届全国人民代表大会常务委员会第二十九次会议通过　2002年8月29日中华人民共和国主席令第七十三号公布　根据2009年8月27日第十一届全国人民代表大会常务委员会第十次会议《关于修改部分法律的决定》第一次修正　根据2018年12月29日第十三届全国人民代表大会常务委员会第七次会议《关于修改〈中华人民共和国农村土地承包法〉的决定》第二次修正)

目　　录

第一章　总　　则
第二章　家庭承包
　第一节　发包方和承包方的权利和义务
　第二节　承包的原则和程序
　第三节　承包期限和承包合同
　第四节　土地承包经营权的保护和互换、转让
　第五节　土地经营权

第三章　其他方式的承包
第四章　争议的解决和法律责任
第五章　附　　则

第一章　总　　则

第一条　为了巩固和完善以家庭承包经营为基础、统分结合的双层经营体制，保持农村土地承包关系稳定并长久不变，维护农村土地承包经营当事人的合法权益，促进农业、农村经济发展和农村社会和谐稳定，根据宪法，制定本法。

第二条　本法所称农村土地，是指农民集体所有和国家所有依法由农民集体使用的耕地、林地、草地，以及其他依法用于农业的土地。

第三条　国家实行农村土地承包经营制度。

农村土地承包采取农村集体经济组织内部的家庭承包方式，不宜采取家庭承包方式的荒山、荒沟、荒丘、荒滩等农村土地，可以采取招标、拍卖、公开协商等方式承包。

第四条　农村土地承包后，土地的所有权性质不变。承包地不得买卖。

第五条　农村集体经济组织成员有权依法承包由本集体经济组织发包的农村土地。

任何组织和个人不得剥夺和非法限制农村集体经济组织成员承包土地的权利。

第六条　农村土地承包，妇女与男子享有平等的权利。承包中应当保护妇女的合法权益，任何组织和个人不得剥夺、侵害妇女应当享有的土地承包经营权。

第七条　农村土地承包应当坚持公开、公平、公正的原则，正确处理国家、集体、个人三者的利益关系。

第八条 国家保护集体土地所有者的合法权益,保护承包方的土地承包经营权,任何组织和个人不得侵犯。

第九条 承包方承包土地后,享有土地承包经营权,可以自己经营,也可以保留土地承包权,流转其承包地的土地经营权,由他人经营。

第十条 国家保护承包方依法、自愿、有偿流转土地经营权,保护土地经营权人的合法权益,任何组织和个人不得侵犯。

第十一条 农村土地承包经营应当遵守法律、法规,保护土地资源的合理开发和可持续利用。未经依法批准不得将承包地用于非农建设。

国家鼓励增加对土地的投入,培肥地力,提高农业生产能力。

第十二条 国务院农业农村、林业和草原主管部门分别依照国务院规定的职责负责全国农村土地承包经营及承包经营合同管理的指导。

县级以上地方人民政府农业农村、林业和草原等主管部门分别依照各自职责,负责本行政区域内农村土地承包经营及承包经营合同管理。

乡(镇)人民政府负责本行政区域内农村土地承包经营及承包经营合同管理。

第二章 家庭承包

第一节 发包方和承包方的权利和义务

第十三条 农民集体所有的土地依法属于村农民集体所有的,由村集体经济组织或者村民委员会发包;已经分别属于村内两个以上农村集体经济组织的农民集体所有的,由村内各该农村集体经济组织或者村民小组发包。村集体经济组织或者村民委员会发包的,不得改变村内各集体经济组织农民集体所有的土地的所有权。

国家所有依法由农民集体使用的农村土地，由使用该土地的农村集体经济组织、村民委员会或者村民小组发包。

第十四条 发包方享有下列权利：

（一）发包本集体所有的或者国家所有依法由本集体使用的农村土地；

（二）监督承包方依照承包合同约定的用途合理利用和保护土地；

（三）制止承包方损害承包地和农业资源的行为；

（四）法律、行政法规规定的其他权利。

第十五条 发包方承担下列义务：

（一）维护承包方的土地承包经营权，不得非法变更、解除承包合同；

（二）尊重承包方的生产经营自主权，不得干涉承包方依法进行正常的生产经营活动；

（三）依照承包合同约定为承包方提供生产、技术、信息等服务；

（四）执行县、乡（镇）土地利用总体规划，组织本集体经济组织内的农业基础设施建设；

（五）法律、行政法规规定的其他义务。

第十六条 家庭承包的承包方是本集体经济组织的农户。

农户内家庭成员依法平等享有承包土地的各项权益。

第十七条 承包方享有下列权利：

（一）依法享有承包地使用、收益的权利，有权自主组织生产经营和处置产品；

（二）依法互换、转让土地承包经营权；

（三）依法流转土地经营权；

（四）承包地被依法征收、征用、占用的，有权依法获得相应的补偿；

（五）法律、行政法规规定的其他权利。

第十八条 承包方承担下列义务：

（一）维持土地的农业用途，未经依法批准不得用于非农建设；

（二）依法保护和合理利用土地，不得给土地造成永久性损害；

（三）法律、行政法规规定的其他义务。

第二节　承包的原则和程序

第十九条　土地承包应当遵循以下原则：

（一）按照规定统一组织承包时，本集体经济组织成员依法平等地行使承包土地的权利，也可以自愿放弃承包土地的权利；

（二）民主协商，公平合理；

（三）承包方案应当按照本法第十三条的规定，依法经本集体经济组织成员的村民会议三分之二以上成员或者三分之二以上村民代表的同意；

（四）承包程序合法。

第二十条　土地承包应当按照以下程序进行：

（一）本集体经济组织成员的村民会议选举产生承包工作小组；

（二）承包工作小组依照法律、法规的规定拟订并公布承包方案；

（三）依法召开本集体经济组织成员的村民会议，讨论通过承包方案；

（四）公开组织实施承包方案；

（五）签订承包合同。

第三节　承包期限和承包合同

第二十一条　耕地的承包期为三十年。草地的承包期为三十年至五十年。林地的承包期为三十年至七十年。

前款规定的耕地承包期届满后再延长三十年，草地、林地承包期届满后依照前款规定相应延长。

第二十二条 发包方应当与承包方签订书面承包合同。

承包合同一般包括以下条款:

(一)发包方、承包方的名称,发包方负责人和承包方代表的姓名、住所;

(二)承包土地的名称、坐落、面积、质量等级;

(三)承包期限和起止日期;

(四)承包土地的用途;

(五)发包方和承包方的权利和义务;

(六)违约责任。

第二十三条 承包合同自成立之日起生效。承包方自承包合同生效时取得土地承包经营权。

第二十四条 国家对耕地、林地和草地等实行统一登记,登记机构应当向承包方颁发土地承包经营权证或者林权证等证书,并登记造册,确认土地承包经营权。

土地承包经营权证或者林权证等证书应当将具有土地承包经营权的全部家庭成员列入。

登记机构除按规定收取证书工本费外,不得收取其他费用。

第二十五条 承包合同生效后,发包方不得因承办人或者负责人的变动而变更或者解除,也不得因集体经济组织的分立或者合并而变更或者解除。

第二十六条 国家机关及其工作人员不得利用职权干涉农村土地承包或者变更、解除承包合同。

第四节 土地承包经营权的保护和互换、转让

第二十七条 承包期内,发包方不得收回承包地。

国家保护进城农户的土地承包经营权。不得以退出土地承包经营权作为农户进城落户的条件。

承包期内,承包农户进城落户的,引导支持其按照自愿有偿原则依法在本集体经济组织内转让土地承包经营权或者将承包地交回发包方,也可以鼓励其流转土地经营权。

承包期内,承包方交回承包地或者发包方依法收回承包地时,承包方对其在承包地上投入而提高土地生产能力的,有权获得相应的补偿。

第二十八条 承包期内,发包方不得调整承包地。

承包期内,因自然灾害严重毁损承包地等特殊情形对个别农户之间承包的耕地和草地需要适当调整的,必须经本集体经济组织成员的村民会议三分之二以上成员或者三分之二以上村民代表的同意,并报乡(镇)人民政府和县级人民政府农业农村、林业和草原等主管部门批准。承包合同中约定不得调整的,按照其约定。

第二十九条 下列土地应当用于调整承包土地或者承包给新增人口:

(一)集体经济组织依法预留的机动地;

(二)通过依法开垦等方式增加的;

(三)发包方依法收回和承包方依法、自愿交回的。

第三十条 承包期内,承包方可以自愿将承包地交回发包方。承包方自愿交回承包地的,可以获得合理补偿,但是应当提前半年以书面形式通知发包方。承包方在承包期内交回承包地的,在承包期内不得再要求承包土地。

第三十一条 承包期内,妇女结婚,在新居住地未取得承包地的,发包方不得收回其原承包地;妇女离婚或者丧偶,仍在原居住地生活或者不在原居住地生活但在新居住地未取得承包地的,发包方不得收回其原承包地。

第三十二条 承包人应得的承包收益,依照继承法的规定继承。

林地承包的承包人死亡,其继承人可以在承包期内继续承包。

第三十三条 承包方之间为方便耕种或者各自需要,可以对属于同一集体经济组织的土地的土地承包经营权进行互换,并向发包方备案。

第三十四条 经发包方同意,承包方可以将全部或者部分的土地承包经营权转让给本集体经济组织的其他农户,由该农户同发包方确立新的承包关系,原承包方与发包方在该土地上的承包关系即行终止。

第三十五条 土地承包经营权互换、转让的,当事人可以向登记机构申请登记。未经登记,不得对抗善意第三人。

第五节 土地经营权

第三十六条 承包方可以自主决定依法采取出租(转包)、入股或者其他方式向他人流转土地经营权,并向发包方备案。

第三十七条 土地经营权人有权在合同约定的期限内占有农村土地,自主开展农业生产经营并取得收益。

第三十八条 土地经营权流转应当遵循以下原则:

(一)依法、自愿、有偿,任何组织和个人不得强迫或者阻碍土地经营权流转;

(二)不得改变土地所有权的性质和土地的农业用途,不得破坏农业综合生产能力和农业生态环境;

(三)流转期限不得超过承包期的剩余期限;

(四)受让方须有农业经营能力或者资质;

(五)在同等条件下,本集体经济组织成员享有优先权。

第三十九条 土地经营权流转的价款,应当由当事人双方协商确定。流转的收益归承包方所有,任何组织和个人不得擅自截留、扣缴。

第四十条 土地经营权流转,当事人双方应当签订书面流转合同。

土地经营权流转合同一般包括以下条款:

（一）双方当事人的姓名、住所；

（二）流转土地的名称、坐落、面积、质量等级；

（三）流转期限和起止日期；

（四）流转土地的用途；

（五）双方当事人的权利和义务；

（六）流转价款及支付方式；

（七）土地被依法征收、征用、占用时有关补偿费的归属；

（八）违约责任。

承包方将土地交由他人代耕不超过一年的，可以不签订书面合同。

第四十一条　土地经营权流转期限为五年以上的，当事人可以向登记机构申请土地经营权登记。未经登记，不得对抗善意第三人。

第四十二条　承包方不得单方解除土地经营权流转合同，但受让方有下列情形之一的除外：

（一）擅自改变土地的农业用途；

（二）弃耕抛荒连续两年以上；

（三）给土地造成严重损害或者严重破坏土地生态环境；

（四）其他严重违约行为。

第四十三条　经承包方同意，受让方可以依法投资改良土壤，建设农业生产附属、配套设施，并按照合同约定对其投资部分获得合理补偿。

第四十四条　承包方流转土地经营权的，其与发包方的承包关系不变。

第四十五条　县级以上地方人民政府应当建立工商企业等社会资本通过流转取得土地经营权的资格审查、项目审核和风险防范制度。

工商企业等社会资本通过流转取得土地经营权的，本集体经济组织可以收取适量管理费用。

具体办法由国务院农业农村、林业和草原主管部门规定。

第四十六条 经承包方书面同意,并向本集体经济组织备案,受让方可以再流转土地经营权。

第四十七条 承包方可以用承包地的土地经营权向金融机构融资担保,并向发包方备案。受让方通过流转取得的土地经营权,经承包方书面同意并向发包方备案,可以向金融机构融资担保。

担保物权自融资担保合同生效时设立。当事人可以向登记机构申请登记;未经登记,不得对抗善意第三人。

实现担保物权时,担保物权人有权就土地经营权优先受偿。

土地经营权融资担保办法由国务院有关部门规定。

第三章 其他方式的承包

第四十八条 不宜采取家庭承包方式的荒山、荒沟、荒丘、荒滩等农村土地,通过招标、拍卖、公开协商等方式承包的,适用本章规定。

第四十九条 以其他方式承包农村土地的,应当签订承包合同,承包方取得土地经营权。当事人的权利和义务、承包期限等,由双方协商确定。以招标、拍卖方式承包的,承包费通过公开竞标、竞价确定;以公开协商等方式承包的,承包费由双方议定。

第五十条 荒山、荒沟、荒丘、荒滩等可以直接通过招标、拍卖、公开协商等方式实行承包经营,也可以将土地经营权折股分给本集体经济组织成员后,再实行承包经营或者股份合作经营。

承包荒山、荒沟、荒丘、荒滩的,应当遵守有关法律、行政法规的规定,防止水土流失,保护生态环境。

第五十一条 以其他方式承包农村土地,在同等条件下,本集体经济组织成员有权优先承包。

第五十二条 发包方将农村土地发包给本集体经济组织以外的单位或者个人承包,应当事先经本集体经济组织成员的村民会议三分之二以上成员或者三分之二以上村民代表的同意,并报乡(镇)人民政府批准。

由本集体经济组织以外的单位或者个人承包的,应当对承包方的资信情况和经营能力进行审查后,再签订承包合同。

第五十三条 通过招标、拍卖、公开协商等方式承包农村土地,经依法登记取得权属证书的,可以依法采取出租、入股、抵押或者其他方式流转土地经营权。

第五十四条 依照本章规定通过招标、拍卖、公开协商等方式取得土地经营权的,该承包人死亡,其应得的承包收益,依照继承法的规定继承;在承包期内,其继承人可以继续承包。

第四章 争议的解决和法律责任

第五十五条 因土地承包经营发生纠纷的,双方当事人可以通过协商解决,也可以请求村民委员会、乡(镇)人民政府等调解解决。

当事人不愿协商、调解或者协商、调解不成的,可以向农村土地承包仲裁机构申请仲裁,也可以直接向人民法院起诉。

第五十六条 任何组织和个人侵害土地承包经营权、土地经营权的,应当承担民事责任。

第五十七条 发包方有下列行为之一的,应当承担停止侵害、排除妨碍、消除危险、返还财产、恢复原状、赔偿损失等民事责任:

(一)干涉承包方依法享有的生产经营自主权;

(二)违反本法规定收回、调整承包地;

(三)强迫或者阻碍承包方进行土地承包经营权的互换、转让或者土地经营权流转;

（四）假借少数服从多数强迫承包方放弃或者变更土地承包经营权；

（五）以划分“口粮田”和“责任田”等为由收回承包地搞招标承包；

（六）将承包地收回抵顶欠款；

（七）剥夺、侵害妇女依法享有的土地承包经营权；

（八）其他侵害土地承包经营权的行为。

第五十八条 承包合同中违背承包方意愿或者违反法律、行政法规有关不得收回、调整承包地等强制性规定的约定无效。

第五十九条 当事人一方不履行合同义务或者履行义务不符合约定的，应当依法承担违约责任。

第六十条 任何组织和个人强迫进行土地承包经营权互换、转让或者土地经营权流转的，该互换、转让或者流转无效。

第六十一条 任何组织和个人擅自截留、扣缴土地承包经营权互换、转让或者土地经营权流转收益的，应当退还。

第六十二条 违反土地管理法规，非法征收、征用、占用土地或者贪污、挪用土地征收、征用补偿费用，构成犯罪的，依法追究刑事责任；造成他人损害的，应当承担损害赔偿等责任。

第六十三条 承包方、土地经营权人违法将承包地用于非农建设的，由县级以上地方人民政府有关主管部门依法予以处罚。

承包方给承包地造成永久性损害的，发包方有权制止，并有权要求赔偿由此造成的损失。

第六十四条 土地经营权人擅自改变土地的农业用途、弃耕抛荒连续两年以上、给土地造成严重损害或者严重破坏土地生态环境，承包方在合理期限内不解除土地经营权流转合同的，发包方有权要求终止土地经营权流转合同。土地经营权人对土地和土地生态环境造成的损害应当予以赔偿。

第六十五条 国家机关及其工作人员有利用职权干涉农村土地承包经营，

变更、解除承包经营合同，干涉承包经营当事人依法享有的生产经营自主权，强迫、阻碍承包经营当事人进行土地承包经营权互换、转让或者土地经营权流转等侵害土地承包经营权、土地经营权的行为，给承包经营当事人造成损失的，应当承担损害赔偿等责任；情节严重的，由上级机关或者所在单位给予直接责任人员处分；构成犯罪的，依法追究刑事责任。

第五章　附　　则

第六十六条　本法实施前已经按照国家有关农村土地承包的规定承包，包括承包期限长于本法规定的，本法实施后继续有效，不得重新承包土地。未向承包方颁发土地承包经营权证或者林权证等证书的，应当补发证书。

第六十七条　本法实施前已经预留机动地的，机动地面积不得超过本集体经济组织耕地总面积的百分之五。不足百分之五的，不得再增加机动地。

本法实施前未留机动地的，本法实施后不得再留机动地。

第六十八条　各省、自治区、直辖市人民代表大会常务委员会可以根据本法，结合本行政区域的实际情况，制定实施办法。

第六十九条　确认农村集体经济组织成员身份的原则、程序等，由法律、法规规定。

第七十条　本法自2003年3月1日起施行。

农村土地经营权流转管理办法

（中华人民共和国农业农村部令2021年第1号）

《农村土地经营权流转管理办法》已由2021年1月10日农业农村部第1次常务会议审议通过，现予公布，自2021年3月1日起施行。

部长　唐仁健

2021年1月26日

第一章　总　　则

第一条　为了规范农村土地经营权（以下简称土地经营权）流转行为，保障流转当事人合法权益，加快农业农村现代化，维护农村社会和谐稳定，根据《中华人民共和国农村土地承包法》等法律及有关规定，制定本办法。

第二条　土地经营权流转应当坚持农村土地农民集体所有、农户家庭承包经营的基本制度，保持农村土地承包关系稳定并长久不变，遵循依法、自愿、有偿原则，任何组织和个人不得强迫或者阻碍承包方流转土地经营权。

第三条　土地经营权流转不得损害农村集体经济组织和利害关系人的合法权益，不得破坏农业综合生产能力和农业生态环境，不得改变承包土地的所有权性质及其农业用途，确保农地农用，优先用于粮食生产，制止耕地"非农化"、防止耕地"非粮化"。

第四条　土地经营权流转应当因地制宜、循序渐进，把握好流转、集中、规模经营的度，流转规模应当与城镇化进程和农村劳动力转移规模相适应，与农业科技进步和生产手段改进程度相适应，与农业社会化服务水平提高相适应，鼓励各地建立多种形式的土地经营权流转风险防范和保障机制。

第五条　农业农村部负责全国土地经营权流转及流转合同管理的指导。

县级以上地方人民政府农业农村主管（农村经营管理）部门依照职责，负责本行政区域内土地经营权流转及流转合同管理。

乡（镇）人民政府负责本行政区域内土地经营权流转及流转合同管理。

第二章　流转当事人

第六条　承包方在承包期限内有权依法自主决定土地经营权是否流转，以及流转对象、方式、期限等。

第七条　土地经营权流转收益归承包方所有，任何组织和个人不得擅自截留、扣缴。

第八条　承包方自愿委托发包方、中介组织或者他人流转其土地经营权的，应当由承包方出具流转委托书。委托书应当载明委托的事项、权限和期限等，并由委托人和受托人签字或者盖章。

没有承包方的书面委托，任何组织和个人无权以任何方式决定流转承包方的土地经营权。

第九条　土地经营权流转的受让方应当为具有农业经营能力或者资质的组织和个人。在同等条件下，本集体经济组织成员享有优先权。

第十条　土地经营权流转的方式、期限、价款和具体条件，由流转双方平等协商确定。流转期限届满后，受让方享有以同等条件优先续约的权利。

第十一条　受让方应当依照有关法律法规保护土地，禁止改变土地的农业用途。禁止闲置、荒芜耕地，禁止占用耕地建窑、建坟或者擅自在耕地上建房、挖砂、采石、采矿、取土等。禁止占用永久基本农田发展林果业和挖塘养鱼。

第十二条 受让方将流转取得的土地经营权再流转以及向金融机构融资担保的,应当事先取得承包方书面同意,并向发包方备案。

第十三条 经承包方同意,受让方依法投资改良土壤,建设农业生产附属、配套设施,及农业生产中直接用于作物种植和畜禽水产养殖设施的,土地经营权流转合同到期或者未到期由承包方依法提前收回承包土地时,受让方有权获得合理补偿。具体补偿办法可在土地经营权流转合同中约定或者由双方协商确定。

第三章 流转方式

第十四条 承包方可以采取出租(转包)、入股或者其他符合有关法律和国家政策规定的方式流转土地经营权。

出租(转包),是指承包方将部分或者全部土地经营权,租赁给他人从事农业生产经营。

入股,是指承包方将部分或者全部土地经营权作价出资,成为公司、合作经济组织等股东或者成员,并用于农业生产经营。

第十五条 承包方依法采取出租(转包)、入股或者其他方式将土地经营权部分或者全部流转的,承包方与发包方的承包关系不变,双方享有的权利和承担的义务不变。

第十六条 承包方自愿将土地经营权入股公司发展农业产业化经营的,可以采取优先股等方式降低承包方风险。公司解散时入股土地应当退回原承包方。

第四章 流转合同

第十七条 承包方流转土地经营权,应当与受让方在协商一致的基础上签订书面流转合同,并向发包方备案。

承包方将土地交由他人代耕不超过一年的,可以不签订书面合同。

第十八条　承包方委托发包方、中介组织或者他人流转土地经营权的,流转合同应当由承包方或者其书面委托的受托人签订。

第十九条　土地经营权流转合同一般包括以下内容:

(一)双方当事人的姓名或者名称、住所、联系方式等;

(二)流转土地的名称、四至、面积、质量等级、土地类型、地块代码等;

(三)流转的期限和起止日期;

(四)流转方式;

(五)流转土地的用途;

(六)双方当事人的权利和义务;

(七)流转价款或者股份分红,以及支付方式和支付时间;

(八)合同到期后地上附着物及相关设施的处理;

(九)土地被依法征收、征用、占用时有关补偿费的归属;

(十)违约责任。

土地经营权流转合同示范文本由农业农村部制定。

第二十条　承包方不得单方解除土地经营权流转合同,但受让方有下列情形之一的除外:

(一)擅自改变土地的农业用途;

(二)弃耕抛荒连续两年以上;

(三)给土地造成严重损害或者严重破坏土地生态环境;

(四)其他严重违约行为。

有以上情形,承包方在合理期限内不解除土地经营权流转合同的,发包方有权要求终止土地经营权流转合同。

受让方对土地和土地生态环境造成的损害应当依法予以赔偿。

第五章 流转管理

第二十一条 发包方对承包方流转土地经营权、受让方再流转土地经营权以及承包方、受让方利用土地经营权融资担保的,应当办理备案,并报告乡(镇)人民政府农村土地承包管理部门。

第二十二条 乡(镇)人民政府农村土地承包管理部门应当向达成流转意向的双方提供统一文本格式的流转合同,并指导签订。流转合同中有违反法律法规的,应当及时予以纠正。

第二十三条 乡(镇)人民政府农村土地承包管理部门应当建立土地经营权流转台账,及时准确记载流转情况。

第二十四条 乡(镇)人民政府农村土地承包管理部门应当对土地经营权流转有关文件、资料及流转合同等进行归档并妥善保管。

第二十五条 鼓励各地建立土地经营权流转市场或者农村产权交易市场。县级以上地方人民政府农业农村主管(农村经营管理)部门应当加强业务指导,督促其建立健全运行规则,规范开展土地经营权流转政策咨询、信息发布、合同签订、交易鉴证、权益评估、融资担保、档案管理等服务。

第二十六条 县级以上地方人民政府农业农村主管(农村经营管理)部门应当按照统一标准和技术规范建立国家、省、市、县等互联互通的农村土地承包信息应用平台,健全土地经营权流转合同网签制度,提升土地经营权流转规范化、信息化管理水平。

第二十七条 县级以上地方人民政府农业农村主管(农村经营管理)部门应当加强对乡(镇)人民政府农村土地承包管理部门工作的指导。乡(镇)人民政府农村土地承包管理部门应当依法开展土地经营权流转的指导和管理工作。

第二十八条 县级以上地方人民政府农业农村主管(农村经营管理)部门应

当加强服务,鼓励受让方发展粮食生产;鼓励和引导工商企业等社会资本(包括法人、非法人组织或者自然人等)发展适合企业化经营的现代种养业。

县级以上地方人民政府农业农村主管(农村经营管理)部门应当根据自然经济条件、农村劳动力转移情况、农业机械化水平等因素,引导受让方发展适度规模经营,防止垒大户。

第二十九条 县级以上地方人民政府对工商企业等社会资本流转土地经营权,依法建立分级资格审查和项目审核制度。审查审核的一般程序如下:

(一)受让主体与承包方就流转面积、期限、价款等进行协商并签订流转意向协议书。涉及未承包到户集体土地等集体资源的,应当按照法定程序经本集体经济组织成员的村民会议三分之二以上成员或者三分之二以上村民代表的同意,并与集体经济组织签订流转意向协议书。

(二)受让主体按照分级审查审核规定,分别向乡(镇)人民政府农村土地承包管理部门或者县级以上地方人民政府农业农村主管(农村经营管理)部门提出申请,并提交流转意向协议书、农业经营能力或者资质证明、流转项目规划等相关材料。

(三)县级以上地方人民政府或者乡(镇)人民政府应当依法组织相关职能部门、农村集体经济组织代表、农民代表、专家等就土地用途、受让主体农业经营能力,以及经营项目是否符合粮食生产等产业规划等进行审查审核,并于受理之日起20个工作日内作出审查审核意见。

(四)审查审核通过的,受让主体与承包方签订土地经营权流转合同。未按规定提交审查审核申请或者审查审核未通过的,不得开展土地经营权流转活动。

第三十条 县级以上地方人民政府依法建立工商企业等社会资本通过流转取得土地经营权的风险防范制度,加强事中事后监管,及时查处纠正违法违规行为。

鼓励承包方和受让方在土地经营权流转市场或者农村产权交易市场公开交易。

对整村(组)土地经营权流转面积较大、涉及农户较多、经营风险较高的项目,流转双方可以协商设立风险保障金。

鼓励保险机构为土地经营权流转提供流转履约保证保险等多种形式保险服务。

第三十一条 农村集体经济组织为工商企业等社会资本流转土地经营权提供服务的,可以收取适量管理费用。收取管理费用的金额和方式应当由农村集体经济组织、承包方和工商企业等社会资本三方协商确定。管理费用应当纳入农村集体经济组织会计核算和财务管理,主要用于农田基本建设或者其他公益性支出。

第三十二条 县级以上地方人民政府可以根据本办法,结合本行政区域实际,制定工商企业等社会资本通过流转取得土地经营权的资格审查、项目审核和风险防范实施细则。

第三十三条 土地经营权流转发生争议或者纠纷的,当事人可以协商解决,也可以请求村民委员会、乡(镇)人民政府等进行调解。

当事人不愿意协商、调解或者协商、调解不成的,可以向农村土地承包仲裁机构申请仲裁,也可以直接向人民法院提起诉讼。

第六章　附　　则

第三十四条 本办法所称农村土地,是指除林地、草地以外的,农民集体所有和国家所有依法由农民集体使用的耕地和其他用于农业的土地。

本办法所称农村土地经营权流转,是指在承包方与发包方承包关系保持不变的前提下,承包方依法在一定期限内将土地经营权部分或者全部交由他人自主开展农业生产经营的行为。

第三十五条 通过招标、拍卖和公开协商等方式承包荒山、荒沟、荒丘、荒滩等农村土地，经依法登记取得权属证书的，可以流转土地经营权，其流转管理参照本办法执行。

第三十六条　本办法自2021年3月1日起施行。农业部2005年1月19日发布的《农村土地承包经营权流转管理办法》(农业部令第47号)同时废止。

农用薄膜管理办法

（中华人民共和国农业农村部、中华人民共和国工业和信息化部、中华人民共和国生态环境部、国家市场监督管理总局令2020年第4号）

《农用薄膜管理办法》已于2020年4月24日经农业农村部第7次部常务会议通过，并经工业和信息化部、生态环境部、市场监管总局同意，现予公布，自2020年9月1日起施行。

农业农村部部长　韩长赋

工业和信息化部部长　苗　圩

生态环境部部长　黄润秋

市场监管总局局长　肖亚庆

2020年7月3日

第一章　总　　则

第一条　为了防治农用薄膜污染，加强农用薄膜监督管理，保护和改善农业生态环境,根据《中华人民共和国土壤污染防治法》等法律、行政法规,制定本办法。

第二条 本办法所称农用薄膜,是指用于农业生产的地面覆盖薄膜和棚膜。

第三条 农用薄膜的生产、销售、使用、回收、再利用及其监督管理适用本办法。

第四条 地方各级人民政府依法对本行政区域农用薄膜污染防治负责,组织、协调、督促有关部门依法履行农用薄膜污染防治监督管理职责。

第五条 县级以上人民政府农业农村主管部门负责农用薄膜使用、回收监督管理工作,指导农用薄膜回收利用体系建设。

县级以上人民政府工业和信息化主管部门负责农用薄膜生产指导工作。

县级以上人民政府市场监管部门负责农用薄膜产品质量监督管理工作。

县级以上生态环境主管部门负责农用薄膜回收、再利用过程环境污染防治的监督管理工作。

第六条 禁止生产、销售、使用国家明令禁止或者不符合强制性国家标准的农用薄膜。鼓励和支持生产、使用全生物降解农用薄膜。

第二章 生产、销售和使用

第七条 农用薄膜生产者应当落实国家关于农用薄膜行业规范的要求,执行农用薄膜相关标准,确保产品质量。

第八条 农用薄膜生产者应当在每卷地膜、每延米棚膜上添加可辨识的企业标识,便于产品追溯和市场监管。

第九条 农用薄膜生产者应当依法建立农用薄膜出厂销售记录制度,如实记录农用薄膜的名称、规格、数量、生产日期和批号、产品质量检验信息、购货人名称及其联系方式、销售日期等内容。出厂销售记录应当至少保存两年。

第十条 出厂销售的农用薄膜产品应当依法附具产品质量检验合格证，标明推荐使用时间等内容。

农用薄膜应当在合格证明显位置标注“使用后请回收利用，减少环境污染”中文字样。全生物降解农用薄膜应当在合格证明显位置标注“全生物降解薄膜，注意使用条件”中文字样。

第十一条 农用薄膜销售者应当查验农用薄膜产品的包装、标签、质量检验合格证，不得采购和销售未达到强制性国家标准的农用薄膜，不得将非农用薄膜销售给农用薄膜使用者。

农用薄膜销售者应当依法建立销售台账，如实记录销售农用薄膜的名称、规格、数量、生产者、生产日期和供货人名称及其联系方式、进货日期等内容。销售台账应当至少保存两年。

第十二条 农用薄膜使用者应当按照产品标签标注的期限使用农用薄膜。农业生产企业、农民专业合作社等使用者应当依法建立农用薄膜使用记录，如实记录使用时间、地点、对象以及农用薄膜名称、用量、生产者、销售者等内容。农用薄膜使用记录应当至少保存两年。

第十三条 县级以上人民政府农业农村主管部门应当采取措施，加强农用薄膜使用控制，开展农用薄膜适宜性覆盖评价，为农用薄膜使用者提供技术指导和服务，鼓励农用薄膜覆盖替代技术和产品的研发与示范推广，提高农用薄膜科学使用水平。

第三章 回收和再利用

第十四条 农用薄膜回收实行政府扶持、多方参与的原则，各地要采取措施，鼓励、支持单位和个人回收农用薄膜。

第十五条 农用薄膜使用者应当在使用期限到期前捡拾田间的非全生物降

解农用薄膜废弃物，交至回收网点或回收工作者，不得随意弃置、掩埋或者焚烧。

第十六条 农用薄膜生产者、销售者、回收网点、废旧农用薄膜回收再利用企业或其他组织等应当开展合作，采取多种方式，建立健全农用薄膜回收利用体系，推动废旧农用薄膜回收、处理和再利用。

第十七条 农用薄膜回收网点和回收再利用企业应当依法建立回收台账，如实记录废旧农用薄膜的重量、体积、杂质、缴膜人名称及其联系方式、回收时间等内容。回收台账应当至少保存两年。

第十八条 鼓励研发、推广农用薄膜回收技术与机械，开展废旧农用薄膜再利用。

第十九条 支持废旧农用薄膜再利用企业按照规定享受用地、用电、用水、信贷、税收等优惠政策，扶持从事废旧农用薄膜再利用的社会化服务组织和企业。

第二十条 农用薄膜回收再利用企业应当依法做好回收再利用厂区和周边环境的环境保护工作，避免二次污染。

第四章 监督检查

第二十一条 建立农用薄膜残留监测制度，县级以上地方人民政府农业农村主管部门应当定期开展本行政区域的农用薄膜残留监测。

第二十二条 建立农用薄膜市场监管制度，县级以上地方人民政府市场监管部门应当定期开展本行政区域的农用薄膜质量监督检查。

第二十三条 生产、销售农用薄膜不符合强制性国家标准的，依照《中华人民共和国产品质量法》等法律、行政法规的规定查处，依法依规记入信用记录并予以公示。

政府招标采购的农用薄膜应当符合强制性国家标准，依法限制失信企业参与政府招标采购。

第二十四条　农用薄膜生产者、销售者、使用者未按照规定回收农用薄膜的,依照《中华人民共和国土壤污染防治法》第八十八条规定处罚。

第五章　附　　则

第二十五条　本办法自2020年9月1日起施行。

饲料和饲料添加剂管理条例(2017年修订)

(1999年5月29日中华人民共和国国务院令第266号发布　根据2001年11月29日《国务院关于修改〈饲料和饲料添加剂管理条例〉的决定》第一次修订　2011年10月26日国务院第177次常务会议修订通过　根据2013年12月7日《国务院关于修改部分行政法规的决定》第二次修订　根据2016年2月6日《国务院关于修改部分行政法规的决定》第三次修订　根据2017年3月1日《国务院关于修改和废止部分行政法规的决定》第四次修订)

第一章　总　　则

第一条　为了加强对饲料、饲料添加剂的管理,提高饲料、饲料添加剂的质量，保障动物产品质量安全，维护公众健康，制定本条例。

第二条 本条例所称饲料，是指经工业化加工、制作的供动物食用的产品，包括单一饲料、添加剂预混合饲料、浓缩饲料、配合饲料和精料补充料。

本条例所称饲料添加剂，是指在饲料加工、制作、使用过程中添加的少量或者微量物质，包括营养性饲料添加剂和一般饲料添加剂。

饲料原料目录和饲料添加剂品种目录由国务院农业行政主管部门制定并公布。

第三条 国务院农业行政主管部门负责全国饲料、饲料添加剂的监督管理工作。

县级以上地方人民政府负责饲料、饲料添加剂管理的部门(以下简称饲料管理部门)，负责本行政区域饲料、饲料添加剂的监督管理工作。

第四条 县级以上地方人民政府统一领导本行政区域饲料、饲料添加剂的监督管理工作，建立健全监督管理机制，保障监督管理工作的开展。

第五条 饲料、饲料添加剂生产企业、经营者应当建立健全质量安全制度，对其生产、经营的饲料、饲料添加剂的质量安全负责。

第六条 任何组织或者个人有权举报在饲料、饲料添加剂生产、经营、使用过程中违反本条例的行为，有权对饲料、饲料添加剂监督管理工作提出意见和建议。

第二章　审定和登记

第七条 国家鼓励研制新饲料、新饲料添加剂。

研制新饲料、新饲料添加剂，应当遵循科学、安全、有效、环保的原则，保证新饲料、新饲料添加剂的质量安全。

第八条 研制的新饲料、新饲料添加剂投入生产前，研制者或者生产企业应

当向国务院农业行政主管部门提出审定申请,并提供该新饲料、新饲料添加剂的样品和下列资料:

(一)名称、主要成分、理化性质、研制方法、生产工艺、质量标准、检测方法、检验报告、稳定性试验报告、环境影响报告和污染防治措施;

(二)国务院农业行政主管部门指定的试验机构出具的该新饲料、新饲料添加剂的饲喂效果、残留消解动态以及毒理学安全性评价报告。

申请新饲料添加剂审定的,还应当说明该新饲料添加剂的添加目的、使用方法,并提供该饲料添加剂残留可能对人体健康造成影响的分析评价报告。

第九条　国务院农业行政主管部门应当自受理申请之日起5个工作日内,将新饲料、新饲料添加剂的样品和申请资料交全国饲料评审委员会,对该新饲料、新饲料添加剂的安全性、有效性及其对环境的影响进行评审。

全国饲料评审委员会由养殖、饲料加工、动物营养、毒理、药理、代谢、卫生、化工合成、生物技术、质量标准、环境保护、食品安全风险评估等方面的专家组成。全国饲料评审委员会对新饲料、新饲料添加剂的评审采取评审会议的形式,评审会议应当有9名以上全国饲料评审委员会专家参加,根据需要也可以邀请1至2名全国饲料评审委员会专家以外的专家参加,参加评审的专家对评审事项具有表决权。评审会议应当形成评审意见和会议纪要,并由参加评审的专家审核签字;有不同意见的,应当注明。参加评审的专家应当依法公平、公正履行职责,对评审资料保密,存在回避事由的,应当主动回避。

全国饲料评审委员会应当自收到新饲料、新饲料添加剂的样品和申请资料之日起9个月内出具评审结果并提交国务院农业行政主管部门;但是,全国饲料评审委员会决定由申请人进行相关试验的,经国务院农业行政主管部门同意,评审时间可以延长3个月。

国务院农业行政主管部门应当自收到评审结果之日起10个工作日内作出是否核发新饲料、新饲料添加剂证书的决定;决定不予核发的,应当书面通知申请人并说明理由。

第十条 国务院农业行政主管部门核发新饲料、新饲料添加剂证书，应当同时按照职责权限公布该新饲料、新饲料添加剂的产品质量标准。

第十一条 新饲料、新饲料添加剂的监测期为5年。新饲料、新饲料添加剂处于监测期的，不受理其他就该新饲料、新饲料添加剂的生产申请和进口登记申请，但超过3年不投入生产的除外。

生产企业应当收集处于监测期的新饲料、新饲料添加剂的质量稳定性及其对动物产品质量安全的影响等信息，并向国务院农业行政主管部门报告；国务院农业行政主管部门应当对新饲料、新饲料添加剂的质量安全状况组织跟踪监测，证实其存在安全问题的，应当撤销新饲料、新饲料添加剂证书并予以公告。

第十二条 向中国出口中国境内尚未使用但出口国已经批准生产和使用的饲料、饲料添加剂的，由出口方驻中国境内的办事机构或者其委托的中国境内代理机构向国务院农业行政主管部门申请登记，并提供该饲料、饲料添加剂的样品和下列资料：

（一）商标、标签和推广应用情况；

（二）生产地批准生产、使用的证明和生产地以外其他国家、地区的登记资料；

（三）主要成分、理化性质、研制方法、生产工艺、质量标准、检测方法、检验报告、稳定性试验报告、环境影响报告和污染防治措施；

（四）国务院农业行政主管部门指定的试验机构出具的该饲料、饲料添加剂的饲喂效果、残留消解动态以及毒理学安全性评价报告。

申请饲料添加剂进口登记的，还应当说明该饲料添加剂的添加目的、使用方法，并提供该饲料添加剂残留可能对人体健康造成影响的分析评价报告。

国务院农业行政主管部门应当依照本条例第九条规定的新饲料、新饲料添加剂的评审程序组织评审，并决定是否核发饲料、饲料添加剂进口登记证。

首次向中国出口中国境内已经使用且出口国已经批准生产和使用的饲料、饲料添加剂的，应当依照本条第一款、第二款的规定申请登记。国务院农业行政主管部门应当自受理申请之日起10个工作日内对申请资料进行审查；审查合格的，将样品交由指定的机构进行复核检测；复核检测合格的，国务院农业行政主管部门应当在10个工作日内核发饲料、饲料添加剂进口登记证。

饲料、饲料添加剂进口登记证有效期为5年。进口登记证有效期满需要继续向中国出口饲料、饲料添加剂的，应当在有效期届满6个月前申请续展。

禁止进口未取得饲料、饲料添加剂进口登记证的饲料、饲料添加剂。

第十三条 国家对已经取得新饲料、新饲料添加剂证书或者饲料、饲料添加剂进口登记证的、含有新化合物的饲料、饲料添加剂的申请人提交的其自己所取得且未披露的试验数据和其他数据实施保护。

自核发证书之日起6年内，对其他申请人未经已取得新饲料、新饲料添加剂证书或者饲料、饲料添加剂进口登记证的申请人同意，使用前款规定的数据申请新饲料、新饲料添加剂审定或者饲料、饲料添加剂进口登记的，国务院农业行政主管部门不予审定或者登记；但是，其他申请人提交其自己所取得的数据的除外。

除下列情形外，国务院农业行政主管部门不得披露本条第一款规定的数据：

（一）公共利益需要；

（二）已采取措施确保该类信息不会被不正当地进行商业使用。

第三章 生产、经营和使用

第十四条 设立饲料、饲料添加剂生产企业，应当符合饲料工业发展规划和产业政策，并具备下列条件：

（一）有与生产饲料、饲料添加剂相适应的厂房、设备和仓储设施；

（二）有与生产饲料、饲料添加剂相适应的专职技术人员；

（三）有必要的产品质量检验机构、人员、设施和质量管理制度；

（四）有符合国家规定的安全、卫生要求的生产环境；

（五）有符合国家环境保护要求的污染防治措施；

（六）国务院农业行政主管部门制定的饲料、饲料添加剂质量安全管理规范规定的其他条件。

第十五条 申请从事饲料、饲料添加剂生产的企业，申请人应当向省、自治区、直辖市人民政府饲料管理部门提出申请。省、自治区、直辖市人民政府饲料管理部门应当自受理申请之日起10个工作日内进行书面审查；审查合格的，组织进行现场审核，并根据审核结果在10个工作日内作出是否核发生产许可证的决定。

生产许可证有效期为5年。生产许可证有效期满需要继续生产饲料、饲料添加剂的，应当在有效期届满6个月前申请续展。

第十六条 饲料添加剂、添加剂预混合饲料生产企业取得生产许可证后，由省、自治区、直辖市人民政府饲料管理部门按照国务院农业行政主管部门的规定，核发相应的产品批准文号。

第十七条 饲料、饲料添加剂生产企业应当按照国务院农业行政主管部门的规定和有关标准，对采购的饲料原料、单一饲料、饲料添加剂、药物饲料添加剂、添加剂预混合饲料和用于饲料添加剂生产的原料进行查验或者检验。

饲料生产企业使用限制使用的饲料原料、单一饲料、饲料添加剂、药物饲料添加剂、添加剂预混合饲料生产饲料的，应当遵守国务院农业行政主管部门的限制性规定。禁止使用国务院农业行政主管部门公布的饲料原料目录、饲料添加剂品种目录和药物饲料添加剂品种目录以外的任何物质生产饲料。

饲料、饲料添加剂生产企业应当如实记录采购的饲料原料、单一饲料、饲料添加剂、药物饲料添加剂、添加剂预混合饲料和用于饲料添加剂生产的原料的名称、产地、数量、保质期、许可证明文件编号、质量检验信息、生产企业名称或者供货者名称及其联系方式、进货日期等。记录保存期限不得少于2年。

第十八条 饲料、饲料添加剂生产企业,应当按照产品质量标准以及国务院农业行政主管部门制定的饲料、饲料添加剂质量安全管理规范和饲料添加剂安全使用规范组织生产,对生产过程实施有效控制并实行生产记录和产品留样观察制度。

第十九条 饲料、饲料添加剂生产企业应当对生产的饲料、饲料添加剂进行产品质量检验;检验合格的,应当附具产品质量检验合格证。未经产品质量检验、检验不合格或者未附具产品质量检验合格证的,不得出厂销售。

饲料、饲料添加剂生产企业应当如实记录出厂销售的饲料、饲料添加剂的名称、数量、生产日期、生产批次、质量检验信息、购货者名称及其联系方式、销售日期等。记录保存期限不得少于2年。

第二十条 出厂销售的饲料、饲料添加剂应当包装,包装应当符合国家有关安全、卫生的规定。

饲料生产企业直接销售给养殖者的饲料可以使用罐装车运输。罐装车应当符合国家有关安全、卫生的规定,并随罐装车附具符合本条例第二十一条规定的标签。

易燃或者其他特殊的饲料、饲料添加剂的包装应当有警示标志或者说明,并注明储运注意事项。

第二十一条 饲料、饲料添加剂的包装上应当附具标签。标签应当以中文或者适用符号标明产品名称、原料组成、产品成分分析保证值、净重或者净含量、贮存条件、使用说明、注意事项、生产日期、保质期、生产企业名称以及地址、许可证明文件编号和产品质量标准等。加入药物饲料添加剂的,还应当标明"加入药物饲料添加剂"字样,并标明其通用名称、含量和休药期。乳和乳制品以外的动物源性饲料,还应当标明"本产品不得饲喂反刍动物"字样。

第二十二条 饲料、饲料添加剂经营者应当符合下列条件:

(一)有与经营饲料、饲料添加剂相适应的经营场所和仓储设施;

(二)有具备饲料、饲料添加剂使用、贮存等知识的技术人员;

(三)有必要的产品质量管理和安全管理制度。

第二十三条 饲料、饲料添加剂经营者进货时应当查验产品标签、产品质量检验合格证和相应的许可证明文件。

饲料、饲料添加剂经营者不得对饲料、饲料添加剂进行拆包、分装,不得对饲料、饲料添加剂进行再加工或者添加任何物质。

禁止经营用国务院农业行政主管部门公布的饲料原料目录、饲料添加剂品种目录和药物饲料添加剂品种目录以外的任何物质生产的饲料。

饲料、饲料添加剂经营者应当建立产品购销台账,如实记录购销产品的名称、许可证明文件编号、规格、数量、保质期、生产企业名称或者供货者名称及其联系方式、购销时间等。购销台账保存期限不得少于2年。

第二十四条 向中国出口的饲料、饲料添加剂应当包装,包装应当符合中国有关安全、卫生的规定,并附具符合本条例第二十一条规定的标签。

向中国出口的饲料、饲料添加剂应当符合中国有关检验检疫的要求,由出入境检验检疫机构依法实施检验检疫,并对其包装和标签进行核查。包装和标签不符合要求的,不得入境。

境外企业不得直接在中国销售饲料、饲料添加剂。境外企业在中国销售饲料、饲料添加剂的,应当依法在中国境内设立销售机构或者委托符合条件的中国境内代理机构销售。

第二十五条 养殖者应当按照产品使用说明和注意事项使用饲料。在饲料或者动物饮用水中添加饲料添加剂的,应当符合饲料添加剂使用说明和注意事项的要求,遵守国务院农业行政主管部门制定的饲料添加剂安全使用规范。

养殖者使用自行配制的饲料的,应当遵守国务院农业行政主管部门制定的自行配制饲料使用规范,并不得对外提供自行配制的饲料。

使用限制使用的物质养殖动物的,应当遵守国务院农业行政主管部门的限制性规定。禁止在饲料、动物饮用水中添加国务院农业行政主管部门公布禁用的物质以及对人体具有直接或者潜在危害的其他物质,或者直接使用上述物质养殖动物。禁止在反刍动物饲料中添加乳和乳制品以外的动物源性成分。

第二十六条 国务院农业行政主管部门和县级以上地方人民政府饲料管理部门应当加强饲料、饲料添加剂质量安全知识的宣传,提高养殖者的质量安全意识,指导养殖者安全、合理使用饲料、饲料添加剂。

第二十七条 饲料、饲料添加剂在使用过程中被证实对养殖动物、人体健康或者环境有害的,由国务院农业行政主管部门决定禁用并予以公布。

第二十八条 饲料、饲料添加剂生产企业发现其生产的饲料、饲料添加剂对养殖动物、人体健康有害或者存在其他安全隐患的,应当立即停止生产,通知经营者、使用者,向饲料管理部门报告,主动召回产品,并记录召回和通知情况。召回的产品应当在饲料管理部门监督下予以无害化处理或者销毁。

饲料、饲料添加剂经营者发现其销售的饲料、饲料添加剂具有前款规定情形的,应当立即停止销售,通知生产企业、供货者和使用者,向饲料管理部门报告,并记录通知情况。

养殖者发现其使用的饲料、饲料添加剂具有本条第一款规定情形的,应当立即停止使用,通知供货者,并向饲料管理部门报告。

第二十九条 禁止生产、经营、使用未取得新饲料、新饲料添加剂证书的新饲料、新饲料添加剂以及禁用的饲料、饲料添加剂。

禁止经营、使用无产品标签、无生产许可证、无产品质量标准、无产品质量检验合格证的饲料、饲料添加剂。禁止经营、使用无产品批准文号的饲料添加剂、添加剂预混合饲料。禁止经营、使用未取得饲料、饲料添加剂进口登记证的进口饲料、进口饲料添加剂。

第三十条 禁止对饲料、饲料添加剂作具有预防或者治疗动物疾病作用的说明或者宣传。但是,饲料中添加药物饲料添加剂的,可以对所添加的药物饲料添加剂的作用加以说明。

第三十一条 国务院农业行政主管部门和省、自治区、直辖市人民政府饲料管理部门应当按照职责权限对全国或者本行政区域饲料、饲料添加剂的质量安全状况进行监测,并根据监测情况发布饲料、饲料添加剂质量安全预警信息。

第三十二条 国务院农业行政主管部门和县级以上地方人民政府饲料管理部门,应当根据需要定期或者不定期组织实施饲料、饲料添加剂监督抽查;饲料、饲料添加剂监督抽查检测工作由国务院农业行政主管部门或者省、自治区、直辖市人民政府饲料管理部门指定的具有相应技术条件的机构承担。饲料、饲料添加剂监督抽查不得收费。

国务院农业行政主管部门和省、自治区、直辖市人民政府饲料管理部门应当按照职责权限公布监督抽查结果,并可以公布具有不良记录的饲料、饲料添加剂生产企业、经营者名单。

第三十三条 县级以上地方人民政府饲料管理部门应当建立饲料、饲料添加剂监督管理档案,记录日常监督检查、违法行为查处等情况。

第三十四条 国务院农业行政主管部门和县级以上地方人民政府饲料管理部门在监督检查中可以采取下列措施:

(一)对饲料、饲料添加剂生产、经营、使用场所实施现场检查;

(二)查阅、复制有关合同、票据、账簿和其他相关资料;

(三)查封、扣押有证据证明用于违法生产饲料的饲料原料、单一饲料、饲料添加剂、药物饲料添加剂、添加剂预混合饲料,用于违法生产饲料添加剂的原料,用于违法生产饲料、饲料添加剂的工具、设施,违法生产、经营、使用的饲料、饲料添加剂;

(四)查封违法生产、经营饲料、饲料添加剂的场所。

第四章 法律责任

第三十五条 国务院农业行政主管部门、县级以上地方人民政府饲料管理部门或者其他依照本条例规定行使监督管理权的部门及其工作人员，不履行本条例规定的职责或者滥用职权、玩忽职守、徇私舞弊的，对直接负责的主管人员和其他直接责任人员，依法给予处分；直接负责的主管人员和其他直接责任人员构成犯罪的，依法追究刑事责任。

第三十六条 提供虚假的资料、样品或者采取其他欺骗方式取得许可证明文件的，由发证机关撤销相关许可证明文件，处5万元以上10万元以下罚款，申请人3年内不得就同一事项申请行政许可。以欺骗方式取得许可证明文件给他人造成损失的，依法承担赔偿责任。

第三十七条 假冒、伪造或者买卖许可证明文件的，由国务院农业行政主管部门或者县级以上地方人民政府饲料管理部门按照职责权限收缴或者吊销、撤销相关许可证明文件；构成犯罪的，依法追究刑事责任。

第三十八条 未取得生产许可证生产饲料、饲料添加剂的，由县级以上地方人民政府饲料管理部门责令停止生产，没收违法所得、违法生产的产品和用于违法生产饲料的饲料原料、单一饲料、饲料添加剂、药物饲料添加剂、添加剂预混合饲料以及用于违法生产饲料添加剂的原料，违法生产的产品货值金额不足1万元的，并处1万元以上5万元以下罚款，货值金额1万元以上的，并处货值金额5倍以上10倍以下罚款；情节严重的，没收其生产设备，生产企业的主要负责人和直接负责的主管人员10年内不得从事饲料、饲料添加剂生产、经营活动。

已经取得生产许可证，但不再具备本条例第十四条规定的条件而继续生产饲料、饲料添加剂的，由县级以上地方人民政府饲料管理部门责令停止生产、限期改正，并处1万元以上5万元以下罚款；逾期不改正的，由发证机关吊销生产许可证。

已经取得生产许可证，但未取得产品批准文号而生产饲料添加剂、添加剂预混合饲料的，由县级以上地方人民政府饲料管理部门责令停止生产，没收违法所得、违法生产的产品和用于违法生产饲料的饲料原料、单一饲料、饲料添加剂、药物饲料添加剂以及用于违法生产饲料添加剂的原料，限期补办产品批准文号，并处违法生产的产品货值金额1倍以上3倍以下罚款；情节严重的，由发证机关吊销生产许可证。

第三十九条 饲料、饲料添加剂生产企业有下列行为之一的，由县级以上地方人民政府饲料管理部门责令改正，没收违法所得、违法生产的产品和用于违法生产饲料的饲料原料、单一饲料、饲料添加剂、药物饲料添加剂、添加剂预混合饲料以及用于违法生产饲料添加剂的原料，违法生产的产品货值金额不足1万元的，并处1万元以上5万元以下罚款，货值金额1万元以上的，并处货值金额5倍以上10倍以下罚款；情节严重的，由发证机关吊销、撤销相关许可证明文件，生产企业的主要负责人和直接负责的主管人员10年内不得从事饲料、饲料添加剂生产、经营活动；构成犯罪的，依法追究刑事责任：

（一）使用限制使用的饲料原料、单一饲料、饲料添加剂、药物饲料添加剂、添加剂预混合饲料生产饲料，不遵守国务院农业行政主管部门的限制性规定的；

（二）使用国务院农业行政主管部门公布的饲料原料目录、饲料添加剂品种目录和药物饲料添加剂品种目录以外的物质生产饲料的；

（三）生产未取得新饲料、新饲料添加剂证书的新饲料、新饲料添加剂或者禁用的饲料、饲料添加剂的。

第四十条 饲料、饲料添加剂生产企业有下列行为之一的，由县级以上地方人民政府饲料管理部门责令改正，处1万元以上2万元以下罚款；拒不改正的，没收违法所得、违法生产的产品和用于违法生产饲料的饲料原料、单一饲料、饲料添加剂、药物饲料添加剂、添加剂预混合饲料以及用于违法生产饲料添加剂的

原料,并处 5 万元以上 10 万元以下罚款;情节严重的,责令停止生产,可以由发证机关吊销、撤销相关许可证明文件:

(一)不按照国务院农业行政主管部门的规定和有关标准对采购的饲料原料、单一饲料、饲料添加剂、药物饲料添加剂、添加剂预混合饲料和用于饲料添加剂生产的原料进行查验或者检验的;

(二)饲料、饲料添加剂生产过程中不遵守国务院农业行政主管部门制定的饲料、饲料添加剂质量安全管理规范和饲料添加剂安全使用规范的;

(三)生产的饲料、饲料添加剂未经产品质量检验的。

第四十一条 饲料、饲料添加剂生产企业不依照本条例规定实行采购、生产、销售记录制度或者产品留样观察制度的,由县级以上地方人民政府饲料管理部门责令改正,处 1 万元以上 2 万元以下罚款;拒不改正的,没收违法所得、违法生产的产品和用于违法生产饲料的饲料原料、单一饲料、饲料添加剂、药物饲料添加剂、添加剂预混合饲料以及用于违法生产饲料添加剂的原料,处 2 万元以上 5 万元以下罚款,并可以由发证机关吊销、撤销相关许可证明文件。

饲料、饲料添加剂生产企业销售的饲料、饲料添加剂未附具产品质量检验合格证或者包装、标签不符合规定的,由县级以上地方人民政府饲料管理部门责令改正;情节严重的,没收违法所得和违法销售的产品,可以处违法销售的产品货值金额 30% 以下罚款。

第四十二条 不符合本条例第二十二条规定的条件经营饲料、饲料添加剂的,由县级人民政府饲料管理部门责令限期改正;逾期不改正的,没收违法所得和违法经营的产品,违法经营的产品货值金额不足 1 万元的,并处 2000 元以上 2 万元以下罚款,货值金额 1 万元以上的,并处货值金额 2 倍以上 5 倍以下罚款;情节严重的,责令停止经营,并通知工商行政管理部门,由工商行政管理部门吊销营业执照。

第四十三条 饲料、饲料添加剂经营者有下列行为之一的,由县级人民政府饲料管理部门责令改正,没收违法所得和违法经营的产品,违法经营的产品货值金额不足1万元的,并处2000元以上2万元以下罚款,货值金额1万元以上的,并处货值金额2倍以上5倍以下罚款;情节严重的,责令停止经营,并通知工商行政管理部门,由工商行政管理部门吊销营业执照;构成犯罪的,依法追究刑事责任:

(一)对饲料、饲料添加剂进行再加工或者添加物质的;

(二)经营无产品标签、无生产许可证、无产品质量检验合格证的饲料、饲料添加剂的;

(三)经营无产品批准文号的饲料添加剂、添加剂预混合饲料的;

(四)经营用国务院农业行政主管部门公布的饲料原料目录、饲料添加剂品种目录和药物饲料添加剂品种目录以外的物质生产的饲料的;

(五)经营未取得新饲料、新饲料添加剂证书的新饲料、新饲料添加剂或者未取得饲料、饲料添加剂进口登记证的进口饲料、进口饲料添加剂以及禁用的饲料、饲料添加剂的。

第四十四条 饲料、饲料添加剂经营者有下列行为之一的,由县级人民政府饲料管理部门责令改正,没收违法所得和违法经营的产品,并处2000元以上1万元以下罚款:

(一)对饲料、饲料添加剂进行拆包、分装的;

(二)不依照本条例规定实行产品购销台账制度的;

(三)经营的饲料、饲料添加剂失效、霉变或者超过保质期的。

第四十五条 对本条例第二十八条规定的饲料、饲料添加剂,生产企业不主动召回的,由县级以上地方人民政府饲料管理部门责令召回,并监督生产企业对召回的产品予以无害化处理或者销毁;情节严重的,没收违法所得,并处应召回的产品货值金额1倍以上3倍以下罚款,可以由发证机关吊销、撤销相关许可证明文件;生产企业对召回的产品不予以无害化处理或者销毁的,由县级人民政府饲料管理部门代为销毁,所需费用由生产企业承担。

对本条例第二十八条规定的饲料、饲料添加剂,经营者不停止销售的,由县级以上地方人民政府饲料管理部门责令停止销售;拒不停止销售的,没收违法所得,处1000元以上5万元以下罚款;情节严重的,责令停止经营,并通知工商行政管理部门,由工商行政管理部门吊销营业执照。

第四十六条 饲料、饲料添加剂生产企业、经营者有下列行为之一的,由县级以上地方人民政府饲料管理部门责令停止生产、经营,没收违法所得和违法生产、经营的产品,违法生产、经营的产品货值金额不足1万元的,并处2000元以上2万元以下罚款,货值金额1万元以上的,并处货值金额2倍以上5倍以下罚款;构成犯罪的,依法追究刑事责任:

(一)在生产、经营过程中,以非饲料、非饲料添加剂冒充饲料、饲料添加剂或者以此种饲料、饲料添加剂冒充他种饲料、饲料添加剂的;

(二)生产、经营无产品质量标准或者不符合产品质量标准的饲料、饲料添加剂的;

(三)生产、经营的饲料、饲料添加剂与标签标示的内容不一致的。

饲料、饲料添加剂生产企业有前款规定的行为,情节严重的,由发证机关吊销、撤销相关许可证明文件;饲料、饲料添加剂经营者有前款规定的行为,情节严重的,通知工商行政管理部门,由工商行政管理部门吊销营业执照。

第四十七条 养殖者有下列行为之一的,由县级人民政府饲料管理部门没收违法使用的产品和非法添加物质,对单位处1万元以上5万元以下罚款,对个人处5000元以下罚款;构成犯罪的,依法追究刑事责任:

(一)使用未取得新饲料、新饲料添加剂证书的新饲料、新饲料添加剂或者未取得饲料、饲料添加剂进口登记证的进口饲料、进口饲料添加剂的;

(二)使用无产品标签、无生产许可证、无产品质量标准、无产品质量检验合格证的饲料、饲料添加剂的;

(三)使用无产品批准文号的饲料添加剂、添加剂预混合饲料的;

(四)在饲料或者动物饮用水中添加饲料添加剂,不遵守国务院农业行政主管部门制定的饲料添加剂安全使用规范的;

(五)使用自行配制的饲料,不遵守国务院农业行政主管部门制定的自行配制饲料使用规范的;

(六)使用限制使用的物质养殖动物,不遵守国务院农业行政主管部门的限制性规定的;

(七)在反刍动物饲料中添加乳和乳制品以外的动物源性成分的。

在饲料或者动物饮用水中添加国务院农业行政主管部门公布禁用的物质以及对人体具有直接或者潜在危害的其他物质,或者直接使用上述物质养殖动物的,由县级以上地方人民政府饲料管理部门责令其对饲喂了违禁物质的动物进行无害化处理,处3万元以上10万元以下罚款;构成犯罪的,依法追究刑事责任。

第四十八条 养殖者对外提供自行配制的饲料的,由县级人民政府饲料管理部门责令改正,处2000元以上2万元以下罚款。

第五章 附 则

第四十九条 本条例下列用语的含义:

(一)饲料原料,是指来源于动物、植物、微生物或者矿物质,用于加工制作饲料但不属于饲料添加剂的饲用物质。

(二)单一饲料,是指来源于一种动物、植物、微生物或者矿物质,用于饲料产品生产的饲料。

(三)添加剂预混合饲料,是指由两种(类)或者两种(类)以上营养性饲料添加剂为主,与载体或者稀释剂按照一定比例配制的饲料,包括复合预混合饲料、微量元素预混合饲料、维生素预混合饲料。

（四）浓缩饲料，是指主要由蛋白质、矿物质和饲料添加剂按照一定比例配制的饲料。

（五）配合饲料，是指根据养殖动物营养需要，将多种饲料原料和饲料添加剂按照一定比例配制的饲料。

（六）精料补充料，是指为补充草食动物的营养，将多种饲料原料和饲料添加剂按照一定比例配制的饲料。

（七）营养性饲料添加剂，是指为补充饲料营养成分而掺入饲料中的少量或者微量物质，包括饲料级氨基酸、维生素、矿物质微量元素、酶制剂、非蛋白氮等。

（八）一般饲料添加剂，是指为保证或者改善饲料品质、提高饲料利用率而掺入饲料中的少量或者微量物质。

（九）药物饲料添加剂，是指为预防、治疗动物疾病而掺入载体或者稀释剂的兽药的预混合物质。

（十）许可证明文件，是指新饲料、新饲料添加剂证书，饲料、饲料添加剂进口登记证，饲料、饲料添加剂生产许可证，饲料添加剂、添加剂预混合饲料产品批准文号。

第五十条 药物饲料添加剂的管理，依照《兽药管理条例》的规定执行。

第五十一条 本条例自2012年5月1日起施行。

兽药管理条例（2020年修订）（节录）

第四十一条 国务院兽医行政管理部门，负责制定公布在饲料中允许添加的药物饲料添加剂品种目录。

禁止在饲料和动物饮用水中添加激素类药品和国务院兽医行政管理部门规定的其他禁用药品。

经批准可以在饲料中添加的兽药,应当由兽药生产企业制成药物饲料添加剂后方可添加。禁止将原料药直接添加到饲料及动物饮用水中或者直接饲喂动物。

禁止将人用药品用于动物。

第六十二条 违反本条例规定,未按照国家有关兽药安全使用规定使用兽药的、未建立用药记录或者记录不完整真实的,或者使用禁止使用的药品和其他化合物的,或者将人用药品用于动物的,责令其立即改正,并对饲喂了违禁药物及其他化合物的动物及其产品进行无害化处理;对违法单位处1万元以上5万元以下罚款;给他人造成损失的,依法承担赔偿责任。

第六十八条 违反本条例规定,在饲料和动物饮用水中添加激素类药品和国务院兽医行政管理部门规定的其他禁用药品,依照《饲料和饲料添加剂管理条例》的有关规定处罚;直接将原料药添加到饲料及动物饮用水中,或者饲喂动物的,责令其立即改正,并处1万元以上3万元以下罚款;给他人造成损失的,依法承担赔偿责任。

中华人民共和国动物防疫法(2021年修订)

《中华人民共和国动物防疫法》已由中华人民共和国第十三届全国人民代表大会常务委员会第二十五次会议于2021年1月22日修订通过,现予公布,自2021年5月1日起施行。

中华人民共和国主席　习近平

2021年1月22日

（1997 年 7 月 3 日第八届全国人民代表大会常务委员会第二十六次会议通过　2007 年 8 月 30 日第十届全国人民代表大会常务委员会第二十九次会议第一次修订　根据 2013 年 6 月 29 日第十二届全国人民代表大会常务委员会第三次会议《关于修改〈中华人民共和国文物保护法〉等十二部法律的决定》第一次修正　根据 2015 年 4 月 24 日第十二届全国人民代表大会常务委员会第十四次会议《关于修改〈中华人民共和国电力法〉等六部法律的决定》第二次修正　2021 年 1 月 22 日第十三届全国人民代表大会常务委员会第二十五次会议第二次修订）

目　录

第一章　总　　则
第二章　动物疫病的预防
第三章　动物疫情的报告、通报和公布
第四章　动物疫病的控制
第五章　动物和动物产品的检疫
第六章　病死动物和病害动物产品的无害化处理
第七章　动物诊疗
第八章　兽医管理
第九章　监督管理
第十章　保障措施
第十一章　法律责任

第十二章　附　　则

第一章　总　　则

第一条　为了加强对动物防疫活动的管理，预防、控制、净化、消灭动物疫病，促进养殖业发展，防控人畜共患传染病，保障公共卫生安全和人体健康，制定本法。

第二条　本法适用于在中华人民共和国领域内的动物防疫及其监督管理活动。

进出境动物、动物产品的检疫，适用《中华人民共和国进出境动植物检疫法》。

第三条　本法所称动物，是指家畜家禽和人工饲养、捕获的其他动物。

本法所称动物产品，是指动物的肉、生皮、原毛、绒、脏器、脂、血液、精液、卵、胚胎、骨、蹄、头、角、筋以及可能传播动物疫病的奶、蛋等。

本法所称动物疫病，是指动物传染病，包括寄生虫病。

本法所称动物防疫，是指动物疫病的预防、控制、诊疗、净化、消灭和动物、动物产品的检疫，以及病死动物、病害动物产品的无害化处理。

第四条　根据动物疫病对养殖业生产和人体健康的危害程度，本法规定的动物疫病分为下列三类：

（一）一类疫病，是指口蹄疫、非洲猪瘟、高致病性禽流感等对人、动物构成特别严重危害，可能造成重大经济损失和社会影响，需要采取紧急、严厉的强制预防、控制等措施的；

（二）二类疫病，是指狂犬病、布鲁氏菌病、草鱼出血病等对人、动物构成严重危害，可能造成较大经济损失和社会影响，需要采取严格预防、控制等措施的；

（三）三类疫病，是指大肠杆菌病、禽结核病、鳖腮腺炎病等常见多发，对人、动物构成危害，可能造成一定程度的经济损失和社会影响，需要及时预防、控制的。

前款一、二、三类动物疫病具体病种名录由国务院农业农村主管部门制定并公布。国务院农业农村主管部门应当根据动物疫病发生、流行情况和危害程度，及时增加、减少或者调整一、二、三类动物疫病具体病种并予以公布。

人畜共患传染病名录由国务院农业农村主管部门会同国务院卫生健康、野生动物保护等主管部门制定并公布。

第五条　动物防疫实行预防为主，预防与控制、净化、消灭相结合的方针。

第六条　国家鼓励社会力量参与动物防疫工作。各级人民政府采取措施，支持单位和个人参与动物防疫的宣传教育、疫情报告、志愿服务和捐赠等活动。

第七条　从事动物饲养、屠宰、经营、隔离、运输以及动物产品生产、经营、加工、贮藏等活动的单位和个人，依照本法和国务院农业农村主管部门的规定，做好免疫、消毒、检测、隔离、净化、消灭、无害化处理等动物防疫工作，承担动物防疫相关责任。

第八条　县级以上人民政府对动物防疫工作实行统一领导，采取有效措施稳定基层机构队伍，加强动物防疫队伍建设，建立健全动物防疫体系，制定并组织实施动物疫病防治规划。

乡级人民政府、街道办事处组织群众做好本辖区的动物疫病预防与控制工作，村民委员会、居民委员会予以协助。

第九条　国务院农业农村主管部门主管全国的动物防疫工作。

县级以上地方人民政府农业农村主管部门主管本行政区域的动物防疫工作。

县级以上人民政府其他有关部门在各自职责范围内做好动物防疫工作。

军队动物卫生监督职能部门负责军队现役动物和饲养自用动物的防疫工作。

第十条 县级以上人民政府卫生健康主管部门和本级人民政府农业农村、野生动物保护等主管部门应当建立人畜共患传染病防治的协作机制。

国务院农业农村主管部门和海关总署等部门应当建立防止境外动物疫病输入的协作机制。

第十一条 县级以上地方人民政府的动物卫生监督机构依照本法规定，负责动物、动物产品的检疫工作。

第十二条 县级以上人民政府按照国务院的规定，根据统筹规划、合理布局、综合设置的原则建立动物疫病预防控制机构。

动物疫病预防控制机构承担动物疫病的监测、检测、诊断、流行病学调查、疫情报告以及其他预防、控制等技术工作；承担动物疫病净化、消灭的技术工作。

第十三条 国家鼓励和支持开展动物疫病的科学研究以及国际合作与交流，推广先进适用的科学研究成果，提高动物疫病防治的科学技术水平。

各级人民政府和有关部门、新闻媒体，应当加强对动物防疫法律法规和动物防疫知识的宣传。

第十四条 对在动物防疫工作、相关科学研究、动物疫情扑灭中做出贡献的单位和个人，各级人民政府和有关部门按照国家有关规定给予表彰、奖励。

有关单位应当依法为动物防疫人员缴纳工伤保险费。对因参与动物防疫工作致病、致残、死亡的人员，按照国家有关规定给予补助或者抚恤。

第二章　动物疫病的预防

第十五条 国家建立动物疫病风险评估制度。

国务院农业农村主管部门根据国内外动物疫情以及保护养殖业生产和人体健康的需要，及时会同国务院卫生健康等有关部门对动物疫病进行风险评估，并制定、公布动物疫病预防、控制、净化、消灭措施和技术规范。

省、自治区、直辖市人民政府农业农村主管部门会同本级人民政府卫生健康等有关部门开展本行政区域的动物疫病风险评估,并落实动物疫病预防、控制、净化、消灭措施。

第十六条 国家对严重危害养殖业生产和人体健康的动物疫病实施强制免疫。

国务院农业农村主管部门确定强制免疫的动物疫病病种和区域。

省、自治区、直辖市人民政府农业农村主管部门制定本行政区域的强制免疫计划;根据本行政区域动物疫病流行情况增加实施强制免疫的动物疫病病种和区域,报本级人民政府批准后执行,并报国务院农业农村主管部门备案。

第十七条 饲养动物的单位和个人应当履行动物疫病强制免疫义务,按照强制免疫计划和技术规范,对动物实施免疫接种,并按照国家有关规定建立免疫档案、加施畜禽标识,保证可追溯。

实施强制免疫接种的动物未达到免疫质量要求,实施补充免疫接种后仍不符合免疫质量要求的,有关单位和个人应当按照国家有关规定处理。

用于预防接种的疫苗应当符合国家质量标准。

第十八条 县级以上地方人民政府农业农村主管部门负责组织实施动物疫病强制免疫计划,并对饲养动物的单位和个人履行强制免疫义务的情况进行监督检查。

乡级人民政府、街道办事处组织本辖区饲养动物的单位和个人做好强制免疫,协助做好监督检查;村民委员会、居民委员会协助做好相关工作。

县级以上地方人民政府农业农村主管部门应当定期对本行政区域的强制免疫计划实施情况和效果进行评估,并向社会公布评估结果。

第十九条 国家实行动物疫病监测和疫情预警制度。

县级以上人民政府建立健全动物疫病监测网络,加强动物疫病监测。

国务院农业农村主管部门会同国务院有关部门制定国家动物疫病监测计

划。省、自治区、直辖市人民政府农业农村主管部门根据国家动物疫病监测计划，制定本行政区域的动物疫病监测计划。

动物疫病预防控制机构按照国务院农业农村主管部门的规定和动物疫病监测计划，对动物疫病的发生、流行等情况进行监测；从事动物饲养、屠宰、经营、隔离、运输以及动物产品生产、经营、加工、贮藏、无害化处理等活动的单位和个人不得拒绝或者阻碍。

国务院农业农村主管部门和省、自治区、直辖市人民政府农业农村主管部门根据对动物疫病发生、流行趋势的预测，及时发出动物疫情预警。地方各级人民政府接到动物疫情预警后，应当及时采取预防、控制措施。

第二十条 陆路边境省、自治区人民政府根据动物疫病防控需要，合理设置动物疫病监测站点，健全监测工作机制，防范境外动物疫病传入。

科技、海关等部门按照本法和有关法律法规的规定做好动物疫病监测预警工作，并定期与农业农村主管部门互通情况，紧急情况及时通报。

县级以上人民政府应当完善野生动物疫源疫病监测体系和工作机制，根据需要合理布局监测站点；野生动物保护、农业农村主管部门按照职责分工做好野生动物疫源疫病监测等工作，并定期互通情况，紧急情况及时通报。

第二十一条 国家支持地方建立无规定动物疫病区，鼓励动物饲养场建设无规定动物疫病生物安全隔离区。对符合国务院农业农村主管部门规定标准的无规定动物疫病区和无规定动物疫病生物安全隔离区，国务院农业农村主管部门验收合格予以公布，并对其维持情况进行监督检查。

省、自治区、直辖市人民政府制定并组织实施本行政区域的无规定动物疫病区建设方案。国务院农业农村主管部门指导跨省、自治区、直辖市无规定动物疫病区建设。

国务院农业农村主管部门根据行政区划、养殖屠宰产业布局、风险评估情况等对动物疫病实施分区防控，可以采取禁止或者限制特定动物、动物产品跨区域调运等措施。

第二十二条 国务院农业农村主管部门制定并组织实施动物疫病净化、消灭规划。

县级以上地方人民政府根据动物疫病净化、消灭规划，制定并组织实施本行政区域的动物疫病净化、消灭计划。

动物疫病预防控制机构按照动物疫病净化、消灭规划、计划，开展动物疫病净化技术指导、培训，对动物疫病净化效果进行监测、评估。

国家推进动物疫病净化，鼓励和支持饲养动物的单位和个人开展动物疫病净化。饲养动物的单位和个人达到国务院农业农村主管部门规定的净化标准的，由省级以上人民政府农业农村主管部门予以公布。

第二十三条 种用、乳用动物应当符合国务院农业农村主管部门规定的健康标准。

饲养种用、乳用动物的单位和个人，应当按照国务院农业农村主管部门的要求，定期开展动物疫病检测；检测不合格的，应当按照国家有关规定处理。

第二十四条 动物饲养场和隔离场所、动物屠宰加工场所以及动物和动物产品无害化处理场所，应当符合下列动物防疫条件：

（一）场所的位置与居民生活区、生活饮用水水源地、学校、医院等公共场所的距离符合国务院农业农村主管部门的规定；

（二）生产经营区域封闭隔离，工程设计和有关流程符合动物防疫要求；

（三）有与其规模相适应的污水、污物处理设施，病死动物、病害动物产品无害化处理设施设备或者冷藏冷冻设施设备，以及清洗消毒设施设备；

（四）有与其规模相适应的执业兽医或者动物防疫技术人员；

（五）有完善的隔离消毒、购销台账、日常巡查等动物防疫制度；

（六）具备国务院农业农村主管部门规定的其他动物防疫条件。

动物和动物产品无害化处理场所除应当符合前款规定的条件外，还应当具有病原检测设备、检测能力和符合动物防疫要求的专用运输车辆。

第二十五条 国家实行动物防疫条件审查制度。

开办动物饲养场和隔离场所、动物屠宰加工场所以及动物和动物产品无害化处理场所,应当向县级以上地方人民政府农业农村主管部门提出申请,并附具相关材料。受理申请的农业农村主管部门应当依照本法和《中华人民共和国行政许可法》的规定进行审查。经审查合格的,发给动物防疫条件合格证;不合格的,应当通知申请人并说明理由。

动物防疫条件合格证应当载明申请人的名称(姓名)、场(厂)址、动物(动物产品)种类等事项。

第二十六条 经营动物、动物产品的集贸市场应当具备国务院农业农村主管部门规定的动物防疫条件,并接受农业农村主管部门的监督检查。具体办法由国务院农业农村主管部门制定。

县级以上地方人民政府应当根据本地情况,决定在城市特定区域禁止家畜家禽活体交易。

第二十七条 动物、动物产品的运载工具、垫料、包装物、容器等应当符合国务院农业农村主管部门规定的动物防疫要求。

染疫动物及其排泄物、染疫动物产品,运载工具中的动物排泄物以及垫料、包装物、容器等被污染的物品,应当按照国家有关规定处理,不得随意处置。

第二十八条 采集、保存、运输动物病料或者病原微生物以及从事病原微生物研究、教学、检测、诊断等活动,应当遵守国家有关病原微生物实验室管理的规定。

第二十九条 禁止屠宰、经营、运输下列动物和生产、经营、加工、贮藏、运输下列动物产品:

(一)封锁疫区内与所发生动物疫病有关的;

(二)疫区内易感染的;

(三)依法应当检疫而未经检疫或者检疫不合格的;

(四)染疫或者疑似染疫的;

(五)病死或者死因不明的;

(六)其他不符合国务院农业农村主管部门有关动物防疫规定的。

因实施集中无害化处理需要暂存、运输动物和动物产品并按照规定采取防疫措施的,不适用前款规定。

第三十条 单位和个人饲养犬只,应当按照规定定期免疫接种狂犬病疫苗,凭动物诊疗机构出具的免疫证明向所在地养犬登记机关申请登记。

携带犬只出户的,应当按照规定佩戴犬牌并采取系犬绳等措施,防止犬只伤人、疫病传播。

街道办事处、乡级人民政府组织协调居民委员会、村民委员会,做好本辖区流浪犬、猫的控制和处置,防止疫病传播。

县级人民政府和乡级人民政府、街道办事处应当结合本地实际,做好农村地区饲养犬只的防疫管理工作。

饲养犬只防疫管理的具体办法,由省、自治区、直辖市制定。

第三章 动物疫情的报告、通报和公布

第三十一条 从事动物疫病监测、检测、检验检疫、研究、诊疗以及动物饲养、屠宰、经营、隔离、运输等活动的单位和个人,发现动物染疫或者疑似染疫的,应当立即向所在地农业农村主管部门或者动物疫病预防控制机构报告,并迅速采取隔离等控制措施,防止动物疫情扩散。其他单位和个人发现动物染疫或者疑似染疫的,应当及时报告。

接到动物疫情报告的单位,应当及时采取临时隔离控制等必要措施,防止延误防控时机,并及时按照国家规定的程序上报。

第三十二条 动物疫情由县级以上人民政府农业农村主管部门认定;其中重大动物疫情由省、自治区、直辖市人民政府农业农村主管部门认定,必要时报国务院农业农村主管部门认定。

本法所称重大动物疫情,是指一、二、三类动物疫病突然发生,迅速传播,给养殖业生产安全造成严重威胁、危害,以及可能对公众身体健康与生命安全造成危害的情形。

在重大动物疫情报告期间,必要时,所在地县级以上地方人民政府可以作出封锁决定并采取扑杀、销毁等措施。

第三十三条 国家实行动物疫情通报制度。

国务院农业农村主管部门应当及时向国务院卫生健康等有关部门和军队有关部门以及省、自治区、直辖市人民政府农业农村主管部门通报重大动物疫情的发生和处置情况。

海关发现进出境动物和动物产品染疫或者疑似染疫的,应当及时处置并向农业农村主管部门通报。

县级以上地方人民政府野生动物保护主管部门发现野生动物染疫或者疑似染疫的,应当及时处置并向本级人民政府农业农村主管部门通报。

国务院农业农村主管部门应当依照我国缔结或者参加的条约、协定,及时向有关国际组织或者贸易方通报重大动物疫情的发生和处置情况。

第三十四条 发生人畜共患传染病疫情时,县级以上人民政府农业农村主管部门与本级人民政府卫生健康、野生动物保护等主管部门应当及时相互通报。

发生人畜共患传染病时,卫生健康主管部门应当对疫区易感染的人群进行监测,并应当依照《中华人民共和国传染病防治法》的规定及时公布疫情,采取相应的预防、控制措施。

第三十五条 患有人畜共患传染病的人员不得直接从事动物疫病监测、检测、检验检疫、诊疗以及易感染动物的饲养、屠宰、经营、隔离、运输等活动。

第三十六条 国务院农业农村主管部门向社会及时公布全国动物疫情，也可以根据需要授权省、自治区、直辖市人民政府农业农村主管部门公布本行政区域的动物疫情。其他单位和个人不得发布动物疫情。

第三十七条 任何单位和个人不得瞒报、谎报、迟报、漏报动物疫情，不得授意他人瞒报、谎报、迟报动物疫情，不得阻碍他人报告动物疫情。

第四章 动物疫病的控制

第三十八条 发生一类动物疫病时，应当采取下列控制措施：

（一）所在地县级以上地方人民政府农业农村主管部门应当立即派人到现场，划定疫点、疫区、受威胁区，调查疫源，及时报请本级人民政府对疫区实行封锁。疫区范围涉及两个以上行政区域的，由有关行政区域共同的上一级人民政府对疫区实行封锁，或者由各有关行政区域的上一级人民政府共同对疫区实行封锁。必要时，上级人民政府可以责成下级人民政府对疫区实行封锁；

（二）县级以上地方人民政府应当立即组织有关部门和单位采取封锁、隔离、扑杀、销毁、消毒、无害化处理、紧急免疫接种等强制性措施；

（三）在封锁期间，禁止染疫、疑似染疫和易感染的动物、动物产品流出疫区，禁止非疫区的易感染动物进入疫区，并根据需要对出入疫区的人员、运输工具及有关物品采取消毒和其他限制性措施。

第三十九条 发生二类动物疫病时，应当采取下列控制措施：

（一）所在地县级以上地方人民政府农业农村主管部门应当划定疫点、疫区、受威胁区；

（二）县级以上地方人民政府根据需要组织有关部门和单位采取隔离、扑杀、销毁、消毒、无害化处理、紧急免疫接种、限制易感染的动物和动物产品及有关物品出入等措施。

第四十条 疫点、疫区、受威胁区的撤销和疫区封锁的解除，按照国务院农业农村主管部门规定的标准和程序评估后，由原决定机关决定并宣布。

第四十一条 发生三类动物疫病时，所在地县级、乡级人民政府应当按照国务院农业农村主管部门的规定组织防治。

第四十二条 二、三类动物疫病呈暴发性流行时，按照一类动物疫病处理。

第四十三条 疫区内有关单位和个人，应当遵守县级以上人民政府及其农业农村主管部门依法作出的有关控制动物疫病的规定。

任何单位和个人不得藏匿、转移、盗掘已被依法隔离、封存、处理的动物和动物产品。

第四十四条 发生动物疫情时，航空、铁路、道路、水路运输企业应当优先组织运送防疫人员和物资。

第四十五条 国务院农业农村主管部门根据动物疫病的性质、特点和可能造成的社会危害，制定国家重大动物疫情应急预案报国务院批准，并按照不同动物疫病病种、流行特点和危害程度，分别制定实施方案。

县级以上地方人民政府根据上级重大动物疫情应急预案和本地区的实际情况，制定本行政区域的重大动物疫情应急预案，报上一级人民政府农业农村主管部门备案，并抄送上一级人民政府应急管理部门。县级以上地方人民政府农业农村主管部门按照不同动物疫病病种、流行特点和危害程度，分别制定实施方案。

重大动物疫情应急预案和实施方案根据疫情状况及时调整。

第四十六条 发生重大动物疫情时，国务院农业农村主管部门负责划定动物疫病风险区，禁止或者限制特定动物、动物产品由高风险区向低风险区调运。

第四十七条 发生重大动物疫情时，依照法律和国务院的规定以及应急预案采取应急处置措施。

第五章　动物和动物产品的检疫

第四十八条　动物卫生监督机构依照本法和国务院农业农村主管部门的规定对动物、动物产品实施检疫。

动物卫生监督机构的官方兽医具体实施动物、动物产品检疫。

第四十九条　屠宰、出售或者运输动物以及出售或者运输动物产品前，货主应当按照国务院农业农村主管部门的规定向所在地动物卫生监督机构申报检疫。

动物卫生监督机构接到检疫申报后，应当及时指派官方兽医对动物、动物产品实施检疫；检疫合格的，出具检疫证明、加施检疫标志。实施检疫的官方兽医应当在检疫证明、检疫标志上签字或者盖章，并对检疫结论负责。

动物饲养场、屠宰企业的执业兽医或者动物防疫技术人员，应当协助官方兽医实施检疫。

第五十条　因科研、药用、展示等特殊情形需要非食用性利用的野生动物，应当按照国家有关规定报动物卫生监督机构检疫，检疫合格的，方可利用。

人工捕获的野生动物，应当按照国家有关规定报捕获地动物卫生监督机构检疫，检疫合格的，方可饲养、经营和运输。

国务院农业农村主管部门会同国务院野生动物保护主管部门制定野生动物检疫办法。

第五十一条　屠宰、经营、运输的动物，以及用于科研、展示、演出和比赛等非食用性利用的动物，应当附有检疫证明；经营和运输的动物产品，应当附有检疫证明、检疫标志。

第五十二条　经航空、铁路、道路、水路运输动物和动物产品的，托运人托运时应当提供检疫证明；没有检疫证明的，承运人不得承运。

进出口动物和动物产品，承运人凭进口报关单证或者海关签发的检疫单证运递。

从事动物运输的单位、个人以及车辆，应当向所在地县级人民政府农业农村主管部门备案，妥善保存行程路线和托运人提供的动物名称、检疫证明编号、数量等信息。具体办法由国务院农业农村主管部门制定。

运载工具在装载前和卸载后应当及时清洗、消毒。

第五十三条 省、自治区、直辖市人民政府确定并公布道路运输的动物进入本行政区域的指定通道，设置引导标志。跨省、自治区、直辖市通过道路运输动物的，应当经省、自治区、直辖市人民政府设立的指定通道入省境或者过省境。

第五十四条 输入到无规定动物疫病区的动物、动物产品，货主应当按照国务院农业农村主管部门的规定向无规定动物疫病区所在地动物卫生监督机构申报检疫，经检疫合格的，方可进入。

第五十五条 跨省、自治区、直辖市引进的种用、乳用动物到达输入地后，货主应当按照国务院农业农村主管部门的规定对引进的种用、乳用动物进行隔离观察。

第五十六条 经检疫不合格的动物、动物产品，货主应当在农业农村主管部门的监督下按照国家有关规定处理，处理费用由货主承担。

第六章　病死动物和病害动物产品的无害化处理

第五十七条 从事动物饲养、屠宰、经营、隔离以及动物产品生产、经营、加工、贮藏等活动的单位和个人，应当按照国家有关规定做好病死动物、病害动物产品的无害化处理，或者委托动物和动物产品无害化处理场所处理。

从事动物、动物产品运输的单位和个人，应当配合做好病死动物和病害动物产品的无害化处理，不得在途中擅自弃置和处理有关动物和动物产品。

任何单位和个人不得买卖、加工、随意弃置病死动物和病害动物产品。

动物和动物产品无害化处理管理办法由国务院农业农村、野生动物保护主管部门按照职责制定。

第五十八条 在江河、湖泊、水库等水域发现的死亡畜禽,由所在地县级人民政府组织收集、处理并溯源。

在城市公共场所和乡村发现的死亡畜禽,由所在地街道办事处、乡级人民政府组织收集、处理并溯源。

在野外环境发现的死亡野生动物,由所在地野生动物保护主管部门收集、处理。

第五十九条 省、自治区、直辖市人民政府制定动物和动物产品集中无害化处理场所建设规划,建立政府主导、市场运作的无害化处理机制。

第六十条 各级财政对病死动物无害化处理提供补助。具体补助标准和办法由县级以上人民政府财政部门会同本级人民政府农业农村、野生动物保护等有关部门制定。

第七章 动物诊疗

第六十一条 从事动物诊疗活动的机构,应当具备下列条件:

(一)有与动物诊疗活动相适应并符合动物防疫条件的场所;

(二)有与动物诊疗活动相适应的执业兽医;

(三)有与动物诊疗活动相适应的兽医器械和设备;

(四)有完善的管理制度。

动物诊疗机构包括动物医院、动物诊所以及其他提供动物诊疗服务的机构。

第六十二条 从事动物诊疗活动的机构,应当向县级以上地方人民政府农业农村主管部门申请动物诊疗许可证。受理申请的农业农村主管部门应当依照本法和《中华人民共和国行政许可法》的规定进行审查。经审查合格的,发给动物诊疗许可证;不合格的,应当通知申请人并说明理由。

第六十三条 动物诊疗许可证应当载明诊疗机构名称、诊疗活动范围、从业地点和法定代表人(负责人)等事项。

动物诊疗许可证载明事项变更的,应当申请变更或者换发动物诊疗许可证。

第六十四条 动物诊疗机构应当按照国务院农业农村主管部门的规定,做好诊疗活动中的卫生安全防护、消毒、隔离和诊疗废弃物处置等工作。

第六十五条 从事动物诊疗活动,应当遵守有关动物诊疗的操作技术规范,使用符合规定的兽药和兽医器械。

兽药和兽医器械的管理办法由国务院规定。

第八章 兽医管理

第六十六条 国家实行官方兽医任命制度。

官方兽医应当具备国务院农业农村主管部门规定的条件,由省、自治区、直辖市人民政府农业农村主管部门按照程序确认,由所在地县级以上人民政府农业农村主管部门任命。具体办法由国务院农业农村主管部门制定。

海关的官方兽医应当具备规定的条件,由海关总署任命。具体办法由海关总署会同国务院农业农村主管部门制定。

第六十七条 官方兽医依法履行动物、动物产品检疫职责,任何单位和个人不得拒绝或者阻碍。

第六十八条 县级以上人民政府农业农村主管部门制定官方兽医培训计划,提供培训条件,定期对官方兽医进行培训和考核。

第六十九条 国家实行执业兽医资格考试制度。具有兽医相关专业大学专科以上学历的人员或者符合条件的乡村兽医,通过执业兽医资格考试的,由省、自治区、直辖市人民政府农业农村主管部门颁发执业兽医资格证书;从事动物诊疗等经营活动的,还应当向所在地县级人民政府农业农村主管部门备案。

执业兽医资格考试办法由国务院农业农村主管部门商国务院人力资源主管部门制定。

第七十条 执业兽医开具兽医处方应当亲自诊断,并对诊断结论负责。

国家鼓励执业兽医接受继续教育。执业兽医所在机构应当支持执业兽医参加继续教育。

第七十一条 乡村兽医可以在乡村从事动物诊疗活动。具体管理办法由国务院农业农村主管部门制定。

第七十二条 执业兽医、乡村兽医应当按照所在地人民政府和农业农村主管部门的要求,参加动物疫病预防、控制和动物疫情扑灭等活动。

第七十三条 兽医行业协会提供兽医信息、技术、培训等服务,维护成员合法权益,按照章程建立健全行业规范和奖惩机制,加强行业自律,推动行业诚信建设,宣传动物防疫和兽医知识。

第九章 监督管理

第七十四条 县级以上地方人民政府农业农村主管部门依照本法规定,对动物饲养、屠宰、经营、隔离、运输以及动物产品生产、经营、加工、贮藏、运输等活动中的动物防疫实施监督管理。

第七十五条 为控制动物疫病,县级人民政府农业农村主管部门应当派人在所在地依法设立的现有检查站执行监督检查任务;必要时,经省、自治区、直辖市人民政府批准,可以设立临时性的动物防疫检查站,执行监督检查任务。

第七十六条 县级以上地方人民政府农业农村主管部门执行监督检查任务,可以采取下列措施,有关单位和个人不得拒绝或者阻碍:

（一）对动物、动物产品按照规定采样、留验、抽检；

（二）对染疫或者疑似染疫的动物、动物产品及相关物品进行隔离、查封、扣押和处理；

（三）对依法应当检疫而未经检疫的动物和动物产品，具备补检条件的实施补检，不具备补检条件的予以收缴销毁；

（四）查验检疫证明、检疫标志和畜禽标识；

（五）进入有关场所调查取证，查阅、复制与动物防疫有关的资料。

县级以上地方人民政府农业农村主管部门根据动物疫病预防、控制需要，经所在地县级以上地方人民政府批准，可以在车站、港口、机场等相关场所派驻官方兽医或者工作人员。

第七十七条 执法人员执行动物防疫监督检查任务，应当出示行政执法证件，佩带统一标志。

县级以上人民政府农业农村主管部门及其工作人员不得从事与动物防疫有关的经营性活动，进行监督检查不得收取任何费用。

第七十八条 禁止转让、伪造或者变造检疫证明、检疫标志或者畜禽标识。

禁止持有、使用伪造或者变造的检疫证明、检疫标志或者畜禽标识。

检疫证明、检疫标志的管理办法由国务院农业农村主管部门制定。

第十章 保障措施

第七十九条 县级以上人民政府应当将动物防疫工作纳入本级国民经济和社会发展规划及年度计划。

第八十条 国家鼓励和支持动物防疫领域新技术、新设备、新产品等科学技术研究开发。

第八十一条 县级人民政府应当为动物卫生监督机构配备与动物、动物产品检疫工作相适应的官方兽医，保障检疫工作条件。

县级人民政府农业农村主管部门可以根据动物防疫工作需要，向乡、镇或者特定区域派驻兽医机构或者工作人员。

第八十二条 国家鼓励和支持执业兽医、乡村兽医和动物诊疗机构开展动物防疫和疫病诊疗活动；鼓励养殖企业、兽药及饲料生产企业组建动物防疫服务团队，提供防疫服务。地方人民政府组织村级防疫员参加动物疫病防治工作的，应当保障村级防疫员合理劳务报酬。

第八十三条 县级以上人民政府按照本级政府职责，将动物疫病的监测、预防、控制、净化、消灭，动物、动物产品的检疫和病死动物的无害化处理，以及监督管理所需经费纳入本级预算。

第八十四条 县级以上人民政府应当储备动物疫情应急处置所需的防疫物资。

第八十五条 对在动物疫病预防、控制、净化、消灭过程中强制扑杀的动物、销毁的动物产品和相关物品，县级以上人民政府给予补偿。具体补偿标准和办法由国务院财政部门会同有关部门制定。

第八十六条 对从事动物疫病预防、检疫、监督检查、现场处理疫情以及在工作中接触动物疫病病原体的人员，有关单位按照国家规定，采取有效的卫生防护、医疗保健措施，给予畜牧兽医医疗卫生津贴等相关待遇。

第十一章 法律责任

第八十七条 地方各级人民政府及其工作人员未依照本法规定履行职责的，对直接负责的主管人员和其他直接责任人员依法给予处分。

第八十八条 县级以上人民政府农业农村主管部门及其工作人员违反本法规定，有下列行为之一的，由本级人民政府责令改正，通报批评；对直接负责的主管人员和其他直接责任人员依法给予处分：

（一）未及时采取预防、控制、扑灭等措施的；

（二）对不符合条件的颁发动物防疫条件合格证、动物诊疗许可证，或者对符合条件的拒不颁发动物防疫条件合格证、动物诊疗许可证的；

（三）从事与动物防疫有关的经营性活动，或者违法收取费用的；

（四）其他未依照本法规定履行职责的行为。

第八十九条 动物卫生监督机构及其工作人员违反本法规定，有下列行为之一的，由本级人民政府或者农业农村主管部门责令改正，通报批评；对直接负责的主管人员和其他直接责任人员依法给予处分：

（一）对未经检疫或者检疫不合格的动物、动物产品出具检疫证明、加施检疫标志，或者对检疫合格的动物、动物产品拒不出具检疫证明、加施检疫标志的；

（二）对附有检疫证明、检疫标志的动物、动物产品重复检疫的；

（三）从事与动物防疫有关的经营性活动，或者违法收取费用的；

（四）其他未依照本法规定履行职责的行为。

第九十条 动物疫病预防控制机构及其工作人员违反本法规定，有下列行为之一的，由本级人民政府或者农业农村主管部门责令改正，通报批评；对直接负责的主管人员和其他直接责任人员依法给予处分：

（一）未履行动物疫病监测、检测、评估职责或者伪造监测、检测、评估结果的；

（二）发生动物疫情时未及时进行诊断、调查的；

（三）接到染疫或者疑似染疫报告后，未及时按照国家规定采取措施、上报的；

（四）其他未依照本法规定履行职责的行为。

第九十一条 地方各级人民政府、有关部门及其工作人员瞒报、谎报、迟报、漏报或者授意他人瞒报、谎报、迟报动物疫情，或者阻碍他人报告动物疫情的，由上级人民政府或者有关部门责令改正,通报批评;对直接负责的主管人员和其他直接责任人员依法给予处分。

第九十二条 违反本法规定,有下列行为之一的,由县级以上地方人民政府农业农村主管部门责令限期改正,可以处一千元以下罚款;逾期不改正的,处一千元以上五千元以下罚款,由县级以上地方人民政府农业农村主管部门委托动物诊疗机构、无害化处理场所等代为处理,所需费用由违法行为人承担:

(一)对饲养的动物未按照动物疫病强制免疫计划或者免疫技术规范实施免疫接种的;

(二)对饲养的种用、乳用动物未按照国务院农业农村主管部门的要求定期开展疫病检测,或者经检测不合格而未按照规定处理的;

(三)对饲养的犬只未按照规定定期进行狂犬病免疫接种的;

(四)动物、动物产品的运载工具在装载前和卸载后未按照规定及时清洗、消毒的。

第九十三条 违反本法规定,对经强制免疫的动物未按照规定建立免疫档案,或者未按照规定加施畜禽标识的,依照《中华人民共和国畜牧法》的有关规定处罚。

第九十四条 违反本法规定,动物、动物产品的运载工具、垫料、包装物、容器等不符合国务院农业农村主管部门规定的动物防疫要求的,由县级以上地方人民政府农业农村主管部门责令改正,可以处五千元以下罚款;情节严重的,处五千元以上五万元以下罚款。

第九十五条 违反本法规定,对染疫动物及其排泄物、染疫动物产品或者被染疫动物、动物产品污染的运载工具、垫料、包装物、容器等未按照规定处置的,由县级以上地方人民政府农业农村主管部门责令限期处理;逾期不处理的,由县级以上地方人民政府农业农村主管部门委托有关单位代为处理,所需费用由违法行为人承担,处五千元以上五万元以下罚款。

造成环境污染或者生态破坏的,依照环境保护有关法律法规进行处罚。

第九十六条 违反本法规定,患有人畜共患传染病的人员,直接从事动物疫病监测、检测、检验检疫,动物诊疗以及易感染动物的饲养、屠宰、经营、隔离、运输等活动的,由县级以上地方人民政府农业农村或者野生动物保护主管部门责令改正;拒不改正的,处一千元以上一万元以下罚款;情节严重的,处一万元以上五万元以下罚款。

第九十七条 违反本法第二十九条规定,屠宰、经营、运输动物或者生产、经营、加工、贮藏、运输动物产品的,由县级以上地方人民政府农业农村主管部门责令改正、采取补救措施,没收违法所得、动物和动物产品,并处同类检疫合格动物、动物产品货值金额十五倍以上三十倍以下罚款;同类检疫合格动物、动物产品货值金额不足一万元的,并处五万元以上十五万元以下罚款;其中依法应当检疫而未检疫的,依照本法第一百条的规定处罚。

前款规定的违法行为人及其法定代表人(负责人)、直接负责的主管人员和其他直接责任人员,自处罚决定作出之日起五年内不得从事相关活动;构成犯罪的,终身不得从事屠宰、经营、运输动物或者生产、经营、加工、贮藏、运输动物产品等相关活动。

第九十八条 违反本法规定,有下列行为之一的,由县级以上地方人民政府农业农村主管部门责令改正,处三千元以上三万元以下罚款;情节严重的,责令停业整顿,并处三万元以上十万元以下罚款:

(一)开办动物饲养场和隔离场所、动物屠宰加工场所以及动物和动物产品无害化处理场所,未取得动物防疫条件合格证的;

(二)经营动物、动物产品的集贸市场不具备国务院农业农村主管部门规定的防疫条件的;

(三)未经备案从事动物运输的;

(四)未按照规定保存行程路线和托运人提供的动物名称、检疫证明编号、数量等信息的；

（五）未经检疫合格，向无规定动物疫病区输入动物、动物产品的；

（六）跨省、自治区、直辖市引进种用、乳用动物到达输入地后未按照规定进行隔离观察的；

（七）未按照规定处理或者随意弃置病死动物、病害动物产品的。

第九十九条 动物饲养场和隔离场所、动物屠宰加工场所以及动物和动物产品无害化处理场所，生产经营条件发生变化，不再符合本法第二十四条规定的动物防疫条件继续从事相关活动的，由县级以上地方人民政府农业农村主管部门给予警告，责令限期改正；逾期仍达不到规定条件的，吊销动物防疫条件合格证，并通报市场监督管理部门依法处理。

第一百条 违反本法规定，屠宰、经营、运输的动物未附有检疫证明，经营和运输的动物产品未附有检疫证明、检疫标志的，由县级以上地方人民政府农业农村主管部门责令改正，处同类检疫合格动物、动物产品货值金额一倍以下罚款；对货主以外的承运人处运输费用三倍以上五倍以下罚款，情节严重的，处五倍以上十倍以下罚款。

违反本法规定，用于科研、展示、演出和比赛等非食用性利用的动物未附有检疫证明的，由县级以上地方人民政府农业农村主管部门责令改正，处三千元以上一万元以下罚款。

第一百零一条 违反本法规定，将禁止或者限制调运的特定动物、动物产品由动物疫病高风险区调入低风险区的，由县级以上地方人民政府农业农村主管部门没收运输费用、违法运输的动物和动物产品，并处运输费用一倍以上五倍以下罚款。

第一百零二条 违反本法规定，通过道路跨省、自治区、直辖市运输动物，未经省、自治区、直辖市人民政府设立的指定通道入省境或者过省境的，由县级以上地方人民政府农业农村主管部门对运输人处五千元以上一万元以下罚款；情节严重的，处一万元以上五万元以下罚款。

第一百零三条 违反本法规定，转让、伪造或者变造检疫证明、检疫标志或者畜禽标识的，由县级以上地方人民政府农业农村主管部门没收违法所得和检疫证明、检疫标志、畜禽标识，并处五千元以上五万元以下罚款。

持有、使用伪造或者变造的检疫证明、检疫标志或者畜禽标识的，由县级以上人民政府农业农村主管部门没收检疫证明、检疫标志、畜禽标识和对应的动物、动物产品，并处三千元以上三万元以下罚款。

第一百零四条 违反本法规定，有下列行为之一的，由县级以上地方人民政府农业农村主管部门责令改正，处三千元以上三万元以下罚款：

（一）擅自发布动物疫情的；

（二）不遵守县级以上人民政府及其农业农村主管部门依法作出的有关控制动物疫病规定的；

（三）藏匿、转移、盗掘已被依法隔离、封存、处理的动物和动物产品的。

第一百零五条 违反本法规定，未取得动物诊疗许可证从事动物诊疗活动的，由县级以上地方人民政府农业农村主管部门责令停止诊疗活动，没收违法所得，并处违法所得一倍以上三倍以下罚款；违法所得不足三万元的，并处三千元以上三万元以下罚款。

动物诊疗机构违反本法规定，未按照规定实施卫生安全防护、消毒、隔离和处置诊疗废弃物的，由县级以上地方人民政府农业农村主管部门责令改正，处一千元以上一万元以下罚款；造成动物疫病扩散的，处一万元以上五万元以下罚款；情节严重的，吊销动物诊疗许可证。

第一百零六条 违反本法规定，未经执业兽医备案从事经营性动物诊疗活动的，由县级以上地方人民政府农业农村主管部门责令停止动物诊疗活动，没收违法所得，并处三千元以上三万元以下罚款；对其所在的动物诊疗机构处一万元以上五万元以下罚款。

执业兽医有下列行为之一的，由县级以上地方人民政府农业农村主管部门给予警告，责令暂停六个月以上一年以下动物诊疗活动；情节严重的，吊销执业兽医资格证书：

（一）违反有关动物诊疗的操作技术规范，造成或者可能造成动物疫病传播、流行的；

（二）使用不符合规定的兽药和兽医器械的；

（三）未按照当地人民政府或者农业农村主管部门要求参加动物疫病预防、控制和动物疫情扑灭活动的。

第一百零七条 违反本法规定，生产经营兽医器械，产品质量不符合要求的，由县级以上地方人民政府农业农村主管部门责令限期整改；情节严重的，责令停业整顿，并处二万元以上十万元以下罚款。

第一百零八条 违反本法规定，从事动物疫病研究、诊疗和动物饲养、屠宰、经营、隔离、运输，以及动物产品生产、经营、加工、贮藏、无害化处理等活动的单位和个人，有下列行为之一的，由县级以上地方人民政府农业农村主管部门责令改正，可以处一万元以下罚款；拒不改正的，处一万元以上五万元以下罚款，并可以责令停业整顿：

（一）发现动物染疫、疑似染疫未报告，或者未采取隔离等控制措施的；

（二）不如实提供与动物防疫有关的资料的；

（三）拒绝或者阻碍农业农村主管部门进行监督检查的；

（四）拒绝或者阻碍动物疫病预防控制机构进行动物疫病监测、检测、评估的；

（五）拒绝或者阻碍官方兽医依法履行职责的。

第一百零九条 违反本法规定，造成人畜共患传染病传播、流行的，依法从重给予处分、处罚。

违反本法规定，构成违反治安管理行为的，依法给予治安管理处罚；构成犯罪的,依法追究刑事责任。

违反本法规定,给他人人身、财产造成损害的,依法承担民事责任。

第十二章　附　　则

第一百一十条　本法下列用语的含义:

(一)无规定动物疫病区,是指具有天然屏障或者采取人工措施,在一定期限内没有发生规定的一种或者几种动物疫病,并经验收合格的区域;

(二)无规定动物疫病生物安全隔离区,是指处于同一生物安全管理体系下,在一定期限内没有发生规定的一种或者几种动物疫病的若干动物饲养场及其辅助生产场所构成的,并经验收合格的特定小型区域;

(三)病死动物,是指染疫死亡、因病死亡、死因不明或者经检验检疫可能危害人体或者动物健康的死亡动物;

(四)病害动物产品,是指来源于病死动物的产品,或者经检验检疫可能危害人体或者动物健康的动物产品。

第一百一十一条　境外无规定动物疫病区和无规定动物疫病生物安全隔离区的无疫等效性评估,参照本法有关规定执行。

第一百一十二条　实验动物防疫有特殊要求的,按照实验动物管理的有关规定执行。

第一百一十三条　本法自2021年5月1日起施行。

生猪屠宰管理条例(2021 年修订)

《生猪屠宰管理条例》已经 2021 年 5 月 19 日国务院第 136 次常务会议修订通过,现将修订后的《生猪屠宰管理条例》公布,自 2021 年 8 月 1 日起施行。

总理　李克强

2021 年 6 月 25 日

(1997 年 12 月 19 日中华人民共和国国务院令第 238 号公布　2008 年 5 月 25 日中华人民共和国国务院令第 525 号第一次修订　根据 2011 年 1 月 8 日《国务院关于废止和修改部分行政法规的决定》第二次修订　根据 2016 年 2 月 6 日《国务院关于修改部分行政法规的决定》第三次修订　2021 年 6 月 25 日中华人民共和国国务院令第 742 号第四次修订)

第一章　总　　则

第一条　为了加强生猪屠宰管理,保证生猪产品质量安全,保障人民身体健康,制定本条例。

第二条　国家实行生猪定点屠宰、集中检疫制度。

除农村地区个人自宰自食的不实行定点屠宰外,任何单位和个人未经定点不得从事生猪屠宰活动。

在边远和交通不便的农村地区,可以设置仅限于向本地市场供应生猪产品的小型生猪屠宰场点,具体管理办法由省、自治区、直辖市制定。

第三条 国务院农业农村主管部门负责全国生猪屠宰的行业管理工作。县级以上地方人民政府农业农村主管部门负责本行政区域内生猪屠宰活动的监督管理。

县级以上人民政府有关部门在各自职责范围内负责生猪屠宰活动的相关管理工作。

第四条 县级以上地方人民政府应当加强对生猪屠宰监督管理工作的领导,及时协调、解决生猪屠宰监督管理工作中的重大问题。

乡镇人民政府、街道办事处应当加强生猪定点屠宰的宣传教育,协助做好生猪屠宰监督管理工作。

第五条 国家鼓励生猪养殖、屠宰、加工、配送、销售一体化发展,推行标准化屠宰,支持建设冷链流通和配送体系。

第六条 国家根据生猪定点屠宰厂(场)的规模、生产和技术条件以及质量安全管理状况,推行生猪定点屠宰厂(场)分级管理制度,鼓励、引导、扶持生猪定点屠宰厂(场)改善生产和技术条件,加强质量安全管理,提高生猪产品质量安全水平。生猪定点屠宰厂(场)分级管理的具体办法由国务院农业农村主管部门制定。

第七条 县级以上人民政府农业农村主管部门应当建立生猪定点屠宰厂(场)信用档案,记录日常监督检查结果、违法行为查处等情况,并依法向社会公示。

第二章　生猪定点屠宰

第八条 省、自治区、直辖市人民政府农业农村主管部门会同生态环境主管部门以及其他有关部门，按照科学布局、集中屠宰、有利流通、方便群众的原则，结合生猪养殖、动物疫病防控和生猪产品消费实际情况制定生猪屠宰行业发展规划，报本级人民政府批准后实施。

生猪屠宰行业发展规划应当包括发展目标、屠宰厂(场)设置、政策措施等内容。

第九条 生猪定点屠宰厂(场)由设区的市级人民政府根据生猪屠宰行业发展规划，组织农业农村、生态环境主管部门以及其他有关部门，依照本条例规定的条件进行审查，经征求省、自治区、直辖市人民政府农业农村主管部门的意见确定，并颁发生猪定点屠宰证书和生猪定点屠宰标志牌。

生猪定点屠宰证书应当载明屠宰厂(场)名称、生产地址和法定代表人(负责人)等事项。

生猪定点屠宰厂(场)变更生产地址的，应当依照本条例的规定，重新申请生猪定点屠宰证书；变更屠宰厂(场)名称、法定代表人(负责人)的，应当在市场监督管理部门办理变更登记手续后15个工作日内，向原发证机关办理变更生猪定点屠宰证书。

设区的市级人民政府应当将其确定的生猪定点屠宰厂(场)名单及时向社会公布，并报省、自治区、直辖市人民政府备案。

第十条 生猪定点屠宰厂(场)应当将生猪定点屠宰标志牌悬挂于厂(场)区的显著位置。

生猪定点屠宰证书和生猪定点屠宰标志牌不得出借、转让。任何单位和个人不得冒用或者使用伪造的生猪定点屠宰证书和生猪定点屠宰标志牌。

第十一条 生猪定点屠宰厂(场)应当具备下列条件：

(一)有与屠宰规模相适应、水质符合国家规定标准的水源条件；

(二)有符合国家规定要求的待宰间、屠宰间、急宰间、检验室以及生猪屠宰设备和运载工具；

（三）有依法取得健康证明的屠宰技术人员；

（四）有经考核合格的兽医卫生检验人员；

（五）有符合国家规定要求的检验设备、消毒设施以及符合环境保护要求的污染防治设施；

（六）有病害生猪及生猪产品无害化处理设施或者无害化处理委托协议；

（七）依法取得动物防疫条件合格证。

第十二条 生猪定点屠宰厂（场）屠宰的生猪，应当依法经动物卫生监督机构检疫合格，并附有检疫证明。

第十三条 生猪定点屠宰厂（场）应当建立生猪进厂（场）查验登记制度。

生猪定点屠宰厂（场）应当依法查验检疫证明等文件，利用信息化手段核实相关信息，如实记录屠宰生猪的来源、数量、检疫证明号和供货者名称、地址、联系方式等内容，并保存相关凭证。发现伪造、变造检疫证明的，应当及时报告农业农村主管部门。发生动物疫情时，还应当查验、记录运输车辆基本情况。记录、凭证保存期限不得少于2年。

生猪定点屠宰厂（场）接受委托屠宰的，应当与委托人签订委托屠宰协议，明确生猪产品质量安全责任。委托屠宰协议自协议期满后保存期限不得少于2年。

第十四条 生猪定点屠宰厂（场）屠宰生猪，应当遵守国家规定的操作规程、技术要求和生猪屠宰质量管理规范，并严格执行消毒技术规范。发生动物疫情时，应当按照国务院农业农村主管部门的规定，开展动物疫病检测，做好动物疫情排查和报告。

第十五条 生猪定点屠宰厂（场）应当建立严格的肉品品质检验管理制度。肉品品质检验应当遵守生猪屠宰肉品品质检验规程，与生猪屠宰同步进行，并如实记录检验结果。检验结果记录保存期限不得少于2年。

经肉品品质检验合格的生猪产品，生猪定点屠宰厂（场）应当加盖肉品品质检验合格验讫印章,附具肉品品质检验合格证。未经肉品品质检验或者经肉品品质检验不合格的生猪产品,不得出厂(场)。经检验不合格的生猪产品,应当在兽医卫生检验人员的监督下,按照国家有关规定处理,并如实记录处理情况;处理情况记录保存期限不得少于2年。

生猪屠宰肉品品质检验规程由国务院农业农村主管部门制定。

第十六条 生猪屠宰的检疫及其监督,依照动物防疫法和国务院的有关规定执行。县级以上地方人民政府按照本级政府职责,将生猪、生猪产品的检疫和监督管理所需经费纳入本级预算。

县级以上地方人民政府农业农村主管部门应当按照规定足额配备农业农村主管部门任命的兽医,由其监督生猪定点屠宰厂(场)依法查验检疫证明等文件。

农业农村主管部门任命的兽医对屠宰的生猪实施检疫。检疫合格的,出具检疫证明、加施检疫标志,并在检疫证明、检疫标志上签字或者盖章,对检疫结论负责。未经检疫或者经检疫不合格的生猪产品,不得出厂(场)。经检疫不合格的生猪及生猪产品,应当在农业农村主管部门的监督下,按照国家有关规定处理。

第十七条 生猪定点屠宰厂(场)应当建立生猪产品出厂(场)记录制度,如实记录出厂(场)生猪产品的名称、规格、数量、检疫证明号、肉品品质检验合格证号、屠宰日期、出厂(场)日期以及购货者名称、地址、联系方式等内容,并保存相关凭证。记录、凭证保存期限不得少于2年。

第十八条 生猪定点屠宰厂(场)对其生产的生猪产品质量安全负责,发现其生产的生猪产品不符合食品安全标准、有证据证明可能危害人体健康、染疫或者疑似染疫的,应当立即停止屠宰,报告农业农村主管部门,通知销售者或者委托人,召回已经销售的生猪产品,并记录通知和召回情况。

生猪定点屠宰厂(场)应当对召回的生猪产品采取无害化处理等措施,防止其再次流入市场。

第十九条 生猪定点屠宰厂(场)对病害生猪及生猪产品进行无害化处理的费用和损失,由地方各级人民政府结合本地实际予以适当补贴。

第二十条 严禁生猪定点屠宰厂(场)以及其他任何单位和个人对生猪、生猪产品注水或者注入其他物质。

严禁生猪定点屠宰厂(场)屠宰注水或者注入其他物质的生猪。

第二十一条 生猪定点屠宰厂(场)对未能及时出厂(场)的生猪产品,应当采取冷冻或者冷藏等必要措施予以储存。

第二十二条 严禁任何单位和个人为未经定点违法从事生猪屠宰活动的单位和个人提供生猪屠宰场所或者生猪产品储存设施,严禁为对生猪、生猪产品注水或者注入其他物质的单位和个人提供场所。

第二十三条 从事生猪产品销售、肉食品生产加工的单位和个人以及餐饮服务经营者、集中用餐单位生产经营的生猪产品,必须是生猪定点屠宰厂(场)经检疫和肉品品质检验合格的生猪产品。

第二十四条 地方人民政府及其有关部门不得限制外地生猪定点屠宰厂(场)经检疫和肉品品质检验合格的生猪产品进入本地市场。

第三章 监督管理

第二十五条 国家实行生猪屠宰质量安全风险监测制度。国务院农业农村主管部门负责组织制定国家生猪屠宰质量安全风险监测计划,对生猪屠宰环节的风险因素进行监测。

省、自治区、直辖市人民政府农业农村主管部门根据国家生猪屠宰质量安全风险监测计划,结合本行政区域实际情况,制定本行政区域生猪屠宰质量安全风险监测方案并组织实施,同时报国务院农业农村主管部门备案。

第二十六条 县级以上地方人民政府农业农村主管部门应当根据生猪屠宰

质量安全风险监测结果和国务院农业农村主管部门的规定，加强对生猪定点屠宰厂(场)质量安全管理状况的监督检查。

第二十七条 农业农村主管部门应当依照本条例的规定严格履行职责，加强对生猪屠宰活动的日常监督检查，建立健全随机抽查机制。

农业农村主管部门依法进行监督检查，可以采取下列措施：

(一)进入生猪屠宰等有关场所实施现场检查；

(二)向有关单位和个人了解情况；

(三)查阅、复制有关记录、票据以及其他资料；

(四)查封与违法生猪屠宰活动有关的场所、设施，扣押与违法生猪屠宰活动有关的生猪、生猪产品以及屠宰工具和设备。

农业农村主管部门进行监督检查时，监督检查人员不得少于2人，并应当出示执法证件。

对农业农村主管部门依法进行的监督检查，有关单位和个人应当予以配合，不得拒绝、阻挠。

第二十八条 农业农村主管部门应当建立举报制度，公布举报电话、信箱或者电子邮箱，受理对违反本条例规定行为的举报，并及时依法处理。

第二十九条 农业农村主管部门发现生猪屠宰涉嫌犯罪的，应当按照有关规定及时将案件移送同级公安机关。

公安机关在生猪屠宰相关犯罪案件侦查过程中认为没有犯罪事实或者犯罪事实显著轻微，不需要追究刑事责任的，应当及时将案件移送同级农业农村主管部门。公安机关在侦查过程中，需要农业农村主管部门给予检验、认定等协助的，农业农村主管部门应当给予协助。

第四章 法律责任

第三十条 农业农村主管部门在监督检查中发现生猪定点屠宰厂(场)不再

具备本条例规定条件的，应当责令停业整顿，并限期整改；逾期仍达不到本条例规定条件的，由设区的市级人民政府吊销生猪定点屠宰证书，收回生猪定点屠宰标志牌。

第三十一条 违反本条例规定，未经定点从事生猪屠宰活动的，由农业农村主管部门责令关闭，没收生猪、生猪产品、屠宰工具和设备以及违法所得；货值金额不足1万元的，并处5万元以上10万元以下的罚款；货值金额1万元以上的，并处货值金额10倍以上20倍以下的罚款。

冒用或者使用伪造的生猪定点屠宰证书或者生猪定点屠宰标志牌的，依照前款的规定处罚。

生猪定点屠宰厂（场）出借、转让生猪定点屠宰证书或者生猪定点屠宰标志牌的，由设区的市级人民政府吊销生猪定点屠宰证书，收回生猪定点屠宰标志牌；有违法所得的，由农业农村主管部门没收违法所得，并处5万元以上10万元以下的罚款。

第三十二条 违反本条例规定，生猪定点屠宰厂（场）有下列情形之一的，由农业农村主管部门责令改正，给予警告；拒不改正的，责令停业整顿，处5000元以上5万元以下的罚款，对其直接负责的主管人员和其他直接责任人员处2万元以上5万元以下的罚款；情节严重的，由设区的市级人民政府吊销生猪定点屠宰证书，收回生猪定点屠宰标志牌：

（一）未按照规定建立并遵守生猪进厂（场）查验登记制度、生猪产品出厂（场）记录制度的；

（二）未按照规定签订、保存委托屠宰协议的；

（三）屠宰生猪不遵守国家规定的操作规程、技术要求和生猪屠宰质量管理规范以及消毒技术规范的；

（四）未按照规定建立并遵守肉品品质检验制度的；

（五）对经肉品品质检验不合格的生猪产品未按照国家有关规定处理并如实

记录处理情况的。

发生动物疫情时，生猪定点屠宰厂（场）未按照规定开展动物疫病检测的，由农业农村主管部门责令停业整顿，并处5000元以上5万元以下的罚款，对其直接负责的主管人员和其他直接责任人员处2万元以上5万元以下的罚款；情节严重的，由设区的市级人民政府吊销生猪定点屠宰证书，收回生猪定点屠宰标志牌。

第三十三条 违反本条例规定，生猪定点屠宰厂（场）出厂（场）未经肉品品质检验或者经肉品品质检验不合格的生猪产品的，由农业农村主管部门责令停业整顿，没收生猪产品和违法所得；货值金额不足1万元的，并处10万元以上15万元以下的罚款；货值金额1万元以上的，并处货值金额15倍以上30倍以下的罚款；对其直接负责的主管人员和其他直接责任人员处5万元以上10万元以下的罚款；情节严重的，由设区的市级人民政府吊销生猪定点屠宰证书，收回生猪定点屠宰标志牌，并可以由公安机关依照《中华人民共和国食品安全法》的规定，对其直接负责的主管人员和其他直接责任人员处5日以上15日以下拘留。

第三十四条 生猪定点屠宰厂（场）依照本条例规定应当召回生猪产品而不召回的，由农业农村主管部门责令召回，停止屠宰；拒不召回或者拒不停止屠宰的，责令停业整顿，没收生猪产品和违法所得；货值金额不足1万元的，并处5万元以上10万元以下的罚款；货值金额1万元以上的，并处货值金额10倍以上20倍以下的罚款；对其直接负责的主管人员和其他直接责任人员处5万元以上10万元以下的罚款；情节严重的，由设区的市级人民政府吊销生猪定点屠宰证书，收回生猪定点屠宰标志牌。

委托人拒不执行召回规定的，依照前款规定处罚。

第三十五条 违反本条例规定，生猪定点屠宰厂（场）、其他单位和个人对生猪、生猪产品注水或者注入其他物质的，由农业农村主管部门没收注水或者注入其他物质的生猪、生猪产品、注水工具和设备以及违法所得；货值金额不足1万元的，并处5万元以上10万元以下的罚款；货值金额1万元以上的，并处货值金额10倍以上20倍以下的罚款；对生猪定点屠宰厂（场）或者其他单位的直接负责的主管人员和其他直接责任人员处5万元以上10万元以下的罚款。注入其他物质的，还可以由公安机关依照《中华人民共和国食品安全法》的规定，对其直接负责的主管人员和其他直接责任人员处5日以上15日以下拘留。

生猪定点屠宰厂（场）对生猪、生猪产品注水或者注入其他物质的，除依照前款规定处罚外，还应当由农业农村主管部门责令停业整顿；情节严重的，由设区的市级人民政府吊销生猪定点屠宰证书，收回生猪定点屠宰标志牌。

第三十六条 违反本条例规定，生猪定点屠宰厂（场）屠宰注水或者注入其他物质的生猪的，由农业农村主管部门责令停业整顿，没收注水或者注入其他物质的生猪、生猪产品和违法所得；货值金额不足1万元的，并处5万元以上10万元以下的罚款；货值金额1万元以上的，并处货值金额10倍以上20倍以下的罚款；对其直接负责的主管人员和其他直接责任人员处5万元以上10万元以下的罚款；情节严重的，由设区的市级人民政府吊销生猪定点屠宰证书，收回生猪定点屠宰标志牌。

第三十七条 违反本条例规定，为未经定点违法从事生猪屠宰活动的单位和个人提供生猪屠宰场所或者生猪产品储存设施，或者为对生猪、生猪产品注水或者注入其他物质的单位和个人提供场所的，由农业农村主管部门责令改正，没收违法所得，并处5万元以上10万以下的罚款。

第三十八条 违反本条例规定，生猪定点屠宰厂（场）被吊销生猪定点屠宰证书的，其法定代表人（负责人）、直接负责的主管人员和其他直接责任人员自处罚决定作出之日起5年内不得申请生猪定点屠宰证书或者从事生猪屠宰管理活动；因食品安全犯罪被判处有期徒刑以上刑罚的，终身不得从事生猪屠宰管理活动。

第三十九条 农业农村主管部门和其他有关部门的工作人员在生猪屠宰监督管理工作中滥用职权、玩忽职守、徇私舞弊，尚不构成犯罪的，依法给予处分。

第四十条　本条例规定的货值金额按照同类检疫合格及肉品品质检验合格的生猪、生猪产品的市场价格计算。

第四十一条　违反本条例规定，构成犯罪的，依法追究刑事责任。

第五章　附　　则

第四十二条　省、自治区、直辖市人民政府确定实行定点屠宰的其他动物的屠宰管理办法，由省、自治区、直辖市根据本地区的实际情况，参照本条例制定。

第四十三条　本条例所称生猪产品，是指生猪屠宰后未经加工的胴体、肉、脂、脏器、血液、骨、头、蹄、皮。

第四十四条　生猪定点屠宰证书、生猪定点屠宰标志牌以及肉品品质检验合格验讫印章和肉品品质检验合格证的式样，由国务院农业农村主管部门统一规定。

第四十五条　本条例自2021年8月1日起施行。

畜禽规模养殖污染防治条例

《畜禽规模养殖污染防治条例》已经2013年10月8日国务院第26次常务会议通过，现予公布，自2014年1月1日起施行。

总理　李克强

2013年11月11日

第一章　总　　则

第一条　为了防治畜禽养殖污染,推进畜禽养殖废弃物的综合利用和无害化处理,保护和改善环境,保障公众身体健康,促进畜牧业持续健康发展,制定本条例。

第二条　本条例适用于畜禽养殖场、养殖小区的养殖污染防治。

畜禽养殖场、养殖小区的规模标准根据畜牧业发展状况和畜禽养殖污染防治要求确定。

牧区放牧养殖污染防治,不适用本条例。

第三条　畜禽养殖污染防治,应当统筹考虑保护环境与促进畜牧业发展的需要,坚持预防为主、防治结合的原则,实行统筹规划、合理布局、综合利用、激励引导。

第四条　各级人民政府应当加强对畜禽养殖污染防治工作的组织领导,采取有效措施,加大资金投入,扶持畜禽养殖污染防治以及畜禽养殖废弃物综合利用。

第五条　县级以上人民政府环境保护主管部门负责畜禽养殖污染防治的统一监督管理。

县级以上人民政府农牧主管部门负责畜禽养殖废弃物综合利用的指导和服务。

县级以上人民政府循环经济发展综合管理部门负责畜禽养殖循环经济工作的组织协调。

县级以上人民政府其他有关部门依照本条例规定和各自职责,负责畜禽养殖污染防治相关工作。

乡镇人民政府应当协助有关部门做好本行政区域的畜禽养殖污染防治

工作。

第六条　从事畜禽养殖以及畜禽养殖废弃物综合利用和无害化处理活动，应当符合国家有关畜禽养殖污染防治的要求，并依法接受有关主管部门的监督检查。

第七条　国家鼓励和支持畜禽养殖污染防治以及畜禽养殖废弃物综合利用和无害化处理的科学技术研究和装备研发。各级人民政府应当支持先进适用技术的推广，促进畜禽养殖污染防治水平的提高。

第八条　任何单位和个人对违反本条例规定的行为，有权向县级以上人民政府环境保护等有关部门举报。接到举报的部门应当及时调查处理。

对在畜禽养殖污染防治中作出突出贡献的单位和个人，按照国家有关规定给予表彰和奖励。

第二章　预　　防

第九条　县级以上人民政府农牧主管部门编制畜牧业发展规划，报本级人民政府或者其授权的部门批准实施。畜牧业发展规划应当统筹考虑环境承载能力以及畜禽养殖污染防治要求，合理布局，科学确定畜禽养殖的品种、规模、总量。

第十条　县级以上人民政府环境保护主管部门会同农牧主管部门编制畜禽养殖污染防治规划，报本级人民政府或者其授权的部门批准实施。畜禽养殖污染防治规划应当与畜牧业发展规划相衔接，统筹考虑畜禽养殖生产布局，明确畜禽养殖污染防治目标、任务、重点区域，明确污染治理重点设施建设，以及废弃物综合利用等污染防治措施。

第十一条　禁止在下列区域内建设畜禽养殖场、养殖小区：

（一）饮用水水源保护区，风景名胜区；

(二)自然保护区的核心区和缓冲区;

(三)城镇居民区、文化教育科学研究区等人口集中区域;

(四)法律、法规规定的其他禁止养殖区域。

第十二条 新建、改建、扩建畜禽养殖场、养殖小区,应当符合畜牧业发展规划、畜禽养殖污染防治规划,满足动物防疫条件,并进行环境影响评价。对环境可能造成重大影响的大型畜禽养殖场、养殖小区,应当编制环境影响报告书;其他畜禽养殖场、养殖小区应当填报环境影响登记表。大型畜禽养殖场、养殖小区的管理目录,由国务院环境保护主管部门商国务院农牧主管部门确定。

环境影响评价的重点应当包括:畜禽养殖产生的废弃物种类和数量,废弃物综合利用和无害化处理方案和措施,废弃物的消纳和处理情况以及向环境直接排放的情况,最终可能对水体、土壤等环境和人体健康产生的影响以及控制和减少影响的方案和措施等。

第十三条 畜禽养殖场、养殖小区应当根据养殖规模和污染防治需要,建设相应的畜禽粪便、污水与雨水分流设施,畜禽粪便、污水的贮存设施,粪污厌氧消化和堆沤、有机肥加工、制取沼气、沼渣沼液分离和输送、污水处理、畜禽尸体处理等综合利用和无害化处理设施。已经委托他人对畜禽养殖废弃物代为综合利用和无害化处理的,可以不自行建设综合利用和无害化处理设施。

未建设污染防治配套设施、自行建设的配套设施不合格,或者未委托他人对畜禽养殖废弃物进行综合利用和无害化处理的,畜禽养殖场、养殖小区不得投入生产或者使用。

畜禽养殖场、养殖小区自行建设污染防治配套设施的,应当确保其正常运行。

第十四条 从事畜禽养殖活动,应当采取科学的饲养方式和废弃物处理工艺等有效措施,减少畜禽养殖废弃物的产生量和向环境的排放量。

第三章　综合利用与治理

第十五条　国家鼓励和支持采取粪肥还田、制取沼气、制造有机肥等方法，对畜禽养殖废弃物进行综合利用。

第十六条　国家鼓励和支持采取种植和养殖相结合的方式消纳利用畜禽养殖废弃物，促进畜禽粪便、污水等废弃物就地就近利用。

第十七条　国家鼓励和支持沼气制取、有机肥生产等废弃物综合利用以及沼渣沼液输送和施用、沼气发电等相关配套设施建设。

第十八条　将畜禽粪便、污水、沼渣、沼液等用作肥料的，应当与土地的消纳能力相适应，并采取有效措施，消除可能引起传染病的微生物，防止污染环境和传播疫病。

第十九条　从事畜禽养殖活动和畜禽养殖废弃物处理活动，应当及时对畜禽粪便、畜禽尸体、污水等进行收集、贮存、清运，防止恶臭和畜禽养殖废弃物渗出、泄漏。

第二十条　向环境排放经过处理的畜禽养殖废弃物，应当符合国家和地方规定的污染物排放标准和总量控制指标。畜禽养殖废弃物未经处理，不得直接向环境排放。

第二十一条　染疫畜禽以及染疫畜禽排泄物、染疫畜禽产品、病死或者死因不明的畜禽尸体等病害畜禽养殖废弃物，应当按照有关法律、法规和国务院农牧主管部门的规定，进行深埋、化制、焚烧等无害化处理，不得随意处置。

第二十二条　畜禽养殖场、养殖小区应当定期将畜禽养殖品种、规模以及畜禽养殖废弃物的产生、排放和综合利用等情况，报县级人民政府环境保护主管部门备案。环境保护主管部门应当定期将备案情况抄送同级农牧主管部门。

第二十三条　县级以上人民政府环境保护主管部门应当依据职责对畜禽养

殖污染防治情况进行监督检查,并加强对畜禽养殖环境污染的监测。

乡镇人民政府、基层群众自治组织发现畜禽养殖环境污染行为的,应当及时制止和报告。

第二十四条 对污染严重的畜禽养殖密集区域,市、县人民政府应当制定综合整治方案,采取组织建设畜禽养殖废弃物综合利用和无害化处理设施、有计划搬迁或者关闭畜禽养殖场所等措施,对畜禽养殖污染进行治理。

第二十五条 因畜牧业发展规划、土地利用总体规划、城乡规划调整以及划定禁止养殖区域,或者因对污染严重的畜禽养殖密集区域进行综合整治,确需关闭或者搬迁现有畜禽养殖场所,致使畜禽养殖者遭受经济损失的,由县级以上地方人民政府依法予以补偿。

第四章 激励措施

第二十六条 县级以上人民政府应当采取示范奖励等措施,扶持规模化、标准化畜禽养殖,支持畜禽养殖场、养殖小区进行标准化改造和污染防治设施建设与改造,鼓励分散饲养向集约饲养方式转变。

第二十七条 县级以上地方人民政府在组织编制土地利用总体规划过程中,应当统筹安排,将规模化畜禽养殖用地纳入规划,落实养殖用地。

国家鼓励利用废弃地和荒山、荒沟、荒丘、荒滩等未利用地开展规模化、标准化畜禽养殖。

畜禽养殖用地按农用地管理,并按照国家有关规定确定生产设施用地和必要的污染防治等附属设施用地。

第二十八条 建设和改造畜禽养殖污染防治设施,可以按照国家规定申请包括污染治理贷款贴息补助在内的环境保护等相关资金支持。

第二十九条 进行畜禽养殖污染防治,从事利用畜禽养殖废弃物进行有机肥产品生产经营等畜禽养殖废弃物综合利用活动的,享受国家规定的相关税收优惠政策。

第三十条 利用畜禽养殖废弃物生产有机肥产品的,享受国家关于化肥运力安排等支持政策;购买使用有机肥产品的,享受不低于国家关于化肥的使用补贴等优惠政策。

畜禽养殖场、养殖小区的畜禽养殖污染防治设施运行用电执行农业用电价格。

第三十一条 国家鼓励和支持利用畜禽养殖废弃物进行沼气发电,自发自用、多余电量接入电网。电网企业应当依照法律和国家有关规定为沼气发电提供无歧视的电网接入服务,并全额收购其电网覆盖范围内符合并网技术标准的多余电量。

利用畜禽养殖废弃物进行沼气发电的,依法享受国家规定的上网电价优惠政策。利用畜禽养殖废弃物制取沼气或进而制取天然气的,依法享受新能源优惠政策。

第三十二条 地方各级人民政府可以根据本地区实际,对畜禽养殖场、养殖小区支出的建设项目环境影响咨询费用给予补助。

第三十三条 国家鼓励和支持对染疫畜禽、病死或者死因不明畜禽尸体进行集中无害化处理,并按照国家有关规定对处理费用、养殖损失给予适当补助。

第三十四条 畜禽养殖场、养殖小区排放污染物符合国家和地方规定的污染物排放标准和总量控制指标,自愿与环境保护主管部门签订进一步削减污染物排放量协议的,由县级人民政府按照国家有关规定给予奖励,并优先列入县级以上人民政府安排的环境保护和畜禽养殖发展相关财政资金扶持范围。

第三十五条 畜禽养殖户自愿建设综合利用和无害化处理设施、采取措施减少污染物排放的,可以依照本条例规定享受相关激励和扶持政策。

第五章　法律责任

第三十六条　各级人民政府环境保护主管部门、农牧主管部门以及其他有关部门未依照本条例规定履行职责的,对直接负责的主管人员和其他直接责任人员依法给予处分;直接负责的主管人员和其他直接责任人员构成犯罪的,依法追究刑事责任。

第三十七条　违反本条例规定,在禁止养殖区域内建设畜禽养殖场、养殖小区的,由县级以上地方人民政府环境保护主管部门责令停止违法行为;拒不停止违法行为的,处3万元以上10万元以下的罚款,并报县级以上人民政府责令拆除或者关闭。在饮用水水源保护区建设畜禽养殖场、养殖小区的,由县级以上地方人民政府环境保护主管部门责令停止违法行为,处10万元以上50万元以下的罚款,并报经有批准权的人民政府批准,责令拆除或者关闭。

第三十八条　违反本条例规定,畜禽养殖场、养殖小区依法应当进行环境影响评价而未进行的,由有权审批该项目环境影响评价文件的环境保护主管部门责令停止建设,限期补办手续;逾期不补办手续的,处5万元以上20万元以下的罚款。

第三十九条　违反本条例规定,未建设污染防治配套设施或者自行建设的配套设施不合格,也未委托他人对畜禽养殖废弃物进行综合利用和无害化处理,畜禽养殖场、养殖小区即投入生产、使用,或者建设的污染防治配套设施未正常运行的,由县级以上人民政府环境保护主管部门责令停止生产或者使用,可以处10万元以下的罚款。

第四十条　违反本条例规定,有下列行为之一的,由县级以上地方人民政府环境保护主管部门责令停止违法行为,限期采取治理措施消除污染,依照《中华人民共和国水污染防治法》、《中华人民共和国固体废物污染环境防治法》的有关规定予以处罚：

(一)将畜禽养殖废弃物用作肥料，超出土地消纳能力，造成环境污染的；

(二)从事畜禽养殖活动或者畜禽养殖废弃物处理活动，未采取有效措施，导致畜禽养殖废弃物渗出、泄漏的。

第四十一条　排放畜禽养殖废弃物不符合国家或者地方规定的污染物排放标准或者总量控制指标，或者未经无害化处理直接向环境排放畜禽养殖废弃物的，由县级以上地方人民政府环境保护主管部门责令限期治理，可以处5万元以下的罚款。县级以上地方人民政府环境保护主管部门作出限期治理决定后，应当会同同级人民政府农牧等有关部门对整改措施的落实情况及时进行核查，并向社会公布核查结果。

第四十二条　未按照规定对染疫畜禽和病害畜禽养殖废弃物进行无害化处理的，由动物卫生监督机构责令无害化处理，所需处理费用由违法行为人承担，可以处3000元以下的罚款。

第六章　附　　则

第四十三条　畜禽养殖场、养殖小区的具体规模标准由省级人民政府确定，并报国务院环境保护主管部门和国务院农牧主管部门备案。

第四十四条　本条例自2014年1月1日起施行。

农业保险条例(2016年修订)

(2012年11月12日中华人民共和国国务院令第629号公布　根据2016年2月6日《国务院关于修改部分行政法规的决定》修订)

第一章　总　　则

第一条　为了规范农业保险活动,保护农业保险活动当事人的合法权益,提高农业生产抗风险能力,促进农业保险事业健康发展,根据《中华人民共和国保险法》、《中华人民共和国农业法》等法律,制定本条例。

第二条　本条例所称农业保险,是指保险机构根据农业保险合同,对被保险人在种植业、林业、畜牧业和渔业生产中因保险标的遭受约定的自然灾害、意外事故、疫病、疾病等保险事故所造成的财产损失,承担赔偿保险金责任的保险活动。

本条例所称保险机构,是指保险公司以及依法设立的农业互助保险等保险组织。

第三条　国家支持发展多种形式的农业保险,健全政策性农业保险制度。

农业保险实行政府引导、市场运作、自主自愿和协同推进的原则。

省、自治区、直辖市人民政府可以确定适合本地区实际的农业保险经营模式。

任何单位和个人不得利用行政权力、职务或者职业便利以及其他方式强迫、限制农民或者农业生产经营组织参加农业保险。

第四条 国务院保险监督管理机构对农业保险业务实施监督管理。国务院财政、农业、林业、发展改革、税务、民政等有关部门按照各自的职责,负责农业保险推进、管理的相关工作。

财政、保险监督管理、国土资源、农业、林业、气象等有关部门、机构应当建立农业保险相关信息的共享机制。

第五条 县级以上地方人民政府统一领导、组织、协调本行政区域的农业保险工作,建立健全推进农业保险发展的工作机制。县级以上地方人民政府有关部门按照本级人民政府规定的职责,负责本行政区域农业保险推进、管理的相关工作。

第六条 国务院有关部门、机构和地方各级人民政府及其有关部门应当采取多种形式,加强对农业保险的宣传,提高农民和农业生产经营组织的保险意识,组织引导农民和农业生产经营组织积极参加农业保险。

第七条 农民或者农业生产经营组织投保的农业保险标的属于财政给予保险费补贴范围的,由财政部门按照规定给予保险费补贴,具体办法由国务院财政部门商国务院农业、林业主管部门和保险监督管理机构制定。

国家鼓励地方人民政府采取由地方财政给予保险费补贴等措施,支持发展农业保险。

第八条 国家建立财政支持的农业保险大灾风险分散机制,具体办法由国务院财政部门会同国务院有关部门制定。

国家鼓励地方人民政府建立地方财政支持的农业保险大灾风险分散机制。

第九条 保险机构经营农业保险业务依法享受税收优惠。

国家支持保险机构建立适应农业保险业务发展需要的基层服务体系。

国家鼓励金融机构对投保农业保险的农民和农业生产经营组织加大信贷支

持力度。

第二章　农业保险合同

第十条　农业保险可以由农民、农业生产经营组织自行投保，也可以由农业生产经营组织、村民委员会等单位组织农民投保。

由农业生产经营组织、村民委员会等单位组织农民投保的，保险机构应当在订立农业保险合同时，制定投保清单，详细列明被保险人的投保信息，并由被保险人签字确认。保险机构应当将承保情况予以公示。

第十一条　在农业保险合同有效期内，合同当事人不得因保险标的的危险程度发生变化增加保险费或者解除农业保险合同。

第十二条　保险机构接到发生保险事故的通知后，应当及时进行现场查勘，会同被保险人核定保险标的的受损情况。由农业生产经营组织、村民委员会等单位组织农民投保的，保险机构应当将查勘定损结果予以公示。

保险机构按照农业保险合同约定，可以采取抽样方式或者其他方式核定保险标的的损失程度。采用抽样方式核定损失程度的，应当符合有关部门规定的抽样技术规范。

第十三条　法律、行政法规对受损的农业保险标的的处理有规定的，理赔时应当取得受损保险标的已依法处理的证据或者证明材料。

保险机构不得主张对受损的保险标的残余价值的权利，农业保险合同另有约定的除外。

第十四条　保险机构应当在与被保险人达成赔偿协议后10日内，将应赔偿的保险金支付给被保险人。农业保险合同对赔偿保险金的期限有约定的，保险机构应当按照约定履行赔偿保险金义务。

第十五条　保险机构应当按照农业保险合同约定，根据核定的保险标的的损失程度足额支付应赔偿的保险金。

任何单位和个人不得非法干预保险机构履行赔偿保险金的义务，不得限制被保险人取得保险金的权利。

农业生产经营组织、村民委员会等单位组织农民投保的，理赔清单应当由被保险人签字确认，保险机构应当将理赔结果予以公示。

第十六条 本条例对农业保险合同未作规定的，参照适用《中华人民共和国保险法》中保险合同的有关规定。

第三章 经营规则

第十七条 保险机构经营农业保险业务，应当符合下列条件：

（一）有完善的基层服务网络；

（二）有专门的农业保险经营部门并配备相应的专业人员；

（三）有完善的农业保险内控制度；

（四）有稳健的农业再保险和大灾风险安排以及风险应对预案；

（五）偿付能力符合国务院保险监督管理机构的规定；

（六）国务院保险监督管理机构规定的其他条件。

除保险机构外，任何单位和个人不得经营农业保险业务。

第十八条 保险机构经营农业保险业务，实行自主经营、自负盈亏。

保险机构经营农业保险业务，应当与其他保险业务分开管理，单独核算损益。

第十九条 保险机构应当公平、合理地拟订农业保险条款和保险费率。属于财政给予保险费补贴的险种的保险条款和保险费率，保险机构应当在充分听取省、自治区、直辖市人民政府财政、农业、林业部门和农民代表意见的基础上拟订。

农业保险条款和保险费率应当依法报保险监督管理机构审批或者备案。

第二十条 保险机构经营农业保险业务的准备金评估和偿付能力报告的编制,应当符合国务院保险监督管理机构的规定。

农业保险业务的财务管理和会计核算需要采取特殊原则和方法的,由国务院财政部门制定具体办法。

第二十一条 保险机构可以委托基层农业技术推广等机构协助办理农业保险业务。保险机构应当与被委托协助办理农业保险业务的机构签订书面合同,明确双方权利义务,约定费用支付,并对协助办理农业保险业务的机构进行业务指导。

第二十二条 保险机构应当按照国务院保险监督管理机构的规定妥善保存农业保险查勘定损的原始资料。

禁止任何单位和个人涂改、伪造、隐匿或者违反规定销毁查勘定损的原始资料。

第二十三条 保险费补贴的取得和使用,应当遵守依照本条例第七条制定的具体办法的规定。

禁止以下列方式或者其他任何方式骗取农业保险的保险费补贴:

(一)虚构或者虚增保险标的或者以同一保险标的进行多次投保;

(二)以虚假理赔、虚列费用、虚假退保或者截留、挪用保险金、挪用经营费用等方式冲销投保人应缴的保险费或者财政给予的保险费补贴。

第二十四条 禁止任何单位和个人挪用、截留、侵占保险机构应当赔偿被保险人的保险金。

第二十五条 本条例对农业保险经营规则未作规定的,适用《中华人民共和国保险法》中保险经营规则及监督管理的有关规定。

第四章 法律责任

第二十六条 保险机构不符合本条例第十七条第一款规定条件经营农业保

险业务的,由保险监督管理机构责令限期改正,停止接受新业务;逾期不改正或者造成严重后果的,处10万元以上50万元以下的罚款,可以责令停业整顿或者吊销经营保险业务许可证。

保险机构以外的其他组织或者个人非法经营农业保险业务的,由保险监督管理机构予以取缔,没收违法所得,并处违法所得1倍以上5倍以下的罚款;没有违法所得或者违法所得不足20万元的,处20万元以上100万元以下的罚款。

第二十七条 保险机构经营农业保险业务,有下列行为之一的,由保险监督管理机构责令改正,处10万元以上50万元以下的罚款;情节严重的,可以限制其业务范围、责令停止接受新业务:

(一)编制或者提供虚假的报告、报表、文件、资料;

(二)拒绝或者妨碍依法监督检查;

(三)未按照规定使用经批准或者备案的农业保险条款、保险费率。

第二十八条 保险机构经营农业保险业务,违反本条例规定,有下列行为之一的,由保险监督管理机构责令改正,处5万元以上30万元以下的罚款;情节严重的,可以限制其业务范围、责令停止接受新业务:

(一)未按照规定将农业保险业务与其他保险业务分开管理,单独核算损益;

(二)利用开展农业保险业务为其他机构或者个人牟取不正当利益;

(三)未按照规定申请批准农业保险条款、保险费率。

保险机构经营农业保险业务,未按照规定报送农业保险条款、保险费率备案的,由保险监督管理机构责令限期改正;逾期不改正的,处1万元以上10万元以下的罚款。

第二十九条 保险机构违反本条例规定,保险监督管理机构除依照本条例的规定给予处罚外,对其直接负责的主管人员和其他直接责任人员给予警告,并处1万元以上10万元以下的罚款;情节严重的,对取得任职资格或者从业资格的人员撤销其相应资格。

第三十条 违反本条例第二十三条规定，骗取保险费补贴的，由财政部门依照《财政违法行为处罚处分条例》的有关规定予以处理；构成犯罪的，依法追究刑事责任。

违反本条例第二十四条规定，挪用、截留、侵占保险金的，由有关部门依法处理；构成犯罪的，依法追究刑事责任。

第三十一条 保险机构违反本条例规定的法律责任，本条例未作规定的，适用《中华人民共和国保险法》的有关规定。

第五章 附 则

第三十二条 保险机构经营有政策支持的涉农保险，参照适用本条例有关规定。

涉农保险是指农业保险以外、为农民在农业生产生活中提供保险保障的保险，包括农房、农机具、渔船等财产保险，涉及农民的生命和身体等方面的短期意外伤害保险。

第三十三条 本条例自2013年3月1日起施行。